다민족사회, 소수민족, 코리안 아메리칸

재미한인사회에 대한 사회인류학적 접근

다민족사회, 소수민족, 코리안 아메리칸

재미한인사회에 대한 사회인류학적 접근

최 협 지음

전남대학교출판부

책머리에

그 동안 한국의 인류학 및 사회학 분야에서는 재미 한국인들에 관한 많은 연구를 해 왔다. 그러나 거의 모든 조사 연구들은 한국 이민의 역사, 개인적 경험에 대한 서술, 실태 조사 등이 대부분으로 한국 이민 집단 자체에만 초점을 맞춤으로서 여타의 인종이나 민족과의 관계는 고려의 대상이 되지못했다. 그러나 한·흑 갈등 및 로스엔젤레스 폭동과 같은 사례에서 볼 수 있듯이 한국 이민 사회에 대한 이해는 미국 사회 내 여러 민족 집단과의 관계를 고려하지 않으면 안 된다. 왜냐하면 재미 한인 사회는 공백에 존재하는 것이 아니고 미국의 수많은 민족 집단들이 만들어 내는 모자이크의 한 부분이기 때문이다. 따라서 이제는 우리가 과거 재미한인들에 관한 연구에서 그들을 단순히 해외에 거주하는 동포의 한 범주로 인식해 온 관점에서 벗어나 그들을 미국 내의 한 소수민족으로 이해하려는 접근이 필요한 것이다.

본 저서는 미국에서의 한인사회의 문제점을 미국의 민족문제 및 소수민족정책과 연계하여 살펴보는데 그 목표를 두고 있다. 과거의 단순 실태조사 형 연구들은 다민족국가에서 생활하고 있는 한인들이 여타의 다른 인종이나 민족과 맺고 있는 사회·경제·정치적 관계를 간과하는 우를 범하였다. 따라서 한국 이민사회에 대한 올바른 이해는 재미한인 집단을 미국의 소수민족의 하나로, 그리고 그 중에서도 아시아계 이민 중 한 집단으로 파악하고 접근할 것을 요구 한다. 미국은 그 동안 이민법과 소수민족정책에 잦은 변화가 있어왔고 소수민족들 간의 인구학적, 사회경제적 변인들이 역동적으로 변화하고 있어 한인들의 민족・계층적(Eth-Class) 지위가 영향 받고 있다. 본 저술은 바로 이러한 지적 공백을 채워 주는 역할을 담당할 것이다. 이를 위해 본 저술에서는 미국사회에서 ① 한국이민자들이 처한 맥락으로 작용하는 미국사회의 민족문제를 분석적으로 검토하고, ② 한국계 미국인이 속한 아시아계 이민의 전반적인 문제의 분석을 통하여 한국 이민사회에 영향을 미치는 미국의 소수민족정책을 비판적으로 검토하며, 그와 더불어 ③ 한인사회의 문제와 적응과정을 분석하여 한인사회가 미국사회의 민족구조에서 당면하는 문제를 입체적으로 점검해 보려고 한다.

본 저술은 오랜 기간에 걸친 노력의 산물이다. 필자는 그동안 재미한인사회에 대한 관심을 유지하는 가운데 위에서 지적한 관점을 염두에 두고 연구를 진행시켜왔다. 시간과 여건이 허락하는 대로 논문을 쓰고 발표를 했다. 그런데 분산되어 발표된 논문들을 한데 모아 체계를 부여할 필요성이 대두되었다. 그러므로 여기 수록된 글은 바로 그동안 진행시켜왔던 연관된 작업의 결과물들을 한데 모은 것이다. 이미 발표된 글들을 모아 다시 정리하고, 내용을 수정・보완하고, 특히 통계자료는 필요한 부분에서는 최근의 것으로 바꾸도록 했다. 바라건대 본 저술에서 다루는 다양한 주제를 통해 재미한인사회가 속한 미국사회의 구조적인 맥락을 이해함으로서 재미한인에 관한 이해의 폭을 넓힐 수 있게 되기를 기대해 본다.

재미한인사회에 관한 연구에는 아직도 더욱 더 천착해야 할 영역이 많다. 입양아와 국제결혼자에 대한 연구도 그렇고, 근래에 관심을 끌기 시작한 사회현상인 조기유학과 늘어나는 귀환이민의 문제 역시 인류학적으로 접근해 볼 필요가 있는 연구주제이다. 또한 재미한인사회와 고국과의 관계나 통일문제 등 새롭게 개척할 연구영역도 있다. 앞으로 여력이 있으면 그러한 문제 중 하나쯤은 더 다루어보고 싶다는 생각을 해 본다.

끝으로 본 저서의 출판을 위해 더위도 잊고 애쓰신 전남대학교출판부의 신경호 교수 외 여러분들께 고맙다는 말씀을 드린다.

차례

제1부 다민족사회 미국의 소수민족

제4부 한국사회와 재미한인사회

제1부

다민족사회 미국의 소수민족

제1부는 두 개의 장으로 구성되어 있다. 제1장은 미국을 이민으로 형성된 다민족사회로 규정하고 다양한 민족들이 얽혀서 만들어낸 모자이크를 '동화', '문화적 다양성', '갈등', 그리고 '문화적 소수민족'과 '인종적 소수민족'이라는 핵심개념을 중심으로 다양한 분석을 시도한 것이다. 제2장에서는 '문화적 소수민족'과 '인종적 소수민족'의 가장 대표적인 사례인 유태인과 흑인집단을 비교 분석함으로서 미국에서의 소수민족문제의 본질에 접근하고 있다.

Chapter 1

미국: 이민 사회, 다민족 사회

1. 이민자들의 나라 미국

미국은 이민에 의해 형성된 나라다. 미국정부에서 파악하기로 1820년 이후 2003 까지 약 180 여 년간 미국으로 이민 온 사람들의 총 수는 무려 6천 9백만 명에 달한다. 디너스타인(Dinnerstein)과 라이머스(Reimers)는 1820년에서 1980년 사이의 기간에 미국으로 이주한 사람들을 출신 지역 별로 분류하여 통계를 내었는데, 〈표 1-1〉이 나타내 주고 있는 바와 같이, 미국으로의 이민은 세계 모든 지역에서 왔으며, 1980년까지의 이민자가 48,063,523명으로 파악되고 있는 것으로 보아 이민의 물결은 20세기를 지나서도 멈추지 않고 있음을 말해주고 있다. 그러므로 존 F 케네디 대통령이 1960년대에 펴낸 책의 제목처럼 미국은 '이민자들의 나라(A Nation of Immigrants)'라고 부를 수 있고, 오늘날 미국 사회에는 지구상의 거의 모든 국가에서 이주해 온 사람들이 한데 모여 국가(nation of nations)를 이루고 있다 해도 과언이 아니다. 실제로 현재 아일랜드계 미국인의 수는 아일랜드의 인구보다 많고, 미국의 유태인 수는 이스라엘의 인구보다 많으며, 흑인의 수는 대체로 어느 한 아프리카 국가의 인구보다 많다. 또한 디트로이트 시에는 폴란드의 어느 대도시 인구보다 많은 폴란드 계 사람들이 살며, 뉴욕 시에는 베니스 인구의 두 배가 넘는 이태리 계 사람들이 있고, 로스엔젤레스에 거주하는 멕시코 계 이민의 수는 멕시코 시를 제외한 여타 다른 멕시코 도시보다 많은 숫자이다. 한국계의 경우에도 미국에는 제주도 인구의 두 배가 넘는 사람들이 거주하고 있다. 그러므로 미국 사회는 확실히 수많은 민족 집단이 한데 얽혀 만들어 낸 하나의 모자이크라 할 수 있다. 바로 이와 같은 사회구성상의 특성 때문에 미국 사회의 모든 현상 – 정치 · 경제 · 사회 · 문화 – 의 이면에는 민족 집단 간의 경쟁, 갈등, 협조, 융화 등 소위 민족변수(ethnic

〈표 1-1〉 미국 이민의 출신지역별 분포 1820-1980

지 역	이민의 숫자	%
유럽	36,126,807	75.1
북남미주	8,784,241	18.3
아시아	2,610,164	5.4
아프리카	121,723	0.3
오스트레일리아 뉴질랜드	115,843	0.2
태평양제도	24,434	0.05
미 상	280,311	0.6
합 계	48,063,523	99.9

〈출처〉 Dinnerstein, Leonard & David M. Reimers, 1982. *Ethnic Americans* (2nd ed.), New York: Harper & Row, pp.156-162의 통계자료를 정리했음.

variable)가 작용하고 있는 것이다. 따라서 미국의 사회와 문화를 이해하는데 있어서는 그러한 민족 집단의 관계와 문제(ethnic relation and ethnic problem)를 파악하는 것이 필수적으로 요구되고 있다.

미국은 지구상에 그 유래가 드물게 세계 각국에서 모여든 여러 집단들에 의하여 형성된 나라이기 때문에 다양한 집단 간의 관계 역시 복잡한 양상을 보인다. 복잡하게 얽혀있는 민족 간의 관계와 문제를 분석할 때 우리가 유의해야 할 점은 미국을 흔히 역사가 짧고 다양한 민족이 섞여있는 전통 없는 사회로 간주하려는 시각도 있으나 하나의 통일된 국가로서의 미국은 독일이나 이태리보다 더 오래 되었다는 사실을 간과해서는 안된다는 점이다. 특히 거대한 대륙에 걸쳐 있는 미국 사회는 여타의 많은 다 민족 국가와는 달리 일찍부터 하나의 언어 문화권을 고수하고 단일 법체제의 적용, 그리고 동일한 경제 체제를 유지해 옴으로써 강력한 사회적 통합력을 유지해왔다. 그러므로 미국으로의 이민과 다양한 집단 간의 관계는 미국 사회의 특수한 역사적 경험과 미국적 질서를 반영하고 있는 것이다. 미국은 원래 아메리카 원주민의 땅에 영국에서 종교적 박해를 피하여 온 청교도의 이주를 계기로 '기록을 갖는' 역사가 시작되었다. 그 후 점차 유럽인들의 이민이 본격화되면서 국민의 반은 자유인이었지만 나머지 반은 노예였던 국가로 출발한 것이 미국이었다.

1790년 최초의 공식적 인구통계(official census)에 의하면 미국의 인구는 백인이 80.73% 그리고 흑인이 19.27% 이었으며, 백인들의 출신지별 분포는 〈표 1-2〉가 보여주는 바와 같이 앵글로색슨이 압도적인 다수를 이루고 있었다. 미국 역사 초기의 이와 같은 인구구성은 미국사회의 주류가 소위 WASP(White, Anglo-Saxon, Protestant: 앵글로색슨계의 백인 개신교도)라는 관점이 오랫동안 지속되도록 만든 근거가 되었다.

〈표 1-2〉 1790년 백인 인구의 출신 국가별 분포

출신국가	숫자	%
잉글리시	2,605,699	82.1
스코틀랜드	221,562	7.0
아일랜드	61,534	1.9
화란	78,959	2.5
프랑스	17,619	0.6
독일	176,407	5.6
유태인	1,243	*
기타	9,421	0.3
합 계	3,172,444	100.0

* 0.01 % 이하

〈출처〉 Cavaioli, Frank J. , 1984, *The Peripheral Americans*. Malabar, FL : R. E. Kriger Publishing Co. p. 19.

미국 독립 초기인 1790년부터 1840년까지는 이민의 숫자가 그리 많지 않았다. 이민의 숫자가 크게 불어난 것은 1840년대로서 10여 년 전 보다 3배나 늘어난 이민의 유입이 있었고 그로부터 제 1차 세계대전이 발발하기까지 미국으로의 이민은 봇물이 터진 듯 그칠 줄 몰랐다. 1842년의 이민은 10만을 약간 상회하였으나 1845년 시작된 아일랜드의 감자흉년의 영향으로 1850년대에 이르는 10여 년 동안 1백 50만 명의 아이리시들이 미국으로 건너왔는바, 1840대 미국이민자의 절반가량이, 그리고 1850년대 이민자의 3분의 1 가량이 아일랜드 인이었다. 독일 등지로부터의 이민이 증가한 것도 이 시기였다. 여하튼 1840년대 초반부터 본격화되기 시작한 이민의 물결은 1차 세계대전 시기까지 계속되어 3천만이 넘는 사람들이 미국으로 이주하였다. 그

런데 1880년대에 이르면 박해를 피하여 러시아와 동유럽의 유태인들의 대량 이주가 시작되었고, 이태리로부터의 이민도 본격화 되었다. 이는 1880년 이후 1차세계대전시까지의 이민은 출신지역에서 다변화되어가는 양상을 보였음을 뜻한다. 즉 1880년대까지 대부분의 이민은 유럽의 북서부 국가들로부터 이루어졌으며 유럽 남부와 동부 유럽으로부터의 이민은 그 숫자가 무시할 만한 것이었다. 그러던 것이 1880년대 이후부터 유럽 남부와 동부유럽으로부터의 이민이 크게 증가하기 시작하여 제 1차 세계대전이 발발하던 해에 이르면 미국으로의 이민 중 그 절반가량이 남부 및 동부 유럽인들로 구성되게 되었다. 그러는 동안 미국 이민의 5분의 4를 충당해 주던 북서부 유럽으로부터의 이주는 4분의 1 수준으로 줄었다. 그 외에 서반구에서 가장 큰 규모의 이민을 미국으로 보낸 단일 국가로는 캐나다가 있었다. 이 시기의 캐나다 이민의 숫자는 미주 대륙 전체 국가들로부터의 합계 보다 많았다.

19세기 중반부터 20세기 초까지의 미국이민사를 한마디로 정리한다면 다음과 같은 표현이 적합할 것이다: 19세기 중반 이후 본격화되기 시작한 미국의 이민은 주로 유럽을 중심으로 이루어졌고 20세기 초반까지의 변화가 있었다면 유럽 북서부 지역에서 남부와 동부 지역으로 이민의 원천이 바꾸어졌다는 점이다. 기타 지역으로부터의 이민은 극히 제한 적이었으며 동양으로부터의 이민은 그 초기부터 차별과 제한이 가해졌다. 예컨대 1882년에는 중국인 배척법(Chinese Exclusion Act)이 만들어졌고, 다시 1921년과 1924년에도 동양계 이민에 차별적인 법이 제정되었다. 이와 같이 차별적인 이민법은 1965년 이민법의 획기적인 개정이 있을 때까지 별다른 수정 없이 지속되었다.

1920년대에 만들어진 이민법의 내용을 자세히 들여다보면, 해외이민의 숫자를 제한하되, 미국에 먼저 이주해 와 기득권 세력이 된 집단에 유리한 방식으로 통제를 하도록 하는 것이 핵심이었다. 즉 새로운 법안은 당시 미국의 인구구성 비율에 따라 이민 쿼터가 배정되도록 함으로 해서 영국, 스코틀랜드, 독일과 아일랜드계의 이민을 중점적으로 받아들일 수 있도록 했다. 따라서 1920년 개정된 이민법은 미국 사회의 인종 및 종족적 구성의 비율은 과거의 유형이 유지 내지는 강화되도록 하였던 것이다. 그러나 1920년대 이후 1960년에 이르는 동안 미국사회는 경제공황, 세계대전 등을 겪으면서 커다란 변화의 소용돌이를 경험하게 된다. 특히 2차 대전을 겪으면서 독일의 유태인 학살을 계기로 인종주의에 대한 회의와 인도주의적 사상이 고개를 들었고, 1960대에 들어 흑인들의 민권운동이 활발히 전개되기 시작하면서 1964년에 민권법안(Civil Right Act)이 제정되는 등 사회적 변혁의 분위기가 무르익는 가운데 1960년대 중반에 드디어 이민법의 개혁이 이루어졌다. 1965년 만들어진 새로운 이민법에서 가장 중요한 변화는 과거 서부와 북부유럽에 유리하던 이민법을 그것이 보다 평등적이고 개방적인 방향으로 바뀌었다는 점이다. 흥미 있는 사실은 기존의 서부와 북부유럽 이민을 선호하는 이민법을 바꾸도록 하는 데는 이태리, 폴란드, 그리스 그리고 유태인들, 즉 동부와 남부 유럽으로부터의 이민 집단들의 압력이 크게 작용하였다는 점이다.

1965년 새 이민법이 제정됨에 따라 이민의 수는 다시 크게 증가하기 시작하였고, 더욱 중요한 것은 이민의 원천에 근본적인 변화가 오게 되었다는 사실이다. 즉 1950년대의 이민은 독일, 캐나다, 영국, 이태리의 순으로 그 수가 많았으나 새로운 이민법이 시행된 이후 1970년대에 이르면 멕시코, 필리핀, 한국, 중국의 순으로 그 순위가 바뀌었다. 이와 더불어 남미계통의 불법 이민은 그 수를 정확히 추정할 수 없을 만큼 증가하였다. 따라서 미국 사회의 인종 및 종족적 구성의 비율이 이제 점차 변화하기 시작하였고, 이와 같은 변화에 발맞추어 미국 사회에 있어서 민족 집단 간의 관계 역시 새로운 전기를 맞이하게 되었다.

〈표 1-3〉 출신지역별 미국이민의 비율 변화, 1955-1988 (단위: %)

지역	1955-1964	1965-1974	1975-1984	1985	1986	1987	1988
계	100.0	100.0	100.0	100.0	100.0	100.0	100.0
유럽	50.2	29.8	13.4	11.1	10.4	10.2	10.1
북부 및 서부	28.6	11.0	5.2	5.0	5.0	5.2	5.1
남부 및 동부	21.6	18.7	8.1	6.0	5.4	5.0	5.0
아시아	7.7	22.4	43.3	46.4	44.6	42.8	41.1
아프리카	.7	1.5	2.4	3.0	2.9	2.9	2.9
오세아니아	.4	.7	.8	.7	.6	.7	.6
북미주	36.0	39.6	33.6	31.9	34.5	36.0	38.9
카리브지역	7.1	18.0	15.1	14.6	16.9	17.1	17.5
중미	2.5	2.6	3.7	4.6	4. 7	4.9	4.8
북미 기타	26.4	19.0	14.8	12.7	12.9	14.0	16.6
남미	5.1	6.0	6.6	6.9	7. 0	7.4	6.4

(출처) Annual Reports of the Immigration and Naturalization Service(년도별 자료)

〈표 1-3〉은 1965년 새 이민법 발효 이후 유럽으로부터의 이민이 크게 감소한 반면 세계의 여타 지역으로부터의 이민이 전반적으로 증가하였음을 보여준다. 그중 특히 아시아 지역으로부터의 이민은 가장 괄목할 만한 성장을 했다. 북미, 기타에 포함되어 있는 캐나다의 이민은 줄어든 만큼 멕시코의 이민이 크게 늘었고 카리브지역으로부터의

이민 역시 두 배 이상 증가하였다. 1980년대 후반에 이르면 미국으로의 이민은 80% 이상이 아시아와 아메리카에서 오는 것으로 나타난다. 이는 동양계와 히스패닉계가 이민의 주류를 이루고 있음을 뜻한다. 참고로 가장 최근의 경향을 보여주는 2009년의 이민통계국(Census Bureau)의 발표 자료에 따르면 2009년 미국으로의 합법적 이민자 1,130,818명 가운데 유럽으로부터의 이민은 114,992명이었는데 반해 아시아로부터의 유입은 394,874명, 그리고 멕시코와 캐나다가 포함된 북미로부터의 이민은 479,845명, 중남미의 이민자는 148,371명으로 이들을 합하면 유럽으로부터의 이민보다 9배 이상 많은 것으로 나타나고 있다. (자세한 통계자료는 http://www.dhs.gov/xlibrary/assets/ tatistics/yearbook/2009/ois_yb_2009.pdf를 참조할 것.) 참고로 〈그림 1-1〉은 1850년 이후 이주자들의 출신지역의 변화양상을 일목요연하게 보여주고 있다.

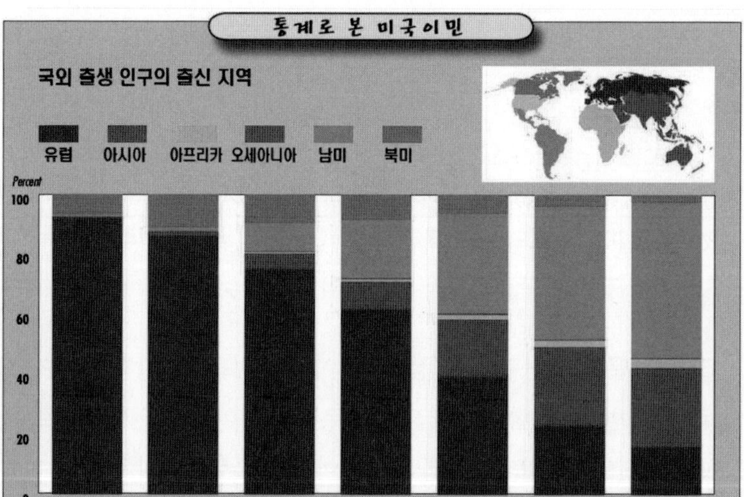

〈그림 1-1〉 해외출생 미국인의 출신지역별 분포의 변화 (1850년-2000년)

확실히 1965년 새 이민법의 제정 이후 빠르게 진행되고 있는 새로운 이민의 물결은 미국을 진정한 다문화, 다민족, 다인종사회로 변모하도록 작용하였다. 그러나 1990년대 초까지 많은 전문가와 학자들 사이에는 지난 수 백 년 동안의 미국이민이 유럽이 주류를 이루었기 때문에 민족구성 비율의 변화는 비교적 서서히 이루어 질 것이라는 전망이 지배적이었다. 예를 들면, 터커(Tucker)와 킬리(Keely) 같은 전문가들은 미국 인구통계국의 전망치를 근거로, 비록 히스패닉과 아시아계 이민이 1960년대 이래 급증하고 있지만, 그들의 구성비율은 2020년에 이르러서도 각각 11%와 5%에 머물 것이라는 전망을 내 놓았었다〈표 1-4〉.

〈표 1-4〉 미국 인구의 인종별 분포 (단위: %)

인종 (종족)	1987년 인구조사	2020년 미국인구 예측
백인(히스패닉 제외)	77.6	69.5
흑인	12.1	14.3
히스패닉	7.9	11.1
동양인과 기타	2.4	5.1
합 계	100.0	100.0

〈출처〉 Tucker, Robert, W. and Charles B. Keely, and Linda Wrigley (eds.), 1990, *Immigration and U. S. Foreign Policy*. Boulder, Colorado: Westview Press, p. 10.

그러나 2007년 발표된 미국 인구통계국의 자료는 이미 2007년에 히스패닉 인구가 전체인구의 15%에 도달하였음을 나타내었는바, 이는 그동안 최대 소수민족의 자리를 지켜오던 흑인의 구성비율(2007년 현재 13.5%)을 앞지르고 있음을 뜻한다. 아시아계의 증가 역시 급속도로 진행되어 인구증가율은 소수민족 중 가장 높은 것으로 나타나고 있고, 2007년 현재 미국 전체인구에서 아시아계가 차지하는 비율은 이미 5%에 달하고 있다. 이러한 통계자료가 보여주듯이 소수민족의 숫자가 이민의 지속적인 증가에 힘입어 과거에 예상했던 것보다 훨씬 가파르게 성장함에 따라 미국 인구통계국은 미국사회에서 다수를 점해온 백인의 비율이 50%로 떨어져 소수민족이 전체인구의 절반을 차지하게 될 시기를 2042년으로 앞당겨 예상하는 추정 통계자료를 내놓았다.

이상과 같은 변화를 고려한다면 미국사회의 민족관계를 단순히 어느 한 중심 집단과 여타의 동화되어가는 집단으로 양분하여 보는 단순한 관점보다는 차라리 다양한 민족 집단이 겪어 온 역사적 과정을 배경으로 각 집단이 시간이 흐름에 따라 각각 어떠한 조건하에서 어떠한 방식으로 새로운 환경에 적응하며 정착하게 되는가를 살펴보는 것이 필요할 것이다. 이러한 작업을 위하여는 다양한 민족 집단의 다양한 이민의 경험을 설명해 주는 이론을 살펴보는 것이 요구된다. 이제 이다음 절에서는 그러한 이론을 살펴보고자 한다.

2. 민족 간 관계에 대한 세 가지 이론

이민은 서로 다른 문화를 갖는 민족 또는 인종집단 간의 접촉을 의미한다. 이와 같이 서로 다른 집단들이 접촉하게 되면 그들 사이에 일어날 수 있는 현상으로 협동, 경쟁, 갈등, 격리, 동화, 다원주의 등 여러 가지의 가능성을 상정해 볼 수 있다. 이 중 현대 사회에서의 민족 간 관계를 잘 나타내 주고 있는 개념은 '동화'(assimilation), '다원주의'(pluralism), 그리고 '갈등'(conflict)으로서, 이들은 각각 다른 이론의 핵심 개념으로 자리 잡고 있다. 바로 그 세 개의 이론은 동화이론, 문화적 다원주의, 그리고 민족갈등이론으로서 오늘날 민족이나 인종관계를 다루는 가장 기본적인 학설로서의 위치를 확고히 하고 있는 것이다(Hraba, 1979).

1) 동화이론(Assimilation Theory)

미국으로 이주해 온 새로운 집단이 미국사회에 적응해가는 과정을 설명하는 이론으로 제일 먼저 등장한 것이 동화이론이다. 이 이론의 골자는 시간이 경과함에 따라 이민자는 미국사회의 주류집단의 문화에 동화되어간다는 것이다. 주지하다시피 미국의 역사는 영국으로부터의 이주가 그 시작이었다. 1580년대에 영국은 이미 개척민을 신대륙에 보내 그 곳을 버지니아로 명명하였고, 1620년에는 지금의 매사추세츠에 청교도들이 메이플라워호를 타고 이주해 와 정착생활을 시작했다. 그래서 오랜 기간 동안 영국계의 이민인 WASP(White, Anglo-Saxon, Protestant)가 미국사회의 주류라는 생각이 자리 잡게 되었다. 실제로 미국으로의 초기 이민은 영국을 중심으로 한 서부 및 북부유럽으로부터 왔고, 그들의 대부분은 백인 신교도들이 주류를 이루고 있었다. 이들이 중심이 되어 언어, 제도, 법 등 미국사회의 전반적 기틀이 만들어졌기 때문에 나중에 순차적으로 이주해 온 이민자들은 이미 확립된 제도의 틀 안에서 미국식 생활방식에 적응하는 것이 자연스러운 과정으로 간주 되었던 것이다. 유럽으로부터의 이민 집단들이 보여준 초기의 성공적인 동화(同化)양상은 '앵글로-동조'(Anglo-conformity)의 관점이 뿌리내리도록 작용하였고, 이주자들의 새로운 환경에의 적응과 동화는 결국 미국사회라는 하나의 용광로에서 다양한 문화들이 용해되는 과정으로 간주하는 관점이 광범위하게 받아들여지도록 작용했다.[1)]

1) 이런 점에서 용광로 이론(Melting Pot theory)은 동화이론의 범주에 속한다.

이러한 동화이론의 기초를 다진 사람은 20세기 초 미국사회학계의 시카고학파를 이끈 로버트 파크(Robert E. Park)였다. 로버트 파크는 미국에서 이민 집단 간의 관계는 일반적으로 접촉(contact) → 경쟁(competition) → 조정(accommodation) → 동화(assimilation)의 과정을 겪는다고 보았다. 시카고학파를 이끈 로버트 파크(1921; 1939)는 특히 대량으로 유입되는 새로운 이민들이 미국사회에 어떻게 적응하고 동화되는가에 관심을 가졌는데, 그가 연구를 통해 내린 결론은 다음과 같다: 동화의 과정은 서서히 진행되는 것으로서 초기에는 편견, 차별, 갈등과 같은 장애 요소가 있다 하더라도 궁극적으로 새로운 이민 집단은 미국의 공동적 문화생활(common cultural life)을 받아들임으로써 주류 문화에 동화될 것이다. 동화이론을 굳게 믿은 파크는 그의 제자 루이스 워스(Louis Wirth)와 함께 이민 집단들의 일부는 자기들끼리 모여 격리된 생활영역(ethnic enclaves)을 이루고 있음을 발견하였으나 그것을 단지 궁극적인 동화에 이르는 한 단계로 간주하고 가볍게 취급하였다.

시카고학파의 영향을 받았던 인류학자 워너(W. Lloyd Warner)와 그의 동료들은 다양한 민족 집단의 동화과정을 실증적으로 검토하는 일련의 연구를 행하였는데, 그들은 다양한 이민 집단의 사회적 상승이동을 미국사회에의 성공적 적응과 문화적 동화의 증거로 받아들였다. 워너와 그 동료는 양키시티(Yankee city)라고 가명을 사용한 매사추세츠주의 뉴버리포트(Newburyport)에서 8개 이민 집단의 사회적 이동에 관한 경험적 조사연구를 행하였다. 이 도시에는 유럽에서 8개의 이민 집단이 순차적으로 이주해 왔는데, 제일 먼저 자리 잡은 집단은 아이리시였고, 그 다음에는 프랑스계 캐나다인이, 그리고 그 뒤를 이어 유태인이, 그 후에는 이태리, 아르메니아, 그리스, 폴란드로부터의 이민이, 그리고 맨 나중에 러시아에서 이민이 유입되었다. 워너와 그 동료들이 경험적 연구를 통해 확인한 결과는 각각의 이민 집단은 거의 예외 없이 시간이 경과함에 따라 사회적 상승이동을 경험하여 사회, 경제, 문화적인 동질성이 증대했다는 사실이었다. 이러한 실증적 자료에 근거하여 워너와 그 동료들은 이민 집단은 미국사회의 중심으로 서서히(사회·경제·문화적으로) 이동해 감으로 해서, 결국에는 미국사회의 주류에 동화되어 갈 것이라는 생각을 굳히게 되었다. 그러나 그들이 그냥 '오래된 도시'(the Old City)라고 칭한 남부 미시시피의 나체즈(Natchez, Mississippi)에서의 조사 자료는 조금 달랐다. 즉 나체즈에서 흑인집단의 사회적 상승이동은 백인집단과는 달리 지극히 미미한 것으로 나타나 차라리 흑·백인종간의 카스트적 분화가 발견되고 있음을 보여주었던 것이다. 워너는 이와 같은 현상은 흑인집단의 이주가 원래 강제적으로 이루어졌고 문화적 배경이 너무 다를 뿐만 아니라 인종적으로 확연히 구분되기 때문에 동화의 속도가 느리고 매우 고통스럽게 진행된 것이라고 설명하였다. 그러나 그는 나중에 스웨덴의 사회학자 군나르 뮈르달(Gunnar Myrdal, 1944)이 그랬던 것처럼 흑인집단도 비록 시간이 오래 걸리고 어려움이 따를지라도 궁극적으로는 미국의 중심적 문화에 동화될 것이라고 전망하였다.

1960년대에 이르러 동화이론을 더욱 정교화 시킨 사람은 밀톤 고돈(Milton Gordon, 1964)이라 할 수 있다. 고돈은 우선 미국사회의 중심세력이 앵글로-색슨계의 백인 신교도집단(WASP)이 주류를 이루는 중산층이라는 점을 분명히 했다. 따라서 새로운 이민 집단이 미국이라는 새로운 환경에서 준거로 삼고 적응해야 할 목표는 바로 이들 중심세력의 문화와 생활이라는 것이다. 그는 이것을 앵글로 문화로의 동화(Anglo-conformity)라고 불렀다. 고돈에 따르면, 다양한 이민

집단의 동화과정은 몇 단계로 나누어 볼 수 있다고 한다. 첫 번째 단계는 이민이 미국의 언어 및 문화적 관습을 터득해가는 문화적 동화(cultural assimilation)이고, 두 번째 단계는 이민이 새로운 사회의 클럽, 조직, 제도 등에서 일차적 관계를 수립해 나가는 구조적 동화(structural assimilation)이며, 세 번째 단계는 이민 집단과 기존집단간의 결혼이 거부감 없이 이루어지게 되는 결혼동화(marital assimilation), 네 번째 단계는 이민 집단 고유의 민족 정체성이 소멸되어 이주한 사회의 성원으로서 정체감을 갖게 되는 정체성 동화(identificational assimilation), 다섯 번째 단계는 이민 집단에 대한 편견이 없어지게 되는 태도 수용적 동화(attitude receptional assimilation), 여섯 번째 단계는 이제 차별적 행위가 사라지는 행위 수용적 동화(behavior receptional assimilation), 그리고 마지막 단계는 가치나 권력 갈등이 없고 일상생활에 전혀 구별이 없는 시민적 동화(civic assimilation)로 구분할 수 있다는 것이다.

고돈이 제시하고 있는 이민 집단의 동화단계는 백인 이민, 특히 유럽으로부터의 이민 집단이 새로운 사회에 적응해가는 과정을 이해하는데 유용한 단서를 제공해주고 있기는 하지만 문화적 동화단계를 지나치게 당연시함으로 해서 인류학자들이 말하는 문화접변(acculturation) 과정의 복잡성을 반영시키지 못하고 있다. 뿐만 아니라 고돈이 연구한 미국의 다양한 이민 집단들의 경우, 앞서 언급된 일곱 단계의 동화과정을 완벽하게 보여주는 사례가 드물다는 문제점도 발견된다. 특히 동화이론은 소위 '용광로 이론'(melting-pot theory)으로 분류되는데, 이는 나중에 Novak(1971) 등에 의하여 제시된 '용광로에서 녹아들지 않는 민족들'(unmeltable ethnics), 즉 다시 말하면 '동화되지 않는 민족들'에 관한 논쟁이 등장하면서 동화이론을 보완 또는 대치할 수 있는 이론의 등장은 이미 예견되고 있었다.

2) 문화적 다원주의(Cultural Pluralism)[2)]

동화주의자들이 미국사회를 보는 기본적 관점은 현대 미국사회란 산업사회 및 대중사회로서 '근대화'의 영향 때문에 민족 또는 인종집단은 점차 사회적 중요성이 감소되고, 그 결과 다양한 이민 집단들은 궁극적으로 공통의 생활문화로 통합된다는 것이다. 그러한 점에서 마르크스주의이론은 동화주의자들과 공통점을 보인다. 즉 마르크스주의자에 의하면 사회가 진화함에 따라 가족, 지역, 종족, 인종, 국가 등에 대한 전통적 충성심이 계급에 대한 충성심으로 대체된다고 봄으로써 다양한 민족이나 인종도 점차 계급을 통한 동화를 경험할 것임을 암시하고 있다. 이러한 전제를 바탕에 깔고 있는 동화이론은, 1960년대 이후 그것이 이념적 지향을 공유하던 근대화이론과 마르크스이론이, 시기는 달랐지만, 점차 많은 사회과학자들에 의해 비판의 대상이 되어가는 것과 궤를 같이하며, 서서히 그것이 누려왔던 지배적인 지위를 잃어갔다. 참고로 동화이론은 미국사회에 있어서 특정 백인집단의 지배를 합리화해주는 이데올로기를 반영하고 있다는 비판을 받았고, 마르크스 이론 역시 구소련과 동구의 붕괴과정에서 나타난 민족문제의 재등장 때문에 계급을 통한 동화가 그리 간단히 이루어지는 것이 아니라는 비판에 직면하지 않으면 안 되었다.

동화이론의 허점을 지적하며 등장한 이론이 문화적 다원주의이론이다. 문화적 다원주의(또는 종족적 다원주의: ethnic pluralism)를 주창

---

2) 여기서는 종족 다원주의(ethnic pluralism)가 집단의 문화적 특성을 가장 중요시했기 때문에 문화적 다원주의와 동일한 범주의 이론으로 간주하여 이 두 용어를 혼용하여 쓰기로 한다. 한국사회에서는 흔히 '종족'과 '민족'을 혼용하여 사용한다.

하는 학자들은 현대 산업사회에서도 민족 집단은 중요한 단위로서 기능하고 있음을 강조한다. 물론 민족 집단 또는 인종집단은 변모되어가지만 그것들은 현대사회에서도 사회적 정체감의 원천으로서, 그리고 타 집단과의 자원경쟁을 위한 발판으로서 중요성을 잃지 않았다는 것이다. 일찍이 1920년대에 이미 문화적 다원주의를 주창한 캘렌(Kallen, 1924)은 이민 집단이 그들의 문화적 특성을 유지하는 것이 개개인들의 정체성과 존엄성의 유지에 필요 할 뿐만 아니라 미국사회 내에 활력을 불어넣어주는 요소라고 주장했다. 그래서 그는 미국사회가 추구해야 할 방향으로 민족 간의 민주주의(democracy of nationalities)를 제시하기까지 하였다.

다원주의적 관점을 사회과학적 논의의 중심으로 가져온 학자로는 내던 글레이저(Nathan Glazer)와 패트릭 모이니한(Patrick Moynihan)을 들 수 있다. 이들이 1963년 처음 출간한 「용광로를 넘어서」(Beyond the Melting Pot)는 다양한 이민 집단들을 비교분석한 기념비적인 연구성과로 손꼽히는 역작인바, 이 저술은 뉴욕시의 이탈리안, 아이리시, 유태인, 푸에르토리코인, 그리고 흑인집단의 동화와 민족 정체성에 관한 연구결과를 담고 있다. 이 연구의 결론은 이민들 중 (특히 유럽계 이민들의 경우) 이민 제3세대에 이르면 이민 당시 가져온 고유한 문화적 관습을 거의 상실하게 되지만, 그럼에도 불구하고 다른 집단들과 구분되는 나름대로의 정체성을 유지하고 있다는 것이었다. 다시 말해 외형적 문화의 수용이 곧 문화적 정체성의 상실을 뜻하는 것이 아니라는 것이다. 이는 미국으로의 이민 집단들의 적응과정이 단순한 동화가 아닌 보다 복합적인 양상을 띠고 있음을 의미한다. 그들은 같은 책의 1970년도 수정판에서 1960년대에 그들이 관찰한 종족성의 부활(resurgence of ethnicity)을 다음과 같은 가설을 가지고 설명하려했다. 첫째, 미국사회에서 직업적 정체성이 지위와 존경의 지표로서의 기능을 잃어감에 따라 민족적 정체성이 개인들의 사회적 정체감을 확인해주는 기능을 되찾게 되었다. 둘째, 1960년대 활발하게 전개된 민권운동은 보다 개방적이고 관용적인 사회분위기를 조성하였고, 그것은 문화적 다원주의의 발흥에 긍정적 요인으로 작용하였다. 셋째, 뉴욕의 경우 1960년대 크게 불어난 푸에르토리코 인들과 남부흑인들의 대량 이주는 소수민족의 정치적 입지를 강화시켰다. 물론 민족정체감을 정치적으로 동원하는 것은 뉴욕에 국한된 것이 아니고 과거에 아이리시 등도 활발히 이용해온 것이었지만, 1960년대에 들어 뉴욕에서 더욱 활발히 공개적으로 전면에 부상한 사실에 그들은 주목했다. 특히 흑인집단의 이러한 움직임은 다시 다양한 집단사이에 민족적 정체성을 재확인하도록 유도하였다.

다양한 이민 집단들을 개인적인 차원에서 보면 공통의 언어사용과 학교교육 등을 통해 미국주류사회의 규범을 공통으로 학습하고, 정치. 경제적 영역에서 국가적 제도에 편입됨으로 해서 분명 문화적 동화현상을 보이고 있지만, 집단적인 수준에서는 각 민족이나 종족의 명칭처럼 사회적으로 통용되는 종족적 범주가 엄연히 존재함으로 해서 다른 집단과는 구분되는 집단 정체감을 유지하게 된다. 그래서 글레이저와 모이니한은 "이민집단은 미국사회라는 용광로에 용해되는 것이 아니라 새롭게 형성되는(transformed) 것"이라고 말했다.

인류학자 프레드릭 바스(Fredrik Barth, 1969) 역시 급격한 인구이동 · 접촉 · 사회구조적 변화에도 불구하고 사라지지 않고 있는 민족적 정체성의 존재에 주목하고, 문화를 달리하는 민족의 정체성을 뜻하는 종족성(ethnicity)의 올바른 연구는 민족이나 종족 간 범주 또는 경계(ethnic boundaries)를 밝혀내는 일이라고 지적하였다. 바스의 지적은 1970년대 인류학의 '새로운 종족성 연구학파'(New Ethnicity School)의 방법론적 초석이 되었다.

미국사회에서 종족적 다원주의 또는 문화적 다원주의를 경험적으로 반영해주는 자료는 많다. 예를 들면, 미국사회에는 다양한 민족이나 인종집단들이 서로 거주 지역을 달리하고 있는 경우가 흔하다. 즉 이민 집단들은 대체로 한 지역에 모여 생활함으로 해서 자신들의 커뮤니티를 형성하는 경우가 많고, 상당수의 연구결과들은 그에 연유한 거주지역의 분리현상(residential segregation)은 오랜 시간이 경과해도 지속된다는 것을 보여주고 있다. 게스트와 위드(Guest and Weed, 1976)는 미국의 동부, 중부, 서부의 도시들에서의 이민 집단 간 거주 지역 분리현상의 유형을 역사적, 경험적으로 분석하였는바, 20세기에 들어서 거주 지역의 교외 확산(suburbanization)으로 엄청난 인구의 지역적 이동이 있었음에도 불구하고 그 이동이 집단적으로 이루어져 아직도 민족 집단 간 거주지역 분리현상이 강하게 유지되고 있음을 확인하였다. 또한 수틀스(Gerald Suttles, 1968)는 민족 집단 간의 거주 지역 분리가 없는 지역인 시카고의 다민족 혼합 거주지역에 대한 연구에서도 다양한 이민 집단들이 어떻게 상징적으로 또는 문화적으로 서로간의 '사회적 거리'를 유지하고 있는가를 보여주었다.

문화적 다원주의자들이 발견하고 있는 일반적 경향은 개별조사에서 발견되는 모순과 다양성에도 불구하고 다음과 같이 요약할 수 있을 것이다. 첫째, 이민 1세대에서는 출신국가의 문화와 정체성에 집착하는데 비하여, 제2세대에 이르면 자기 조상의 출신을 부정하고 미국사회와 문화에 자신을 동일시하려고 노력하는 반면, 제3세대에서는 다시 자신의 뿌리를 재발견하려고 한다. 이것이 역사학자 한슨(Hanson)의 명구(名句) "아들(2세)이 잊으려 하는 것을 손자(3세)는 다시 기억하려한다"이다. 이러한 현상은 매우 광범위하게 발견되는 현상으로서, 이민 3세대에서 이러한 현상이 두드러지는 이유는 그들이 미국에서 출생하고 언어의 문제가 없는 세대이기 때문에 선대가 가졌던 문화적 열등감을 극복할 수 있기 때문이라고 흔히 해석되고 있다. 둘째, 미국사회에서 확인되는 민족적 정체성의 지속적인 존속은 아이러니컬하게도 미국이 개방적임과 동시에 사회·지리적 이동이 극심한 사회이기 때문이다. 급격한 변화는 역설적으로 개개인들이 심리적 안정을 얻는데 필요한 준거집단을 필요로 한다. 20세기 들어 미국사회의 특성으로 자리 잡은 개방성과 이동성을 감안한다면 문화적 전통, 역사적 경험, 인종적 특성 등을 공유하는 동일 이민 집단(즉 종족, 또는 민족) 만큼 변치 않는 준거를 제공해 주는 사회단위가 드물다. 그러므로 민족적 정체성의 유지 또는 추구는 현대 대중사회에서 개개인들이 자신의 준거를 마련하고자 하는 욕구의 표현이라 할 수 있는 것이다.

문화적 다원주의의 시각은 동화주의자들이 미국 사회내의 민족 간 관계를 단순한 일면적 과정으로 파악하는데서 한 걸음 더 나아가 그것의 복합적 성격을 규명해보려 했다는 점에서 평가 받을 만하다. 그러나 문제는 문화적 다원주의가 기초하고 있는 민족 간의 평등한 공존이 과연 미국사회의 현실을 냉정히 반영하고 있는 것인가라는 의문을 제기하도록 만든다. 그래서 문화적 다원주의자들에 대한 비판은 그들이 문화적 소수민족들(cultural minority 또는 ethnic minorities)을 인종적 소수민족(racial minorities)과 구분하지 못하고 있다는 데 집중되고 있다(Omi and Winant, 1994: 20).

미국의 민족문제를 종족성(ethnicity)이라는 개념을 가지고 보는 관점은 이미 앞에서 지적하였듯이 집단들의 범주나 관계를 문화적 요인을 통하여 접근한다는 것이다. 그러나 여기서 생각해야 될 문제는 미국의 이민 집단을 나눌 때 흑인들에게는 이러한 문화적 접근이 이루어지지 않고 있다는 점이다. 아프리카에는 문화를 달리하는 수많은 민족, 즉 종족집단들이 존재하지만 미국에서 이민 집단으로서 흑인을 논할 때에는 이러한 문화적 다양성이 고려 된 적이 없다. 이점이 유럽이민의 경우와는 극명한 대조를 이룬다. 부연하면, 이태리계 미국인(Italian-American), 폴란드계 미국인(Polish-American), 아일랜드계 미국인(Irish-American) 등의 표현은 보편화되어 있으나 유럽계 미국인(European-American)이라는 말은 사용되지 않는다. 반면에, 흑인의 경우 그들의 원 출신지나 종족적 구분을 명시해서 호칭하는 것은 사회적으로 통용되고 있지 않다. 흑인은 과거에는 그냥 검둥이(negro)로 뭉뚱그려 호칭되다가 1960년대 이후에서야 흑인계 미국인(Black-American)이거나, 아프리카계 미국인(Afro-American)으로 불려졌다. 이는 흑인집단에게는, 아프리카 각국, 또는 각 부족이 갖는 문화적 다양성에도 불구하고, (피부색이 검다는 데 기초한) 인종적 구분만이 적용됨을 뜻한다. 따라서 문화적 다원주의의 접근은 그 출발부터 흑인집단에 대한 편견을 내포하고 있으며, 이를 보완할 수 있는 새로운 이론 및 설명방식이 필요성이 대두된다.

3) 민족 간 갈등이론(Ethnic Conflict Theory)

갈등이론은 현대사회에 있어서 자원을 둘러싼 집단 간의 갈등에 초점을 맞춘다. 동화주의자들이 사회의 근대화가 가져온 기회의 증대는 집단 간의 협동 내지 거대조직 내에서의 상호적응을 자극할 것으로 생각한 것과는 달리, 갈등론적 관점은 산업사회의 다양한 기회의 증대가 차라리 그것을 둘러싼 집단 간의 갈등을 심화시킬 것으로 보았다. 갈등론자들은 또한 다양한 이민 집단 간의 민주적이고 평화적인 공존을 전제로 깔고 있는 문화적 다원주의의 입장과는 달리, 이민 집단 간의 (정치·경제적) 지배·복종과 불평등에 보다 많은 관심을 쏟는다. 왜냐하면 사회적 자원을 둘러싼 경쟁과 갈등은 실제 또는 가상의 경쟁 집단에 영향력을 행사함으로써 집단 간 계층화가 촉진되고 불평등현상이 나타나게 되기 때문이다.

집단 간의 불평등, 갈등, 착취 등의 관계는 특히 흑·백 집단을 비교연구한 학자들에 의하여 일찍이 언급되기 시작했지만 이 문제에 초점을 맞춰 이론화를 시도한 초기의 학자는 올리버 콕스(Oliver C.Cox, 1948)였다. 그 자신이 흑인인 콕스는 미국사회에서 흑인의 지위는 마치 카스트처럼 완전한 예속과 착취의 대상이라고 규정하고, 그러한 불평등의 제도화는 이윤을 맹목적으로 추구하는 자본주의 체제의 발전과 확산에 기인한다고 결론지었다. 결국, 소수민족 집단에 대한 착취는 문화적 편견 따위에 기인하는 것이 아니라 경제적 동기에 뿌리를 내리고 있는 것이며, 그러한 점에서 미국 사회의 흑인문제는 그 본질이 서구의 식민주의적 팽창과 자본주의의 발달에 뿌리를 둔 역사적 전개과정에 비추어 이해되어져야 한다는 것이다.

콕스에 의하여 제시된 문제의식은 비록 그것이 흑인과 백인집단의 관계에 한정된 것이기는 하지만 마르크스주의의 계급 갈등적 접근의 기초를 닦아줌으로 해서 미국의 민족문제를 계급적, 정치경제학적 관점에서 접근하는 계기를 마련해 주었다. 그러한 접근을 따르는 대표적인 이론들로는 내국 식민지이론(Internal Colonialism), 노동시장 분할이론(The Split-Labor Market theory), 중개적 소수민족이론(Middleman-minorities) 등을 들 수 있을 것이다.

내국 식민지이론은 미국 사회의 자본주의적 팽창과정에서 미국의 원주민(Indians)에 대한 약탈, 흑인의 노예화, 그리고 멕시코와의 영토 분쟁 등을 통하여 불평등한 인종관계를 정착시켜온 역사적 경험을 강조한다. 그래서 특히 인디언, 흑인, 그리고 멕시코계의 민족집단이 미국사회에서 처해 있는 상황은 특수한 것으로 이해되어져야 하며, 그러한 점에서 유럽으로부터의 이민집단과는 다른 이론적 틀을 가지고 살펴보아야 한다고 주장한다. 노동시장분할이론(The Split-Labor Market theory)은 미국의 노동시장에서 소수민족의 노동자들이 불평등한 대우를 받게 되는 이유는 지배적인 위치를 점유하고 있는 민족집단이 자신들의 기득권 유지를 위하여 노동시장을 분할해 놓고 있기 때문이라고 분석하고 있다(Bonacich, 1972). 즉, 이 이론은 인종적 소수민족 집단이 노동시장에서 특히 차별적인 대우를 감수하고 있는 데에 주목한다. 자본(capital)의 입장에서 보면 싼 노동(cheap labor)에 대하여 반대할 이유가 없다. 그러나 기득권을 가진 집단의 노동(labor)의 관점에서는 종속적인 집단의 싼 노동은 위협이 된다. 미국사회는 노동시장이 백인의 기득권 집단과 인종적 소수민족 집단으로 나뉘어져 있어 노동부문에서의 두 집단 간 갈등이 문제가 된다. 이러한 관점에서 보면 제 민족집단 간의 관계는 크게 두 부류로 나누어 생각하여야 되며, 이들의 관계는 갈등관계인 것이다. 중개적 소수민족이론은 특정 이민집단이 미국사회 전체의 경제구조에서 지배적인 집단(백인 자본가계급)과 피지배적인 집단(소수민족, 종속계급) 사이의 공백 영역을 메워 줌으로써 일정한 경제적 기능을 담당하고, 양 계급 사이의 연결고리 역할을 수행한다는 분석에 근거하고 있다. 그러한 중개집단의 대표적 보기는 과거 유태인이나 일본인들로서 그들은 지배적 백인집단이 공백으로 남겨준 직업들에 종사함으로 해서 (대체로 쁘띠 부르주아) 양대 계급의 중간계층을 점하였으나, 이들은 그들이 처한 특수한 위치 때문에 양쪽으로부터 공격과 비난의 화살을 받을 가능성이 높다. 예컨대, 유태인 자영업자는 부유한 앵글로 색슨으로부터는 두려운 경쟁의 대상으로 간주되어 배척받음과 동시에 흑인들로부터는 자신들의 보잘 것 없는 부를 가져가는 상인집단으로서 질시의 대상이 될 수 있다(Bonacich, 1973). 1990년대 이후 미국의 여러 대도시에서 문제가 되고 있는 한·흑 간 갈등의 표출은 이러한 맥락에서 설명될 수 있을 것이다.

이상에서 살펴본 바와 같이 갈등이론은 여러 가지 갈래로 나누어 생각할 수 있으나 그들은 모두 다음과 같은 공통점을 갖는다. 즉, 갈등이론은 모두 이민집단 간의 불평등현상에 주목하고 그러한 불평등의 근원을 미국의 경제구조와 경제과정에서 찾고 있다. 이들은 다양한 집단이 개별적으로 볼 때 문화적 동화과정을 겪을 수 있다는 것을 부정하지는 않지만, 집단 간의 관계는 뿌리 깊은 불평등 때문에 조화가 아닌 경쟁과 갈등 관계에 있다는 것을 강조한다.

지금까지 우리는 동화주의, 다원주의, 갈등이론을 비교해 보았다. 여기서 유의해야 할 점은 동화, 다원주의, 그리고 갈등의 양상이 언제나 상호배타적으로 나타나는 것이 아니라 어느 정도 병존하여 동시에 진행될 수도 있다는 사실이다. 예를 들면, 다원주의적 양상도 현대 산업사회에 있어서는 새로운 이민집단이 격리되어 존재할 수 없을 것이므로 어느 정도의 문화적 동화를 전제로 하고 있는 것이다. 그리고 산업화를 통한 경제의 성장은 대중교육과 화이트칼라 직업을 확산시킴으로써 집단 간 동화를 촉진하는 기회를 증대시킨다. 그러나 그것은 동시에 그러한 사회적 상승이동 경로를 둘러싼 집단 간의 경쟁을 조장하기도 한다. 이러한 이유 때문에 위에서 언급한 세 가지 이론을 단순히 서로 대립 된다고 치부하기 보다는 복합사회에서 여러 집단 간의 관계를 설명하는데 있어 상호보완적인 성격을 갖고 있다는 점을 간과해서는 안 될 것이다. 이러한 전제를 배경에 깔고, 이제 미국사회에서의 민족 간 관계를 파악하는데 가장 중요한 개념적 틀을 한 가지 제시해 보고자 한다.

3. 민족 간 관계의 구조

1) 문화적 소수민족과 인종적 소수민족: 적응과 불평등

미국사회에서 민족 및 인종관계는 시대에 따라 여러 형태로 변천하였다. 서구인들의 북미대륙으로의 대량 이주는 오랜 기간에 걸쳐 다양한 종류의 사람들이 서로 다른 목적을 가지고 이루어진 것이었기에 상이한 집단 간의 접촉상황도 여러 가지 형태로 나타났다. 즉 서로 다른 집단들은 적대적인 대량학살, 배척관계를 보여주기도 하였고, 공존·공생하는 관계, 또는 위계적 서열관계를 형성하기도 했다. 대량학살이나 배척관계는 초기의 백인집단과 북미주 원주민들, 흑인노예집단, 그리고 초기의 비(非)서구이민들 간의 관계를 꼽을 수 있고, 공존관계는 영국의 앵글로 색슨과 스코틀랜드인, 그리고 서열관계는 서·북유럽인과 남·동부유럽인들 사이의 관계를 생각할 수 있다. 이러한 관계유형은 미국 사회가 역사적으로 성장해 감에 따라 여러 형태의 적응이 이루어지면서 더욱 다양한 관계유형으로 나타나게 되었다. 죠 페아진(Joe R. Feagin, 1984)은 그것을 다섯 가지 유형으로 나눈다. 첫째 유형은 배척과 소외이며, 둘째는 공존, 셋째는 앵글로 문화로의 동화(Anglo-conformity), 넷째는 다원주의, 그리고 다섯째 유형은 위계적 서열관계이다. 이러한 유형에 대한 논의는 이미 앞에서의 이론적 검토를 행하는 과정에서 일부가 이루어졌으며, 결론적으로 현재에 이르기까지 미국 사회의 다양한 민족집단 간에 관찰되고 있는 상이한 관계유형들은 각각의 이민집단들의 특성과 이민의 역사적 배경이 서로 다른데서 연유하는 것으로 판단된다는 점을 지적한바 있다. 다만 여기서 새롭게 지적하고자 하는 요점은, 미국의 민족문제와 민족관계는 그 양상이 매우 복합적인 것이긴 하지만, 그럼에도 불구하고 미국의 역사를 관통하여 일관되게 나타나는 하나의 중심적 주제는 인종주의(racism)와 불평등(inequality)이라는 것이 곳곳에서 드러난다는 점이다.

미국사회에서의 인종주의와 불평등의 자취는 이미 미국이 독립국가로 등장할 때 마련한 국가의 기본 문서에도 반영되었다. 즉, 토마스 제퍼슨이 입안한 독립선언문의 초안에는 영국의 죠지국왕의 노예제에 대한 묵인과 동의를 비판하는 구절이 있었으나 노예제도를 필요로 한 남부 대지주들과 북부의 노예중개상들의 압력 때문에 독립선언문의 최종 본에서는 그 부분이 삭제되었다. 또한 신생 미국의 헌법에도 흑인의 경우 인구를 5분의 3만 계산한다고 명시하고 노예거래를 인정함으로서 인종간의 위계질서를 반영하였다. 이러한 사실은 독립선언문에 포함된 "모든 인간은 평등하다"(All men are created equal)는 원칙과 헌법의 권리장전(Bill of Rights)은 백인들에게만 적용될 뿐 그 당시 인구의 상당 부분을 구성하고 있던 흑인들과는 관련이 없었음을 의미한다.

이러한 차별과 편견의 관행은 미국사회에서 일찍부터 하나의 사회적 기제로서 작동되었다. 예를 들면, 18세기 말, 아일랜드, 독일, 그리고 프랑스로부터의 이민이 크게 증가하자 그러한 이민을 억제하기 위한 법안들이 만들어졌다. 즉 점차로 불어난 비(非)영국계 이민들 역시 법 앞에 평등하지 않다는 것을 발견하였던 것이다. 이 당시 만들어진 새로운 귀화법(The Naturalization Act)은 미국시민이 되기 위하여 미국에 거주해야 하는 기간을 5년에서 14년으로 연장하였고, 외국인법(Alien Act)은 대통령에게 외국인을 추방할 수 있는 권한을 부여하였다. 이 모든 법안들은 물론 기득권을 수호하기 위하여 영국계 이민들이 중심이 되어 제정된 것이었다. 이렇게 미국역사의 초기부터 등장한 인종주의와 차별의 관행은 미국 이민사를 통하여 나타나는 커다란 흐름을 형성하게 된다.

일반적으로 미국 이민의 역사에서 1870년대까지, 흑인노예는 예외로 치더라도, 미국정부는 이민 자체에 대한 특별한 제한을 가하지 않았다. 그러던 것이 1870년대에 들어서면서 이주자들의 출신지역이 다양화되기 시작하면서 이민의 질적 요소를 고려한 제한을 두기 시작하였다. 예를 들 면, 범죄자, 계약노동자, 그리고 중국인들의 이민을 규제한 것(Chinese Exclusion Act)이 좋은 보기이다. 그리고 1921년에는 드디어 이민의 양적 제한을 두기 시작함으로써 이민사의 새로운 장을 열었다. 즉, 연도별 쿼터제(national-origins quota system 1921년 1924년)가 실시된 것이다. 이때에도 이미 자리를 잡은 이민집단들의 기득권을 고려하여 미국시민권자의 직계 가족 및 친족은 예외적으로 취급되었다. 한 가지 특별히 간과해서는 안 될 사항은, 1921년 개정된 이민법이 겨냥한 이민의 양적 제한은 주로 비서구지역 국가를 대상으로 한 것이었기에, 다분히 인종주의적 성격을 띠고 있었다는 점이다.

여기서 우리가 유의할 점은, 흑인과 원주민에 대한 차별에서 기원된 인종차별주의는, 18세기 말 유럽 남·동부로부터의 이민자를 차별하는 법의 제정에서 보았듯이, 문화를 달리하는 백인들 간의 차별로 이어졌고, 그러한 점에서 서로 다른 인종과 종족들 간 삶의 기회(life chance)에 있어서의 불평등이 존재하는 현상은 미국사회의 움직일 수 없는 현실로 일찍이 자리 잡았다는 사실이다. 그러나 미국의 이민사를 통하여 많은 비(非)영국계 집단들은 그러한 사회적 장벽을 넘어서 점차 미국사회의 주류에 합류해 갔다. 물론 독일계, 아일랜드계, 스칸디나비아계 등과 유태인, 이탈리아인, 러시아인, 폴란드인 등은 미국사회에 성공적으로 적응하는데 서로 다른 여정을 걸었으나 결국은 사회적 상승이동을 해 간 것으로 평가받고 있다. 바로 이러한 사실은 우리에게 매우 중요한 시사점을 던져준다. 즉 이들은 모두 유럽으로부터 이민 온 사람들로서 인종적으로는 백인집단이고, 동시에 상대적으로 동질적인 기독교 문화의 배경을 공유하고 있다는 사실이다. 다시 말하면 이들은 모두 유럽인들이자 백인이라는 점에서 인종적 소수민족(racial minority)이 아니다. 이들은 유럽 내에서 서로 문화를 달리하는 문화적 또는 종족적 소수민족(ethnic minority)인바, 이러한 구분, 즉 인종적 소수민족과 문화적 소수민족은 미국사회에서 다양한 이민집단 간의 관계를 살펴보는데 있어 사회인류학적으로 매우 중요한 분류범주라 아니할 수 없다.

미국의 이민사를 돌이켜보면, 유럽계 이민과는 달리 흑인과 원주민, 그리고 몇몇 인종적 소수집단(racial minority)들은, 1960년대의 전반적 제도적 변화가 이루지기 전까지는, 일관되게 정치적으로, 그리고 경제적으로 예속되거나 차별적인 상황에서 벗어나지를 못했다. 바로 이와 같은 이중적 구조, 즉 서구로부터의 이민집단들이 보여 온 성공적 적응(adaptation)과, 흑인이나 멕시코 또는 초기의 동양계 이민집단들에게서 나타난 예속적 불평등의 감수(stratification)가 미국사회에서는 오랫동안 다양한 민족 간의 관계를 규정해 주는 틀이었다고 할 수 있다.

미국의 역사를 통하여 두드러지게 나타나는 이중적 구조는 결국 유럽계 이민과 그 이외의 집단이 서로 다른 경험과 적응과정을 겪어왔음을 말해준다. 이러한 이중적 구조는 미국사회에 성공적으로 적응하여 동화되거나(melting-pot theory) 또는 조화를 이루어내는(salad-bowl theory) 유럽계 이민과, '동화될 수 없는 민족들'(unmeltable ethnics)로 불리면서 아직도 사회·경제적으로 열등한 처지에 놓여있는 흑인, 원주민, 그리고 멕시코계 이민 등을 분석적으로 나누어 보아야 할 필요성을 제공한다. 그래서 우리가 앞에서 살펴본 동화이론은 주로 유럽계 이민들의 경험에 기초한 것이며, 문화적 다원주의론자들이 상정하고 있는 '다양한 집단들의 민주주의적 공존' 역시 캘렌(Kallen, 1924)이 말한 소위 '대서양 이민'(the Atlantic migration)들에게만 적용되는 것으로서, 인종적 소수민족인 흑인, 멕시코인, 인디언, 그리고 동양인들의 역사적 경험 밖에 있는 이론이라는 주장이 설득력을 갖는다.

1990년대 이후 미국의 학계는 바로 이러한 구분과 주장을 대체로 수용하는 것으로 판단된다. 에릭슨(Eriksen, 1993)에 의하면 영어 ethnic group은 어원상 그리스어 ethnos에서 유래한 것으로 이는 원래 이교도집단을 지칭하는데 쓰여 졌다고 한다. 이를 미국의 학계에서 처음 사용한 것은 2차 대전 이후로서, 유태인, 이탈리아인, 폴란드인 등과 같이 상대적으로 늦게 이주해온 집단들이 이미 미국사회의 중심세력으로 자리 잡고 있던 신교도집단과는 다른 종교적 배경(유태교, 구교)을 가졌기에 이들을 문화적으로 이질적인 집단으로 간주하고 구분하기 위한 용어로 사용되기 시작했다고 한다. 그래서 오미와 위난트(Michael Omi와 Howard Winant, 1994)는 ethnicity와 ethnic group이라는 개념 자체가 인종적 소수민족과는 아무런 관련이 없이 등장한 것임을 강조하였다. 흥미롭게도 이를 뒷받침이라도 하듯 1990년대 이래 부각되고 있는 소수민족집단의 새로운 정체성들은 모두 '인종적 구분'을 반영하는 것들이다. 즉 1990년대 이후 미국에서 광범위하게 통용되고 있는 소수민족집단의 범주인 아프리카계 미국인(Afro-Americans), 히스패닉계 미국인(Hispanic Americans), 원주민계 미국인(Native Americans), 그리고 아시아계 미국인(Asian Americans)은 사실 미국사회의 인종구분인 흑인, 갈색인, 홍인, 그리고 황인종(blacks, browns, reds, and yellows)의 범주와 일치하는 것이다. 이미 앞에서 지적하였듯이 유럽계 백인들의 경우에는 이민 초기부터 아일랜드계 미국인(Irish Americans), 유태계 미국인(Jewish Americans), 이태리계 미국인(Italian Americans), 폴란드계 미국인(Polish Americans)과 같이 종족적 범주를 기반으로 한 구분이 있을 뿐 이들 전체를 묶어주는 정체성 범주는 사용되지 않았다. 반면, 유럽계 이민과 인종적으로 다른 이민집단에게는 그들이 갖는 문화적 다양성에도 불구하고 그러한 차이를 무시하고 인종적 범주만을 강조한 분류가 사용되었다. 그러므로 이와 같이 다양한, 때로는 이질적인 집단들이 하나의 단위로서 정체감을 형성하게 된 배경에는 미국사회(여기서는 미국의 주류를 이루는 집단)가 이들을 주로 인종적 범주에 따라 구별하고 대접하는 엄연한 현실이 작용하고 있다.

물론 문화적 차원에서 보면 인종적 소수민족집단 역시 영어의 사용과 표준화된 교육 등 앵글로 문화로의 동화가 요구되었으므로 문화적으로 일정 부분 동화의 과정을 겪은 것이 사실이다. 그러나 사회적 동화(고돈이 말한 구조적 동화: structural assimilation)는 미국사회의 주류집단의 동의 하에서만 일어날 수 있는 것이기 때문에 미국으로의 이민집단들 중 인종적 소수집단에 속한 사람들의 적응과정은 인종적으로 미국의 주류집단과 동일한 유럽계의 이민집단과는 다르게 나타날 수밖에 없다. 그러므로 인종적 소수민족집단의 현실은, 페아진(Feagin, 1984)이 말한 것처럼, '일정 부분의 문화적 동화에 사회구조상 하층으로의 강요된 통합'이 적절한 묘사일 것이다. 따라서 사회적 통합이 개개인들의 의지와는 별개로 이루지는 성격을 갖는다면 집단 간의 관계는 억압, 반목, 갈등의 요소를 필연적으로 내포하게 된다.

2) 민족집단 간의 차이

세계 각처에서 다양한 집단들이 서로 다른 시기와 조건, 그리고 각각 다른 동기와 목적 하에 미국으로 이주해 왔기에 오늘날 미국사회의 다양한 민족집단들은 지역적 분포, 소득, 교육수준, 실업율, 그리고 심지어 범죄율 등에 있어서까지 나름대로 다른 유형을 보여주고 있다. 이러한 차이는 각각의 집단들이 미국으로 이주해 올 때의 제반 사정 및 각 집단의 특성, 그리고 일련의 역사적 과정 등 뿐 만 아니라, 동시에 각 민족집단 간의 관계와 각 집단이 미국 사회구조 내에서 차지하는 위치를 반영해 준다. 지역적 분포를 예로 들면, 흑인은 대단위 농장이 많았던 남부에, 아일랜드, 이태리 유태계는 그들이 무일푼으로 처음 도착했던 동부지역의 항구도시를 중심으로 정착하였다. 동양인은 압도적인 다수가 서부 태평양 연안 주들을 초기의 정착지로 삼았으며, 멕시코계는 주로 캘리포니아에서 텍사스에 이르는 서남부 주에 집중 분포되어있는 양상을 보인다. 또한 북구계 집단은 미국의 중서부지역에 많고 쿠바인들은 대다수가 플로리다에, 그리고 푸에르토리코인들은 주로 뉴욕 부근에 몰려있다. 이러한 지역적 분포의 차이는 지역의 경제적 여건이 다름에 따라 소득이나 생활방식상의 차이에 영향을 끼치기도 한다. 그러나 그것은 오직 하나의 고려 요인일 뿐 결정적인 것은 아니다. 차라리 이주 당시, 각 집단의 교육수준, 경제적 여건, 이민의 조건과 상황 등을 살펴보는 것이 더욱 중요하다.

특히 이민의 상황은 몇몇 집단의 초기 적응과정에 결정적 영향을 주었고 그것이 후에 집단의 미국사회구조상의 위치 결정에도 주요 요인으로 작용하였다. 예를 들면, 이민의 종류는 ① 노예와 같은 강제이주, ② 강제노동, ③ 계약노동, ④ 난민, 그리고 ⑤ 자발적 이민으로 나눌 수 있는 바, 흑인의 경우는 노예로서 왔고, 초기의 중국이민은 계약노동이라고 하나 실질적으로는 강제노동의 성격을 갖고 있었으며, 아이리시 농민은 주로 계약노동자로의 이민이 주종을 이루었다. 베트남과 캄보디아인은 1970년대에 주로 난민으로 이주해 왔고, 초기의 유럽이민의 대부분과 1965년 이후의 동양계이민 등은 자발적 이민들이었다. 이러한 이민의 유형상의 차이는 각 집단이 이민 올 당시 갖출 수 있었던 자원에 있어서의 차이뿐만 아니라 이주 후 부여된 자율적 의사결정 등에서도 큰 차이를 보여 미국사회 내에서의 적응양상이 크게 달라지는 데 중요한 요인으로 작용하였다. 여하튼 각 집단들이 과거에 보여주었고 또 오늘날 보여주고 있는 차이점들을 설명하는 것은 그리 쉬운 일이 아니다. 왜냐 하면, 그것은 수많은 요인들이 역사과정을 통하여 복합적으로 작용한 결과이기 때문이다. 그러한 인식을 전제로 이제 각 집단의 사회·경제적 지위를 중심으로 나타나고 있는 차이점들을 고찰해 보기로 한다.

〈표 1-5〉와 〈표 1-6〉은 1980년 몇몇 민족집단과 인종집단간의 가계수입을 비교한 것이다. 〈표 1-5〉에 따르면, 미국 평균에 미치지 못하는 집단은 모두 예외 없이 인종적 소수집단이고 특히 멕시코인, 푸에르토리코인, 흑인, 그리고 인디언의 가계수입은 전국평균을 크게 밑도는 최하위 그룹을 형성하고 있다. 또한 20여 년이 흐른 2006년의 자료를 보면, 그 분류범주를 인종으로 변환하여 가계수입의 차이를 살펴보았을 때, 아시아계의 예외적인 경우가 있기는 하지만(이에 대한

〈표 1-5〉 민족집단의 가계수입 비교 (1980년)

집 단	가계수입 지표(미국평균 = 100)
유태인	172
일본인	132
폴란드인	115
중국인	112
이태리인	112
독일인	107
앵글로-색슨	107
아일랜드인	103
미국전체	100
필리핀인	99
서인도인	94
멕시코인	76
푸에르토리코인	63
흑인	62
인디언	60

〈출처〉 Sowell, Thomas, 1981, *Ethnic America: A History*. New York: Basic Books, p.5.

〈표 1-6〉 인종집단 간의 가계소득 비교 (2006년)

인 종	가계소득 평균
백 인	$32,919
흑 인	$27,110
아 시 아	$36,152
히스패닉	$23,613

〈출처〉 U. S. Census Bureau, 2006

보다 자세한 분석은 제4장에서 다루게 될 것임), 대체로 인종집단간의 소득 격차는 2000년대에도 그대로 지속되고 있음을 나타내 주고 있다.

아시아계 이민의 경우를 간략히 설명하면, 그들은 상대적으로 높은 소득수준을 보이고 있기는 하지만, 여전히 그 수치가 미미한 수준에 머물러 있고, 미국사회의 주요 영역에 포진하지 못하고 주변적인 위치에 머물러 있음으로 해서 백인집단에 비해 그 영향력이 크게 미치지 못하는 소수집단에 불과한 형편이다. 이러한 자료는 우리가 앞서 미국으로의 이민집단들의 적응과정을 살펴보는데 있어 인종적 소수민족과 문화적 소수민족의 구분이 매우 중요한 구분범주라는 앞서의 논의를 일부 뒷받침해주는 것으로 판단된다. 그렇다면 인종이 미국사회에서 주요 경제적 적응을 나타내주는 지표인 가계수입을 결정하는 요인인가? 답은 그렇게 단순하지 않다는 것이다. 왜냐하면 인종적 소수집단에 속하는 일본과 중국계의 경우, (표 1-5)와 〈표 1-6〉의 수치가 말해주는 바와 같이 가계수입이 전국 평균보다 높다는 사실 때문이다. 이는 다양한 집단의 적응과정에는 그들이 갖는 문화적 특성, 그리고 이민의 시기와 동기 등도 고려해야함을 말해준다. 그렇다면 한국계 이민은 미국사회에서 어떠한 위치를 점하고 있는 것일까? 한국에서의 본격적인 이민은 1965년 이민법 개정 이후부터이므로 이민자의 숫자가 상당히 불어난 1980년대까지의 통계를 우선 살펴보기로 한다.

〈표 1-7〉은 20세기 후반 이민들의 자료를 바탕으로 한국을 포함한 여러 이민집단을 비교해 본 자료이다. 이 자료는 1970-80년 사이 이민의 자료이기 때문에 〈표 1-5〉의 자료와는 성격을 달리하고 있지만 영국계 및 인도와 필리핀계의 소득수준이 높은 것은 그들의 높은 교육수준과 밀접한 관계가 있음을 보여준다. 그리고 높은 교육수준을 보이는 한국과 중국이민의 소득도 이민 전체평균을 상회하고 있다. 그에 반해, 그리스, 이태리, 포르투갈과 같은 유럽계 백인집단들은 그들의 교육수준이 낮으며 영어사용 능력도 남미계나 히스패닉계보다

〈표 1-7〉 최근 이민 집단 간의 평균적 차이의 비교

	가계수입 (중위치)	연령 (중위치)	가족수 (평균)	35-44 세여인 출산아수 (1,000 명당)	25세이상 성인중 대학 졸업자(%)	캘리포니아 거주(선택)	집에서 영어만 사용 (%)
인구 전체	$19,917	31.3	3.27	2,639	16.2	11.0	82.00
이민전체	$15,224	27.4	3.81	2,571	22.2	26.8	13.00
그리스	$16,204	30.4	3.60	1,930	10.6	11.1	2.80
이태리	$18,418	30.5	3.79	2,480	8.3	9.3	3.20
포르투칼	$18,939	28.7	3.84	2,550	2.8	31.2	1.00
영국	$25,431	29.5	3.20	1,940	30.5	9.9	83.50
중국	$15,237	37.0	3.86	2,390	27.6	38.2	1.00
인도	$23,935	29.8	3.48	2,070	63.1	15.7	6.60
한국	$18,342	27.5	3.85	2,100	31.6	27.4	8.40
필리핀	$24,480	31.1	4.04	2,010	47.9	43.8	3.40
월남	1970-74 $12,026	22.3	4.78	3,660	11.2	31.9	1.90
월남	1975-80 $15,077	27.3	3.58	2,440	18.5	31.9	16.40
카나다	$23,910	25.9	3.17	2,040	30.0	27.4	65.00
큐바	$14,510	40.3	3.43	1,970	10.3	8.0	0.80
도미니카	$ 9,569	26.0	3.70	3,010	3.4	1.0	0.90
하이티	$11,966	28.9	3.81	2,740	9.5	1.7	2.10
자마이카	$16,094	26.6	3.73	2,690	9.7	4.5	8.50
남미	$14,795	27.6	3.58	2,180	18.3	17.4	13.20
아프리카	$15,109	27.8	3.36	2,220	43.3	10.6	16.90

〈출처〉 James V. Koch, 1987, "The incomes of recent immigrant: A look at ethnic differences" *Social Science Quarterly* 68: 2: 299.

더 나을 것이 없음에도 불구하고 평균소득은 이민 전체평균 보다 높다. 또한 도미니카, 하이티와 같이 인종적으로 흑인계열에 속하는 집단과 멕시코계 집단은 소득수준이 가장 낮은 집단에 속하는데, 그들

은 동시에 교육수준도 낮고 언어능력도 부족한 특성을 보이고 있다.

위에서 살펴본 통계자료들은 대체적으로 미국사회에서 유럽계 이민집단과 비유럽계 이민집단 간에 사회·경제적 특성상 커다란 차이가 있음을 확인시켜 준다. 이는 미국사회의 민족문제를 다루는데 있어 소위 문화적(또는 종족적) 소수민족(ethnic minorities)과 인종적 소수민족(racial minorities)을 구분하여 분석하는 것이 미국의 민족문제를 이해하는데 매우 유용하다는 사실을 뒷받침해주는 것이기도 하다. 다만 통계자료에 의하면 인종적 소수민족 중 한국계 이민을 포함한 동양계 몇 집단의 사회·경제적 지표가 미국전체 평균을 상회하고 있다는 사실이 보다 세밀한 분석과 설명을 요하고 있다. 따라서 이 책의 제4장에서 이 문제를 보다 심층적으로 다룰 것이다.

다만 우선 여기서 지적 할 수 있는 사실은 인종적 소수민족 중 예외적으로 보이는 동양계 이민집단의 '성공담'은 그 역사가 그리 오랜 것은 아니라는 점이다. 주지하는 바와 같이 중국과 일본이민은 19세기 말의 '중국인 배척법'과 제2차 대전 중 일본인의 강제수용에서 볼 수 있는 바와 같이 가혹한 차별의 대상이었다. 이민초기의 중국인은 철도건설노동자나 세탁부로, 일본인은 사탕수수밭의 일꾼이나 정원사 등 백인들이 기피하는 직종에 종사하며 차별받는 삶을 살았다. 그러므로 그들의 사회·경제적 지위의 향상은 1960년대 이후 소수민족의 민권운동 등이 활발해지면서 미국사회전체의 분위기가 소수민족에게 보다 긍정적인 방향으로 전환되기 전까지는 매우 제한적으로 진전되었을 뿐이다. 그리고, 앞으로 제4장에서 더 자세히 다루게 될 것이지만, 70-80년대 통계에서 겉으로 드러난 '성공'의 이면을 드려다 보면, 그것은 상당한 대가를 치룬 '성공'임을 감지하게 된다. 예컨대, 가계소득을 보면, 동양계 이민의 그것은 더 많은 숫자의 가족원이 백인이나 비동양계집단들의 평균보다 훨씬 오랜 시간의 노동을 함으로써 얻어진 것이다. 거기에 더하여 동양계 이민집단은 평균적으로 백인집단보다 더 높은 학력을 갖추고 있다는 사실 또한 지적되어야 한다. 사실, 동양계 이민은 가장 높은 학력수준을 보유하고 있으면서도 개인적 전문직 이외의 정부나 일류 기업의 관리직에는 많이 진출하지 못하고 있다(Takaki, 1993 참조). 이상과 같은 사실을 감안한다면, 동양계 이민집단의 사례를 예외적으로 취급하는데도 한계가 있다는 결론에 도달하게 된다. 다만, 현재의 추세가 계속된다면 인종적 소수집단 사이에서도 장차 보다 뚜렷한 분화가 이루어질 것이라는 전망이 가능하다.

4. 민족관계를 보는 시각

미국의 민족문제는 미국이 이민에 의하여 형성된 국가라는 사실에 뿌리를 두고 있다. 그런데 이민과 관련하여 미국사회를 평가하는 시각은 다양한 갈래가 존재할 수 있는데, 이들은 두 가지 대립되는 극단적인 견해의 사이에 존재할 것이다. 즉 다양한 견해의 양 극단을 상정했을 때, 한 편의 극점에는 ① 미국사회는 모든 인종적, 민족적 배경을 가진 사람들을 완전히 받아들이는 개방적인 사회라고 보는 견해가 있고, 반대편의 극점에는 ② 미국사회는 그 역사를 통하여 인종적 편견과 배타적 속성이 그 근본에 깔려있다는 견해가 있다. 첫 번째 견해를 지지하는 사람은 무엇보다도 미국이 오늘에 이르기까지 지구상에서 유일하게 이민의 문을 넓게 열어놓고 있는 개방적인 사회임을 지적한다. 미국은 이민에 의하여 형성된 나라이며, 개국 이래 이민을 지속적으로 받아들인 지구상의 유일한 국가이다. 특히 1965년 이민법의 개정 이후에는 이민의 문호를 전세계적으로 열어놓고 상당한 숫자의 이민을 받아들였다. 20세기 후반부터 21세기에 들어선 2010년까지의 통계를 보더라도, 이 기간 동안 미국은 매년 대략 60만 명에서 1백 만영 내외의 이민을 지속적으로 받아들였다. 이렇게 많은 수의 이민을 지속적으로 받아들인 국가는 미국 이외에 존재하지 않기에 미국을 개방적인 사회로 파악하는 관점은 일견 타당성이 있어 보인다. 그러나, 이미 앞에서 지적되었듯이 미국사회에서 인종적 소수민족에 대한 차별과 편견, 그리고 그에 따른 착취와 갈등 등에 초점을 맞추어 미국사회를 보려는 사람들도 많다. 그래서 두 번째 견해는 미국사회의 주류를 이루는 세력을 앵글로 색슨과 같은 백인집단으로 보고 여타의 민족과 인종을 주변적 또는 종속적 집단으로 보는 입장을 취하면서, 미국사회를 개방적이기보다는 일부집단에 대하여 배타적인 속성을 갖는 사회로 파악한다. 이러한 견해를 따르는 사람들은 흑인, 인디언, 멕시코계 이민집단 등에 대한 탄압과 차별 등에 초점을 맞추는 경향이 강하다. 여기서 언급된 두 개의 상반된 견해는 미국의 현실을 부분적으로 반영한 것으로서, 이 두 가지 입장은 미국사회의 역사적 현실의 일면을 각각 반영해 주고 있다고 보는 것이 가장 타당할 것이다. 그렇다면 실제로 미국의 현실은 어떠한 것인가? 이에 대한 답은 시기와 상황에 따라 미국의 현실은 앞서 상정한 두 양극점의 중간 어디쯤에서 찾아야 함이 정답일 것이다. 이를 달리 표현하면, 역사적으로 보아 미국사회는 시대적 상황에 따라 이민에 대하여 매우 개방적이고 우호적일 때도 있고, 또는 반대로 폐쇄적이고 적대적일 때도 있었다는 말이다.

미국의 이민사를 돌이켜보면, 19세기와 20세기 초에 이르기까지 미국으로의 대량 이민은 유럽으로부터 왔다. 그러므로 이민에 대한 적대감은 존재하지 않았다. 물론 18세기, 19세기말 등의 시점에서 먼저 이민 온 기존집단들이 그들과 문화적으로 상이한 집단의 이민을 일부 제한하려는 움직임은 있었으나, 그것이 이민을 전면 금지하거나 하는 극단적인 행동으로 나타지 않았다. 그러나 이민의 문호가 1965년 새 이민법이 제정되기까지 오직 대서양 쪽으로만 개방되어 있었다는 점에서 이민에 대하여 미국사회는 반쪽의 개방사회였다. 이를 상징적으로 보여주듯 미국의 꿈(American Dream)을 좇아 찾아드는 이민들에게 희망의 상징이었던 '자유의 여신상'은 오로지 대서양이 위치한 뉴욕항에만 있고 태평양 쪽에는 없었다. 그래서 미국은 오랜 기간 동안 편파적인 개방사회라는 모순을 안고 있었다. 이러한 이유 때문에 1960년대까지 미국사회는 유럽계의 이민이 대다수를 점하고 있었고 그 중에서도 앵글로 색슨의 사회 · 경제적 지위는 쉽게 도전받지 않을 것처럼 보였다. 이러한 사회적 맥락은 인종적 편견과 차별을 온존시키는 역할을 했다. 그러나 1960년대의 사회적 변혁은 이민의 문호를 완전히 개방하게 하는 효과를 거두게 됨으로 해서 미국사회가 이제 완전한 개방사회의 성격을 갖도록 만들어 갔다. 즉 이민의 문호가 개방되자 유럽으로부터의 이민은 줄어든 반면 아시아와 중남미로부터의 이민이 폭발적으로 늘어났던 것이다. 그리고 이와 같은 변화는 미국사회를 진정한 의미의 다원사회, 다민족사회가 되도록 작용하였다. 사실, 1960년대 이후 미국사회의 변화는 민족 간 관계의 측면에서 보면 차별적인 사회에서 개방적인 사회로의 변화를 뜻하는 것이었다고 평가해도 무리가 없을 것 같다.

지난 4~50여 년간의 변화는 미국의 인종적 소수 민족들에게는 무척 고무적인 것이었다. 그러나 그러한 긍정적인 변화가 진행되는 과정에서 다시 보수의 바람이 불고 있는 현실을 지적하지 않을 수 없다. 구체적으로 말하면, 중남미와 아시아로부터의 이민이 크게 증가하는 추이에 병행하여, 1990년대에 들어서면서 이제 이민에 대한 거부감이 일부 백인집단을 중심으로 표출되기 시작한 것이다. 인구 추이를 분석해보면 백인인구는 2010년을 고비로 감소하기 시작할 것으로 예측되는 반면(Carlson and Goldman, 1991: 64), 아시아와 남미계 이민이 90년대 이래 매년 전체 이민의 80%를 대체로 상회하고 있기에 이러한 인구변동 추이를 배경으로 백인사회의 일각에서 경계의 소리를 계속해 내오고 있는 것이다.[3)]

특히, 새로운 이민이 가장 많이 몰려오는 캘리포니아 주의 경우, 2000년에 이미 로스엔젤레스와 같은 대도시지역의 인구 중 히스패닉과 흑인집단을 포함한 소수민족의 비율이 백인의 비율을 앞지르면서 이제 백인이 더 이상 다수 집단이 되지 못하게 되었다. 바로 이러한 변화에, 그동안 다수를 점해왔고, 또한 현재에도 전국적인 인구 분포에서 절대 다수를 차지하고 있는 백인집단이 어떻게 반응할 것인가가 관심을 불러 모으고 있는 것이다. 이에 대한 반응은 현재로서는 나뉘어져 있는 것으로 보인다. 개방적인 체제를 유지하자는 입장과 이제 이민의 문호를 닫아야 한다는 입장이 바로 그것이다. 그러나 백인집단의 경우, 그 무게가 후자에 실려 있다는 증거는 많다. 이러한 견해의 대표적인 보기는 권위 있는 시사지 〈Insight〉에 실린 다음과 같은 글이다.

---

3) 2010년도 미국 인구조사 자료를 분석해서 현재 미국에서 태어나는 전체 신생아의 절반가량이 소수 인종인 가운데 앞으로 40년 안에 미국에서 소수 인종이 전체 인구의 다수를 차지하게 될 것이라는 전망이 나왔다. 즉 케네스 존슨 뉴햄프셔대 사회학과 교수가 2010년 3월10일 발간한 미국 내 인종 현황에 대한 보고서는 "인구조사 결과로 추정해 볼 때 이번 세기의 중반까지 미국은 소수 인종이 다수 인종으로 바뀌는 국가가 될 것"이라고 내다봤다. 존슨 교수에 따르면 인구조사 결과 1990년 미국에서 태어난 신생아들 가운데 소수 인종이 차지하는 비율은 전체의 37%였으나 2008년에는 그 비율이 48%로 거의 전체의 절반가량을 차지했다(미주한국일보, 2010년 3월 11일).

"최근의 합법 및 불법 이민은 연간 1백만 명을 넘어서고 있다. 그 중 90% 이상이 비유럽계이기 때문에 이들의 급격한 증가는 미국을 진정한 다인종사회로 바꾸어가고 있다. 이제 미국은 곧 다수집단은 없고 인종적 소수 집단만이 존재하게 될 것이다. 과거에는 서구인을 중심 세력으로 하여 새로 온 이민이 따르고 동화해야 할 중심적 문화가 있었으며, 서구의 이민은 그 다양성에도 불구하고 모두 동일한 문명의 유산을 공유하는 집단이었다. 이제 그 동질적 기초가 위협을 받으면 미국은 장차 인종갈등이 더욱 심화될 가능성이 있다."(Auster, 1994: 20)

보수적 백인집단의 목소리가 높아져 가는 것과 때를 같이 하여 미국에서는 현재 반(反) 이민 무드가 고조되어가고 있다. 1990년대에 들어서면서 이민자의 공공혜택을 박탈하는 법안들이 속속 통과되고 있으며, 1960년대 이후 인종적 소수 민족에 커다란 도움을 주었던 민권법의 차별철폐조처(Affirmative Action) 등이 크게 위협받고 있는 것이 오늘의 현실이다. 2008년 취임한 오바마대통령은 불법체류자의 사면과 미국이 필요로 하는 기술인력에 대한 이민쿼터증가, 그리고 가족초정이민에 대한 제한 철폐 등을 골자로 한 이민개혁법안을 통과시키려고 노력하고 있으나 공화당의 반대에 부딪혀 2011년 현재 그 통과가 불투명하다. 그러는 사이 애리조나와 앨라배마주 등에서는 반(反)이민법으로 분류되는 법안들이 제정되어 열띤 사회적 논쟁의 불씨가 되고 있는 것이 오늘의 현실이다.[4] 그러나 사실 따지고 보면,

4) 애리조나주는 지역경찰이 불법이민자로 의심이가는 사람에 내한 불심검문을 허용하는 법안을 제정하여 전국적으로 물의를 일으켰다. 뒤이어서 앨라배마주도 반(反)이민법을 제정했는데, 앨라배마에서는 지역경찰이 이민신분을 확인해 연방 이민국에 정보를 제공할 수 있도록 했으며, 특히 학교와 기업, 건물 주인들까지 불법체류자 단속에 동참하도록 함으로써 어느 주정부가 제정한 반이민법보다도 가장 정도가 심한 것으로 평가되고 있다. 그런데 조지아,

급증하는 아시아와 남미계가 위협적인 존재가 되고 있다는 일종의 위기감은 과장된 면이 있다. 2010년도의 인구통계에 따르면 미국 전체인구에서 백인이 차지하는 비율은 약 73% 로서 여전히 인구의 3분의 2를 차지하는 절대 다수를 점하고 있다. 물론 이 수치에는 히스패닉계 백인이 포함되어 있으므로 그들을 제외한 순수 백인만을 골라낸다면 그 수치는 약 66%로 줄어들기는 하지만 여전히 절대 다수의 지위가 흔들릴 정도는 아니다. 다시 말해 백인집단은 여전히 절대 다수의 지위를 잃지 않고 있는 것이다.

이상의 논의를 통하여, 새삼 다시 확인되는 것은 미국사회에 있어서 '인종'이라는 범주가 갖는 중요성이다. 그래서 미국의 민족문제는 결국 인종문제로 그 성격을 보다 뚜렷이 해 갈 것이라는 결론에 도달하게 된다. 미국에 있어서 인종적 편견과 태도에 관한 대규모 조사를 행한 슈만과 그의 동료들(Schuman et al., 1985: 201)은 다음과 같은 결론을 말했다. "미국은 인종적 편견이라는 측면에서 보면 크게 바뀌지 않았다. 인종간의 결혼이 지난 수십 년 동안 약간의 증가가 있었으나 그러한 작은 변화는 인종적 차이를 녹여 없애는 '용광로 해결책'(a melting-pot solution)이 될 수 없으며 또 가까운 장래에 그것이 가능할 것으로 보이지 않는다."

참 고 ("미국의 민족문제," 『지역연구』 제4권 제3호, 1995년 가을, 서울대학교 지역종합연구소, 31-61쪽)

플로리다, 유타, 버지니아 등 여러 주들이 반이민법 제정에 동참할 예정이어서 이런 반이민정서는 전국적으로 점차 확산되는 분위기다. 참고로, 애리조나에서 반이민법이 제정되자 히스패닉 인구가 다수를 이루는 도시가 많은 캘리포니아에서는 애리조나에서의 회의, 경기 등을 보이콧 하는 운동을 전개하는 등 반이민법을 둘러싸고 갈등 양상을 보였다.

Chapter 2

문화적 소수민족과 인종적 소수민족: 유태인과 흑인의 비교

1. 문제의 제기

앞 장에서 이미 지적했듯이 이민에 의해 형성된 사회인 미국은 대표적인 다민족국가이다. 따라서 미국사회에 대한 이해는 다양한 민족집단(ethnic groups)[5]과 그를 둘러싼 민족문제에 대한 고려를 필수적으로 요구한다. 즉 미국사회의 모든 현상 — 정치, 경제, 사회, 문화 — 의 이면에는 다양한 민족집단 간의 경쟁, 갈등, 동화, 공존, 배척 등 소위 민족변수(ethnic variable)가 작용하고 있는 것이다. 미국의 민족문제는 크게 보아 미국사회의 주류를 형성하고 있는 다수민족과

5) 여기서는 '민족'을 '종족'과 '인종'을 포괄하는 광의의 개념으로 사용하고자 한다. 민족, 종족, 인종의 개념에 대한 보다 자세한 논의는 필자의 다음 논문을 참조할 것. 최협, 1995. "미국의 민족문제." 「지역연구」 4: 3: 31-61.

소수민족간의 관계 그리고 소수민족들 간의 관계 등으로 나누어 생각해 볼 수 있다. 그 중 특히 소수민족들의 문제는 미국의 사회문제 또는 정책적 과제로 인식되는 경향이 강해 많은 사회과학자들의 관심의 대상이 되어왔다.

미국의 소수민족들 중 유태인과 흑인집단은 여러 가지 면에서 우리의 관심을 끈다. 왜냐하면 두 민족집단 모두 극심한 편견과 차별의 대상이 되어왔음에도 불구하고 미국사회에서의 적응양상이 극단적으로 다르게 나타났기 때문이다. 흑인의 경우 미국에서의 차별과 편견의 역사는 노예의 신분으로 끌려 온데서부터 비롯되었다는 것이 정설처럼 되어있다. 비록 미국에서 노예제도는 이미 19세기에 폐지되었지만 오늘날에도 미국의 흑인은 극심한 차별과 편견에서 자유롭지 못하다. 유태인은 백인집단에 속하면서도 미국사회에서 편견의 대상이 되어왔다는 점에서 특수한 경우이다. 유태인들은 세계적으로 가장 오랫동안 도처에서 박해를 받아온 민족으로 잘 알려져 있다. 1990년 자료에 의하면 세계에는 약 1,300만 명의 유태인이 있는데 이는 반세기전 세계의 유태인 인구보다 오히려 줄어든 숫자이다. 대부분의 민족들이 20세기에 인구 증가를 경험한 사실에 비추어 이는 유태인의 어려운 처지를 반영하는 것이라 할 수 있다.

흑인의 노예생활은 이미 널리 잘 알려져 있지만, 유태인이 미국에 처음 도착하면서 겪은 어려움은 그렇지 못하다. 미국으로의 유태인 이주의 역사는 1654년 브라질에 거주하던 소수의 유태인들이 북미대륙에 도착하면서 시작되었는데 그 출발이 쉬웠던 것은 아니었다. 왜냐하면 미국혁명 이전, 즉 식민지시대 미국에서 유태인들은 많은 차별의 대상이었기 때문이었다. 지금은 뉴욕이 된 당시 화란령 뉴암스테르담에 도착했던 초기의 유태인들은 그 지역의 총독이었던 피터

스튜브산트(Peter Stuyvesant)로부터 거주의 허가를 받지 못했다. 다행히 당시 뉴암스테르담은 화란의 서인도회사의 실질적인 영향 하에 있었기에 마침 동 회사의 중역으로 있던 남미 유태인의 도움을 얻어 총독의 결정을 간신히 뒤집을 수 있었다(Sowell, 1996: 293). 또한 영국 식민지 시절 대부분의 주에서는 선거권과 피선거권을 기독교도에 한정하여 부여하였기에 유태인들은 자유롭게 정치과정에 참여할 수 없었다. 그러한 법은 18세기 후반에 이르러 대부분의 주에서 철폐되었지만 뉴햄프셔 주 같은 데에서는 1876년까지 유지되었다.

1880년 이후 동유럽으로부터의 대량 이주해온 유태인들은 대부분이 미 동부, 특히 뉴욕 맨하탄의 동부에 정착하였는데 뉴욕의 유태인 밀집지역은 슬럼가의 전형이었다. 이들은 대부분 가난했으며, 낡은 집에 넘쳐나는 인구, 그리고 형편없는 상하수도 시설, 장시간의 노동 등 어려운 조건에서 이민생활을 시작하였다. 이러한 사실은 유태인의 미국사회로의 적응 역시 흑인집단처럼 매우 힘든 것이었음을 말해준다.

흥미롭게도 미국사회에서 차별과 편견의 대상이었다는 공통점을 갖는 유태인과 흑인집단은 오늘날 미국의 소수민족 집단 중 사회. 경제적으로 정 반대의 위치에 서있다. 오늘날 유태인은 평균가계수입과 교육수준이 미국에서 가장 높은 민족집단인데 반해 흑인집단은 아직도 수입과 교육수준이 가장 낮은 집단 중의 하나로 머물러있다. 사실 미국의 다양한 민족집단들은 가족규모나 구조, 거주지역, 종교, 여가의 이용, 범죄율, 정치참여 등등 모든 사회생활영역에서 차이점을 보이고 있기에 바로 이와 같은 차이점은 그동안 인류학이나 사회학 등의 여러 사회과학분야에서 끊임없는 관심의 대상이 되어왔다. 그런데 일반적으로 미국에서는 사회생활 영역에서의 차이점 중 직업이나 수입, 그리고 교육이 가장 중요한 것으로 간주되어왔다. 왜냐하면 자본주의 사회에서의 계층(또는 계급)은 바로 직업이나 수입, 그리고 교육 수준이 결정적인 역할을 하는 것이라는 견해가 지배적이었기 때문이다. 이렇게 보았을 때 교육과 수입의 측면에서 유태인 집단은 확실히 지난 1세기 동안 미국사회에서 중산층 이상으로의 계층상승을 이루어낸 반면 흑인집단은 그러한 계층상승에 실패하고 있는 것이다. 본 장에서는 바로 이와 같은 현상을 설명하고자하는 이론들을 비판적으로 검토해보고, 제1장에서 언급한 인종적 소수민족(racial minority)과 문화적 소수민족(또는 종족적 소수민족, ethnic minority)이라는 개념을 유태인과 흑인집단의 비교분석에 적용하여 문제의 핵심에 접근해보고자 한다.

2. 유태인집단의 이민사 및 인구 및 사회·경제적 특성

1) 유태인의 이주역사

유태인들은 수 천여 년 간 세계각처에서 배척과 차별의 대상이었다. 고대에는 이집트와 로마에 의하여 탄압 받았고, 15세기에는 스페인에서 처형되고 추방되었으며, 19세기에는 러시아 황제의 가혹한 압제에 시달렸고, 20세기에는 히틀러에 의해 600만 명이 살해당했다.

미국으로 이주해온 주요 유럽계 집단(예컨대 영국, 아일랜드, 독일, 이탈리아 등)들은 어느 한 국가출신데 반해 미국의 유태인들은 어느 한 나라나 한 지역에서 온 집단이 아니라 적어도 6개 이상의 다른 지역출신들로 구성되어있으며, 각기 다른 집단은 수 세기동안 서로 다른 나라에서 생활했기 때문에 상당히 이질적이지만 유태교라는 종교와 유태인 특유의 문화적 바탕이 그 들을 하나의 범주로 묶게 해준다.

유태인의 미국으로의 이주는 크게 (1) 스페인과 포르투갈계 유태인의 남미로부터의 이주, (2) 독일을 중심으로 한 중부유럽으로부터의 이주, (3) 동부 유럽, 특히 러시아와 폴란드로부터의 이주라는 세 단계로 나누어 볼 수 있다.

미국에 처음 발을 디딘 유태인은 1654년 브라질에서 산타카타리나(Santa Catarina)호를 타고 온 소수의 스페인 및 포르투갈계의 유태인들이었다. 이는 브라질에서의 화란의 지배가 포르투갈의 지배로 바뀌면서 종교에 대한 관용적 분위기가 억압으로 바뀌자 종교적 박해를 피해 타 지역으로 유태인들이 이주하는 당시의 분위기를 반영하는 것이었다. 1656년에는 그 당시 화란령이었던 뉴 암스테르담 (New Amsterdam), 즉 지금의 뉴욕에 유태인 거주지역이 형성되었고, 1675년에는 로드아일랜드의 뉴포트에 또 다른 유태인 거주지역이 나타났다. 그 후 18세기 중엽까지에 조지아의 사바나 (Savannah), 펜실베이니아의 필라델피아 (Philadelphia), 캐롤라이나의 챨스톤 (Charleston) 등에 스페인과 포르투갈계의 유태인 거주지역이 만들어졌다. 16-17세기에 수천 명의 남미계 유태인들이 미국으로 이주하였는데 1820년의 유태인 인구는 약 5천명으로 알려져 있다.

1800년에서 1840년대에 이르기까지 유럽에서는 유태인에 대한 박해가 심화되었고, 동시에 신천지(즉 미국)에서의 경제적 번영 소식이 퍼져있었다. 이 기간에는 중부유럽, 특히 독일로부터 많은 수의 유태인들이 미국으로 건너왔는데 그들 중 다수는 행상, 상인, 수공업 기술자들로서 미국의 중서부지역에 정착하였다. 1880년에는 미국거주 유태인의 80%가 독일로부터의 이주자들이었는바 유태인의 숫자는 250,000에 이르렀다.

제3기의 이주는 동부유럽으로부터의 이민이었다. 1880년대에 러시아 황제 알렉산더 3세의 수석보좌관은 유태인문제해결을 위한 3가지 대책을 내놓았는데, 그 내용은 유태인의 3분의1은 기독교도로 개종하고, 다른 3분의1은 해외로 추방하며, 나머지 3분의1은 처형하는 것이었다. 따라서 러시아와 러시아의 영향 하에 있던 지역에 살던 유태인들의 대량 이주는 불가피했던 것이다. 이러한 상황 때문에 1881년에서 1920년 사이의 유태인 이민은 2백만을 상회하게 되었다. 미국정부의 통계자료에 따르면 1881-1910년 사이 미국으로 건너 온 유태인들의 93.8%가 미국에 먼저 이민 와 있던 독일계와는 문화적으로 매우 다른 러시아제국의 영향 하에 있거나 독일 권과 비교하여 문화적으로 러시아계에 보다 가까운 지역(러시아 및 라트비아, 리투아니아, 폴란드 일부지역 포함, 오스트리아-헝가리 제국, 그리고 루마니아) 출신이었는데, 이를 세부적으로 말하면 러시아 가 71.6%, 오스트리아-헝가리 출신이 17.9%, 그리고 루마니아 출신이 4.3% 였다. 이 시기의 이민이 앞서의 그것과 다른 점은 이들은 대체로 미국동부의 대도시들에 집중적으로 정착했으며, 대부분이 교육이나 재력을 갖추지 못했기에 도시의 노동계급으로 자리 잡았다는 것이다.

1920년대에 이르면 동부 및 남부유럽과 아시아의 이민을 제한하기 위한 이민법이 (1924년에) 제정됨에 따라 유태인의 이민도 크게 줄게 된다. 1921-1936년 사이에는 4십 만이 못되는 숫자가 이주했고, 그 외 1935-1940년 나치치하를 벗어나려는 난민 15만 명을 미국은 받아들였다.

2차 세계대전 이후 1960년대까지에는 전후의 난민과 약 8천 명 정도의 유태인 이민만이 있었다. 그러나 1965년 새로운 이민법이 제정된 후 1970년대에는 이민이 다시 불어나 3십 만명 가량의 이주자가 이스라엘로부터 왔다. 그리하여 1980년대 미국의 유태인 수는 약 6백만 명을 헤아리게 되었는데 이는 세계 유태인 숫자의 절반에 해당된다(Hertzberg, 1989).

2) 유태인의 경제활동

유태인 집단은 미국역사 초기부터 활발한 경제활동을 했다. 그 이유는 유럽에서의 유태인집단이 차지하던 경제적 지위와 관계된다. 유럽에서 오랜 기간 동안 유태인들은 토지의 소유가 금지되고 상업적 길드조합에 참여가 허락되지 않았다. 따라서 그 들은 '중개상' 이나 교역 그리고 숙련된 기술자와 같은 비농업적 영역에서 살길을 찾았다. 미국대륙의 개척과 그에 따른 교역의 증대는 유태집단에게는 하나의 기회였다. 특히 19세기 말 이전에 이주해온 중부유럽(주로 독일계) 유태인집단은 그들의 자산인 도시경험과 사업적 지식을 십분 활용하여 '중개인'의 역할을 충실하게 담당함으로서 경제적으로 자리잡아갔다. 1889년 미국의 인구조사에 따르면 유태계의 58%가 상거래와 금융업에 종사하고 있는 것으로 나타나고 있다. 유태인들의 진출을 사업장을 중심으로 살펴보면 특히 의류업, 보석, 귀금속 관련업, 정육업, 가죽 관련사업 등에 많이 종사했다.

19세기말 대량으로 이주해온 동부유럽유태인집단은 대부분 미국 동북부의 대도시에서 노동자로 일했다. 학자들의 추산에 의하면 동부유럽의 유태인집단의 4분의 1은 봉제업에, 그리고 다른 4분의 1은 보석가공과 주류업분야에 고용되었었다 한다. 그리고 이 들은 1930년대에 이르면 많은 숫자가 소규모나마 자기 자신의 사업체를 갖게 됨으로서 꾸준히 경제적 지위를 상승시켜나갔다. 1930년대 전국인구의 9%만이 소규모 사업체(가게)의 소유자와 관리자로 분류 된데 반해 디트로이트와 피츠버그에 거주하는 유태인집단의 그것은 25%에 달했다(Feagin and Feagin, 1996). 참고로 한인들의 자영업 비율이 1990년도의 조사에서는 27%, 그리고 2000년도에는 23%로 나타나 유태인과 유사하게 미국 내의 여러 집단들 중 그 비율이 가장 높은 부류에 속한다는 사실이 우리의 관심을 끈다(민병갑, 2007:193).

유태인집단이 이렇게 특정 직업이나 사업영역에 집중되게 된 이유는 역사적으로 그들이 겪었던 유럽에서의 경험뿐만이 아니라, 미국에서도 유태인들에게는 직업, 거주지역, 교육 등에서 차별이 있었기 때문이었다. 의류, 봉제, 귀금속업, 무역 등은 유태인들이 대대로 유럽에서부터 익히 해 오던 사업들이었고, 미국에서의 차별은 유태인들로 하여금 미국의 주류사회(즉 White-Anglo-Saxon-Protestant)가 그들에게 허용하는 주변적이거나, 또는 위험도(risk)가 높은 사업에 종사하도록 만들었다. 흥미롭게도 그러한 새로운 사업 중의 하나가 영화산업이었는바, 1936년 포춘(Fortune)지의 조사는 유태인이 의류, 섬유업과 더불어 영화산업을 장악하고 있음을 확인해준다.

이상과 같은 과정을 통하여 2차 세계대전 후 유태인집단은 미국사회에서 경제적 중산층으로 확고히 자리 잡았다. 즉 하나의 집단으로서 유태인은 하층 노동계급에 속하는 숫자도 적고, 동시에 미국을 대표하는 대기업주도 없는 중산층이 두터운 집단이 되었다. 현재에도 유태인집단은 여전히 무역, 보석가공, 상업과 유통업, 경공업, 신문방송분야, 그리고 교수나 변호사 같은 일부 전문직에 상대적으로 많이 진출해있다.

유태인집단은 평균가계수입이 1950년대 이래 전국의 평균을 항상 상회하며, 직업분포도 압도적으로 화이트칼라직업에 집중되어있어 경제적으로 성공적 적응을 한 것으로 나타난다. 그러나 유태인집단은 미국의 주요기간산업인 석유, 자동차, 철강산업 등 중공업이나 농업, 광업 등에는 거의 진출하지 못했고, 흔히 알려진 바와는 달리 은행 및 금융업에서도 고위 중역직에는 유태인의 진출이 적다.6) 이는 유태인들이 경제적으로 어느 정도 성공했으나 아직도 사회적으로 많은 제약을 받고 있음을 말해준다. 유태인들에 대한 차별은 드러나지는 않으나 사적인 사회클럽, 사립학교 등에서는 여전히 행해지며, 이러한 차별은 유태계의 사회, 경제, 정치 활동에 제약조건으로 작용하고 있다.

3. 흑인 이민의 역사와 경제적 지위

1) 흑인 이주의 역사

미국의 수많은 종족집단 중 흑인집단의 이주사(移住史)는 강제적으로 시작되었다는 점에서 유일하다. 1619년 화란국적의 배에 실려 온 20명의 흑인 노예가 제임스타운(Jamestown)항에 도착한 것을 출발점으로 그 후 250여 년 동안 거의 모든 흑인은 노예로서 강제적으로 미국으로 이주된 사람들이었다(Curtin, 1969: 87-93).

미국은 흔히 이민들에게 자유의 땅, 기회의 땅이었다고 일컬어지지만 이는 흑인들에게는 해당되지 않았다. 이미 앞에서도 지적하였듯이 미국이 영국으로부터의 독립전쟁을 치르면서 토마스 제퍼슨이 입안한 독립선언문의 초안에는 노예제에 대한 비판 구절이 있었으나 남부 대지주들과 북부의 노예중개상들의 압력 때문에 독립선언문의 최종 본에는 그 부분이 삭제되었다. 신생미국의 헌법에도 흑인은 백인과 동등한 인간으로 취급되지 않았다. 즉 원래 헌법 제 1조에서 지역의 의원 수와 세금의 배분을 위해 인구를 고려할 때 흑인의 경우는 그 숫자의 5분의 3을 계산한다고 명시하였고, 그 부대 조항에서는

6) Kosmin et al., 1991. Highlights of the CJF 1990 National Jewish Population Survey를 참조할 것.

1808년까지 노예거래를 허용하며, 도망간 노예는 그 원래의 주인에게 돌려주어야 한다는 것을 기록으로 남겼다. 그리고 1808년 이후 노예거래 금지의 약속도 지켜지지 않았다(Franklin, 1963: 132-133). 흑인노예는 주로 남부의 집단농장의 노동자로 일했는데 1860년의 자료에는 약 380만 명의 노예가 남부의 농장에서 일하고 있는 것으로 집계하고 있다.

19세기 말까지 주로 남부의 백인 농장주들을 살찌운 미국의 노예제도는 매우 가혹한 것이었다. 장시간 노동, 열악한 주거, 심각한 영양부족 등은 말할 것도 없으려니와 쇠사슬을 채우고 회초리로 때리는 등 인권이 완전히 무시된 상황이었으므로 노예에 대한 대우는 실로 말로 표현하기가 어려울 지경이다. 다른 이민집단과 비교해서 아프리카 노예이민의 경험이 본질적으로 다른 또 하나의 특징은 떠나온 고향과의 연결이 완벽하게 차단되고 동시에 그들이 가졌던 과거의 문화가 철저하게 파괴되고 망각되는 과정을 거쳤다는 점이다. 오늘날 미국흑인의 대다수를 이루고 있는 노예이민의 후손들은 원래 아프리카에서 문화를 달리하는 다양한 종족집단출신들로 구성되었을 것이지만 백여 년 이상의 문화적 단절을 겪으면서 그저 하나의 단위인 〈아프리카계 미국인〉으로 분류된다. 그리고, 다른 이민집단들이 미국에서 세대가 지나면서 사회 경제적 상승을 경험하는 동안 흑인집단은 예외적으로 스스로의 운명을 결정할 수 있는 기회가 주어지지 않은 채 희생을 강요당했다. 물론 흑인들은 탈출, 태업, 반란 등 여러 가지 방법으로 반항하기도 했으나 흑인집단 전체의 상황을 변화시키지는 못했다.[7]

---

7) 탈출, 태업, 반란 등의 사례는 다음을 참조할 것. Aptheker, Herbert 1943, *American Negro Slave Revolts*. New York: International.

미국흑인집단이 처한 상황을 그들의 역사적인 경험을 고려하여 한마디로 요약한다면 미국의 흑인 집단은 미국의 다양한 이민집단들 가운데 가장 먼저 미 대륙에 도착했던 집단이었고, 또한 미국의 경제적 부를 축적하는데 가장 오랜 기간에 걸쳐 많은 공헌을 했음에도 불구하고 오늘날 가장 열악한 경제적 위치를 점하고 차별과 편견에 시달리고 있다는 점에서 다른 이민집단들과 대조를 이룬다.

2) 흑인집단의 경제적 위치: 저소득, 실업, 빈곤

미국 통계청의 자료에 따르면 흑인집단은 수입과 실업률에서 백인집단과 큰 차이를 보인다. 흑인집단이 노예의 신분에서 해방된 것이 백년을 훌쩍 넘겼지만 흑인에 대한 차별은 쉽게 사라지지 않았고 따라서 그들은 취업, 교육, 주거지역의 선택 등에서 극히 최근까지도 제도적인 불이익을 받아왔다. 바로 이와 같은 사실이 미국 통계청의 자료에 반영되고 있는 것이다. 우선 흑인집단이 노예의 신분에서 해방된 훨씬 뒤인 1940년대 후반부터의 통계를 살펴보면 대체로 흑인의 수입은 백인수입의 절반가량에 머무는 한편 실업률은 백인 집단의 두 배 이상에 달하는 것으로 나타나고 있다(〈표 2-1〉 〈표 2-2〉 참조).

노벨경제학상 수상자인 뮈르달(Myrdal)은 1940년대에 미국을 돌아보고 나서 쓴 그의 저서 〈미국의 딜레마〉(American Dilemma)에서 "흑인의 예속적 상황이야말로 미국의 양심이 안고 있는 최대의 갈등이자 미국의 민주주의가 풀어나가야 할 과제"라고 갈파하였다(1944: 21). 40여 년이 지난 1989년 미국 학술원산하 흑인지위에 관한 위원회(The National Academy of Sciences' Committee on the Status of Black American)는 그간의 흑인지위향상에 대하여 되돌아본 뒤 다음과 같은 결론을 내리고 있다(Jaynes and Williams 1989:4): 우리는 뮈르달이 45

〈표 2-1〉 백인 수입에 대한 흑인 수입의 백분율

연도	백분율
1950	54%
1959	52%
1969	61%
1980	58%
1990	58%
1993	55%

자료 출처: U.S. Bureau of the Census. *The Social and Economic Status of the Black Population in the United States*, 1993.

〈표 2-2〉 흑인과 백인의 실업율 비교

연도	흑인	백인	비율
1949	8.9%	5.6%	1.6
1959	10.7%	4.8%	2.2
1969	6.4%	3.1%	2.1
1980	14.3%	6.3%	2.3
1990	11.3%	4.7%	2.4
1995	10.1%	4.7%	2.1

자료 출처: U.S. Bureau of the Census, *Statistical Abstract of the United States*: 1993; Labor Research Association, Economic Notes, vol. 63, no. 4. April 1995, p. 6.

년 전 〈미국의 딜레마〉에서 인종문제를 인간의 이상에 맞게 개선해야한다는 도전을 했음을 기억한다. 그동안 미국사회는 각 방면에서 꾸준한 진보가 있어 왔음에도 불구하고 흑인의 문제는 아직도 매듭짓지 못한 상태에 머물러 있다. 즉 흑인집단은 아직도 불평등한 조건하에서 미국의 주류사회에서 분리되어 있다. 다시 말해 미국의 딜레마는 여전히 해결되지 못하고 있다.

4. 유태인과 흑인집단의 상이한 적응양상을 설명하는 이론들

앞에서 살펴 본 유태인과 흑인집단의 이민과정 및 사회·경제적 적응양상의 논의에서 대체로 드러난 바와 같이 유태인집단은 비교적 짧은 기간 안에 미국사회에 성공적으로 적응하여 사회적 지위 상승을 기한 반면 흑인집단은 노예의 신분에서 해방되었다고 하지만 아직도 미국사회에 성공적으로 적응하는 데는 실패하였다고 말할 수 있다. 이와 같은 사실은 두 집단을 수입과 교육수준의 차원에서 비교해보면 어렵지 않게 그 모습을 드러내준다. 1990년도에 나온 통계를 보면 1989년도 유태인 가구의 년 간 수입의 중위치(median annual income)는 39,000달러였는데 이는 미국전체평균 28,906달러를 훨씬 상회하는 수치였다. 그에 반해 흑인의 그것은 22,429달러에 불과해 큰 차이를 보인다(*The 1990 National Jewish Population Survey*(NJPS); U.S. Bureau of the Census, *Statistical Abstract of the United States: 1991* Washington, 1991). 교육의 영역에서 유태인집단은 타 집단을 압도하였다. 예컨대 20세기 초 미 동북부의 명문대학들에서는 너무 많은 유태인학생들이 입학하는 것을 저지하기 위해 제한적 쿼터를 설정하기도 했다. 1990년도의 전국유태인인구조사(NJPS)를 보면 25세 이상의 유태인 가운데 고등학교 이하의 학력을 가진 인구는 6%에 불과했는데, 흑인의 경우는 37%에 달한 것으로 나타났다. 유태인인구 중 약 50%의 여성과 60% 가량의 남성은 대학 졸업생이었으며, 흑인집단에서는 11%가량이 대학졸업 이상의 학력소유자였다(U.S. Bureau of the Census, *1990 Census of Population: Social and Economic Characteristics: United States.*).이와 같은 자료는 확실히 유태인과 흑인집단의 사회. 경제적 적응양상에 커다란 차이가 있음을 말해주는 것이다.

이상과 같은 차이점이 나타나게 된 이유를 설명하기 위해 미국의 학계에서는 여러 가지 이론들이 제시되었는바 그것들은 크게 보아 생물학적 접근, 문화적 접근, 사회구조적 접근 등으로 나눌 수 있다. 첫 번째 생물학적 이론은 아주 오래 된 이론으로서 흑인집단이 생물학적으로 열등하다고 보는 다분히 인종주의적 설명방식이다. 흑인은 백인보다 열등한 인종이라는 견해는 유럽에서 일찍이 싹텄는데, 18세기 블루멘바흐(Johann Blumenbach)에 의해 제기된 인종간의 위계서열은 19세기 중엽에도 고비노(De Gobineau) 등이 유럽의 식민지지배를 정당화하기 위하여 인종간의 우열을 주장하면서 유지되었다. 이러한 경향은 미국에서도 그대로 답습되어 노예제도를 표면적으로 반대했던 제퍼슨(Thomas Jefferson)마저도 그의 〈1786 Notes on Virginia〉에서 흑인의 지적 열등성에 대하여 언급하였고(Gossett, 1965:42-43 참조), 20세기 중반에 들어서도 인종주의적 설명방식은 사라지지 않고 지속되어 하버드대학의 유전학자 이스트(Edward East) 같은 이는 흑인은 정신적으로 어린아이 수준에 머물러 있다고 주장했다(Carlson and Colburn, 1972. p.103에서 인용). 이러한 이론은 미국으로의 이민집단 중 대부분의 백인집단은 시간이 경과함에 따라 성공적으로 그들의 사회경제적 지위를 향상시켜나갔음에 비추어 흑인집단은 그러하지 못한 현상을 인종간의 생물학적 역량에 기인하는 것으로 돌린다. 따라서 생물학적 이론은 흑인집단이 유전적으로 열등한 인종이기 때문에 경제적 지위향상이 어렵다고 지적함으로서 자칫 흑인집단에 대한 차별을 합리화하는데 이용될 여지가 많다. 그런데 일견 이러한 설명방식은 상식적으로 용납되지 않을 것으로 생각되지만 미국사회에서 쉽게 수그러들지 않고 있는 것이 현실이다. 예를 들면 1970년대에 이르러서도 헤른스타인(Herrnstein, 1973)이나 젠슨(Jensen, 1969)과 같은 일군의 과학자들이 소위 지능지수의 유전적 기초를 주장하여 백인에 비해 상대적으로 점수가 낮은 흑인집단의 생물학적 열등성을 간접적으로 지적함으로서 미국사회에서 흑인집단이 계속하여 사회경제적으로 낮은 지위를 벗어나지 못하고 있는 현실을 합리화하려 하였다.[8] 오늘날 학계에서는 인종(race)이라는 개념 자체가 과학적 엄밀성을 결여한 사회적 구성물이라는데 의견의 일치를 보고 있기에 인종간의 우열을 따지는 논의는 더 이상 설득력을 갖지 못한다는 것이 지배적인 견해이다. 또한 과거의 생물학적 이론은 주로 흑인을 겨냥한 이론이기에 유태인의 성공적 적응을 설명하는 데는 적용되지 못한다는 한계가 있다. 그리고 최근까지 젠슨과 헤른스타인의 주장은 많은 사회과학자들에 의하여 환경적 요인의 중요성과 지능지수검사에 문화가 끼치는 영향을 과소평가 했다는 점에서 혹독한 비판을 받았다.

두 번째로 문화적 접근, 즉 문화이론은 흑인과 유태인 집단이 보여주는 적응상의 차이를 두 집단 간의 문화적 상이성에서 찾는 것이다. 각 집단은 태도, 가치, 믿음, 관습상 차이를 보이는바 이러한 문화적 차이가 미국사회에서의 적응과정에 영향을 끼쳤다고 본다. 예컨대 유태인은 육아방식, 노동윤리, 교육에 대한 태도에서 흑인집단과 차이를 보인다. 흔히 유태인들이 그렇게 오랜 기간 동안 세계 각처를 떠도는 생활을 해왔음에도 오늘날까지 정체성을 유지하며 생존해올 수 있었던 것은 종교 이외에도 튼튼한 가족주의적 전통과 높은 교육열이 있었기 때문이라는 지적이 많다. 특히 미국사회에서의 적응과정에서는 유태가정에서의 성취 지향적 육아방식과 학교교육의 강조가 미국 중산층의 가치체계와 높은 친화력을 가짐으로서 성공적인 적응에 긍정적으로 작용하였다는 것이다(Perlmann, 1988, pp.5, 216-217). 이에

---

8) 다음을 참조할 것. Herrnstein, Richard J. and Charles Murray, 1994. *The Bell Curve: Intelligence and Class Structure in American Life*. New York: Free Press.

반하여 흑인집단의 경우 결손가족, 일탈행동, 노동윤리의 부족 등의 특징을 보인다는 점에서 미국사회 주류의 문화적 가치와 조화를 이루지 못하고 있으며, 그 결과 사회경제적 지위향상이 어렵다는 것이다. 이러한 주장은 1970년대에 윌슨(Wilson, 1978) 등에 의해서 제기되었는데, 윌슨에 의하면 흑인집단은 1960년대 이래 흑인 중산층이 형성되면서, 이제 중산층과 그에 합류하지 못한 영원한 하층계급으로 나눠지는 계급분화가 이루어졌다고 한다. 그리고 바로 이러한 하층계급은 나름대로의 독특한 문화를 형성함으로서 빈곤이 재생산되는 구조를 만들었다는 것이 윌슨의 주장이었다. 이는 일찍이 인류학자 오스카 루이스(Oscar Lewis)가 1966년에 이미 제시했던 소위 '빈곤의 문화'(culture of poverty)와 맥을 같이하는 이론으로서, 루이스에 따르면 어느 사회에서나 빈민계층은 소외와 결핍 때문에 주류사회와는 다른 사회. 경제적 생활방식과 적응기제를 갖게 된다는 것이다. 빈곤의 문화가 보여주는 특징은 결손가족과 아동노동, 그리고 심리적으로 강한 주변성과 무력감, 의존성, 열등감이다. 루이스의 이러한 논의는 그 후 많은 비판을 받았는데 특히 발렌타인(Valentine, 1968)은 루이스의 개념이 빈민층의 가난을 빈민의 내재적인 특성에 기인하는 것으로 왜곡함으로서 사회구조적인 모순을 은폐한다고 지적하였다. 윌슨 또한 1987년 그의 새로운 저서 〈The Truly Disadvantaged〉에서 흑인 하층계급의 형성이 인종주의 때문에 기인한 것이 아니라는 점을 강조하고, 흑인들이 처한 실업문제는 정부와 같은 흑인사회의 외부기관에서 해결해 주어야 할 구조적인 문제임을 인정함으로서 문화적 요인의 사회구조적 요인과의 연관성을 일부 시인하였다.

세 번째, 사회구조적인 요인을 강조하는 이론으로 대표적인 것은 앞장에서 이미 살펴보았던 〈내국식민지이론〉을 들 수 있다. 내국식민지이론의 기초는 듀보아(Wiliam E. B. Du Bois, 1948)와 콕스(Oliver C. Cox, 1948) 등에 의해 기초가 닦여졌다. 즉 듀보아는 미국의 인종적 억압을 자본주의의 계급착취와 결부시켰으며, 콕스 역시 인종적 탄압이나 소외를 자본가계급의 착취에 뿌리를 둔 것으로 파악하였다. 즉 흑인집단의 열악한 지위는 그들의 문화적 특성 따위에 기인하는 것이 아니라 자본주의 체제하의 경제적 동기가 만들어낸 다분히 구조적 산물이라는 것이다. 역사적으로 보면 유럽의 자본주의적 팽창은 15세기 이래 외부 식민주의(external colonialism)의 확산을 가져왔고, 외부 식민주의는 다시 신생국에서 피지배 소수민족이 국내의 백인지배계급의 통제와 착취 하에 놓이게 되면 내국식민지(internal colonialism)로 바뀌게 된다. 자본주의 체제 하에서 진행된 불평등의 제도화라는 점에서 미국에서의 흑인집단이 처한 열악한 처지는 바로 내국식민지 상황의 전형이다(Bailey and Flores 1973: 151-153). 부연하자면 내국식민지 이론은 미국사회의 자본주의적 팽창과정에서 북미 원주민의 대량학살, 흑인의 노예화, 그리고 멕시코와의 영토분쟁 등을 통하여 불평등한 인종관계를 정착시켜온 역사적 경험을 강조한다. 그러므로 이러한 관점에서 흑인집단이 처해있는 상황은 특수한 것으로 이해되어져야 하며, 따라서 이들은 유럽으로부터의 이민집단과는 다른 이론적 틀을 가지고 접근해야 된다는 것이다. 내국식민론자들이 관심을 갖는 문제는 유색인종, 특히 흑인집단에 관한 것이며, 구체적으로 그들은 백인의 지배와 인종주의의 이데올로기가 유지되도록 하는 통제과정과 인종적 서열체제의 확립과정을 규명하려고 노력한다. 그러한 점에서 내국식민지이론은 유태인집단의 성공적 적응을 설명할 수 없고 다만 비유럽계 집단의 적응과 소외에만 관심을 보인다는 한계를 갖는다.

유태인과 흑인집단의 상이한 적응양상을 설명하기 위해 이상에서 살펴 본 세 가지 이론은 사회과학에서 흔히 어떤 현상을 설명하고자 할 때 고려하는 세 가지 측면, 즉 생물학적, 문화적, 그리고 구조적인 측면을 다루고 있는바, 모두 나름대로의 한계점을 갖고 있다는 점에서 그를 보완해줄 새로운 자료와 접근방법의 모색이 요구된다. 특히 생물학적 설명은 설득력이 약하고, 내국식민지이론은 유태인의 상황에 적용시키는데 무리가 있을 뿐만 아니라 문화적 요인과 구조적 요인은 현실적으로 서로 영향을 준다는 점을 고려할 때 다양한 이론에 대한 수정과 보완의 필요성이 있는 것이다. 이러한 문제점을 보완하기 위하여 다음절에서는 이제 모든 이민집단의 적응과정의 분석에 필수적인 변수를 제시하고, 이와 관련하여 개별집단이 갖는 특수성과 역사적 경험을 중심으로 논의를 전개해보고자 한다.

5. 이민집단 적응과정의 일반적 모형

펄만(Perlmann, 1988:5)에 의하면 이민집단의 적응과정은 일반적으로 다음의 세 가지 변수가 중요하다고 한다: ① 집단의 이주 전 역사 및 경험과 이주의 형태 ② 새로운 환경에서 받게되는 차별의 정도 ③ 이주국가의 경제적 구조와 계급구조에서 이민집단이 점하게 되는 위치. 첫 번째 변수는 이민집단의 특성과 이주과정의 통제 가능 여부와 관련이 있고, 두 번째와 세 번째 변수는 이민집단이 이민 간 국가에서 겪게 되는 어려움의 정도 및 그에 따른 사회·경제적 지위의 점유에 관련되는 것이다. 유태인과 흑인집단은 첫 번째 변수 중 이주의 형태에서부터 차이를 보인다. 즉 유태인집단의 이주는 자발적인 이주였던 것에 반해 흑인의 경우는 노예로 끌려온 비자발적, 강제적 이주였다는 점에서 다르다. 흑인집단은 이민 초기부터 모국과의 연대가 완전히 단절된 체 오랜 기간 동안 자발적 적응의 기회마저 박탈당했다. 그런 점에서 그들은 이주전의 역사나 그들이 보유하고 있던 자질을 새로운 환경에서 활용할 수 있는 기회를 갖지 못했던 것이다. 이와는 반대로 유태인집단은 새로운 삶을 찾아 자발적으로 이민을 온 집단이었다. 따라서 그들이 지니고 온 경험과 자질이 어떻게 새로운 환경에 적합성을 가졌는가를 검토해보는 것이 필요하다. 유태인집단의 인구학적 특성에 대한 분석이 첫 번째 변수와 관련된 적절한 논의가 될 것이다.

1) 유태계 이민집단의 인구학적 특성과 적응의 기제

유태인집단이 대량으로 미국으로 이주한 시기인 19세기 말 20세기 초는 물론 유태인 외에도 수많은 종족집단이 밀려오던 시기, 즉 미국 이민사의 절정기였다. 예를 들면 1881에서 1910년 사이에 이태리로부터의 이민은 무려 3,005,000에 달했다. 같은 시기에 미국은 17,730,000명의 이민을 받아들였는데 그 중 유태인은 1,562,800명 (8.8%)인 것으로 집계되고 있다. 1880년 미국의 유태인 수가 25만 명 정도에 불과했다는 사실을 상기한다면 오늘날 미국의 유태인집단의 대다수가 이때 이주한 유태인집단의 후손임을 알 수 있다. 그런데 여기서 반드시 지적되어야 할 사항은 유태인집단은 몇 가지 점에서 다른 이민들과 구별이 된다는 사실이다. 거의 같은 시기(1881-1910)에 미국으로 온 동유럽과 남부유럽의 이민들이 대부분 농촌출신인데 반해 유태인은 압도적 다수(95%)가 도시(cities)나 소도시(towns)출신이었다. 그렇게 된 데에는 제정 러시아를 포함한 동유럽에서의 유태인에 대한 차별정책이 큰 몫을 했다. 유태인들은 거주지역을 마음대로 선택해서 옮겨 다니는 것이 금지되어있었고 토지의 자유로운 소유 또한 금지되어 있었다. 그 결과 러시아를 중심으로 한 동부 유럽의 유태인들은 농업에 종사하기보다는 도시나 소도시에 거주하면서 비농업 직종에 종사하였던 것이다. 1897년 러시아의 유태인 거주지역에서 행해진 한 센서스에 의하면 유태인 인구 중 1,331,500명이 직업을 갖고 있었는데 그 중 504,844명이 제조업 분야(manufacturing and mechanical pursuits)에 종사하고, 426,628명이 상업과 교역(commerce and trade), 44,177명이 운수업(transportation)에 종사하고 있는 것으로 조사되고 있다. 종사하는 직업의 작업내용을 구체적으로 살펴보면 의류업(clothing)이 254,384명으로 가장 많고, 그 다음이 금속작업(metal working)으로 43,449명, 목공(wood working)이 42,525명, 건축업(building)이 39,019명, 섬유업(textile)이 34,612 등의 순으로 나타나고 있다(Schappes, 1978; 18). 여기서 한 가지 더 지적 할 수 있는 사항은 1870년대에 들어서면 러시아의 북서부지역의 공업화가 급속하게 진전됨으로서 공업노동의 기회가 크게 증가했다는 사실이다.

이 시기에 미국으로 건너간 유태인들은 유럽에서의 박해 때문에 애초부터 일부의 다른 유럽이민들과는 달리 미국에 정착하여 새로운 삶을 시작하기 위하여 움직인 사람들이었다. 이를 뒷받침해주는 증거로 우리는 본국으로 되돌아간 이민자의 통계가 나오기 시작한 1908년부터 1914년 사이의 수치를 내 세울 수 있다. 이 기간 동안의 이민자는 총 6,709,357명이었는데 30.76%에 해당하는 2,063,767명이 본국으로 되돌아갔다. 유태인의 경우는 전체 귀환율인 30.76%에 크게 못 미치는 7.14%만이 되돌아간 것으로 나타난다. 이는 아이리시 다음으로 낮은 수치인바, 1910년의 통계에는 아이리시의 경우 100명당 6명이, 유태인은 8명, 그리고 남 이태리인은 56명, 북이태리인은 62명, 그리고 헝가리인의 경우는 무려 64명이 되돌아간 것으로 조사되고 있다(Schappes, 1978: 18-19).

유태인의 미국이주가 주로 영주를 목표로 한 것이었다는 사실은 유태인 이민의 특성을 가족단위의 이민으로 만들었다. 1899-1910년 사이의 이민을 성(性)과 연령비로 분석해보면 유태인이민의 43.4%가 여성이며, 어린이는 24.9%에 달한다. 많은 경우 이민집단은 성인남성의 비율이 높다. 같은 시기에 여성의 비율이 유태인의 그것보다 더 높은 집단은 아이리시가 유일한데, 그 경우는 가난을 피하여 가정부나 하녀로 단독이민을 온 경우가 다수 포함되어있기에 나타난 현상이다. 유태인의 경우는 아동의 비율이 가장 높고 동시에 여성의 비율도 높아 그것이 대체로 가족이민이었음을 말해준다.

미국유태인집단의 주류를 형성한 19세기 말 20세기 초 유태인 이민은 대체로 도시와 비농업의 배경을 갖고 있었으며 주로 가족단위로 이민을 왔고 동시에 미국에서 영주할 목표를 세우고 이주해왔다는 특성을 지니고 있었다. 이러한 특성이 유태인집단의 거주지역과 직업분포에 영향을 주었다.

이민자들은 대체로 그들이 처음 도착한 도시나 지역에 정착하는 것이 보통이다. 1899-1910년 사이에 유럽으로부터 이주해온 사람들 중 3분의 2 이상(67.5%)이 북대서양연안주(North Atlantic states)로 지칭되는 뉴욕, 펜실베이니아, 뉴저지, 그리고 뉴잉글랜드지방에 정착했다. 유태인의 경우는 그 보다 높은 86%가 동일지역에 정착했다. 유태인은 특히 뉴욕시에 많이 정착했는데 1881년에서 1911년 사이에 뉴욕으로 도착한 유태인 이민자의 수는 1,334,627명이었는바 그중 73.5%가 뉴욕시에 남았다(Schappes, 1978:20).

당시 미국은 활발한 산업발전을 경험하고 있었기에 농업분야가 아닌 광업, 건설토목업, 중공업분야에 많은 인력을 필요로 하고 있었다. 그런데 앞에서 지적하였듯이 당시 유럽이민의 대다수는 농민출신이었기에 비농업분야의 단순 노동직이나 비숙련노동직에서 취업의 길을 찾을 수밖에 없었다. 예를 들면 농업이외의 다른 직업의 경험이 없었던 다수의 이탈리안은 동부와 중서부지역의 건설 토목직종에서, 슬라브계의 농민들은 펜실베이니아와 웨스트버지니아의 탄광과 제철소에서, 보헤미안들은 시카고지역의 도살장과 육가공공장에서 단순노동이나 비숙련노동자로 취업하는 경향을 보였다. 이에 비하여 유태인들은 이미 유럽에서 다양한 비농업직종에서 종사한 경험을 보유하고 있었기 때문에 미국의 중공업과 더불어 뉴욕과 같은 대도시에서 발전하던 경공업분야에서 취업의 길을 찾을 수 있었다. 유태인들이 유럽에서 많이 종사했던 의류, 섬유, 금속가공, 담배제조 등과 같은 직종은 미국의 동북부 대도시들에서도 팽창하고 있었고, 따라서 유태인이민들은 미국에서도 그들의 숙련된 기술을 가지고 그들이 도착한 대도시에서 동일 직종에 종사할 수 있었다. 이에 더하여 대도시가 제공하는 상업이나 중개업의 기회 또한 유태인의 대도시정착에 한 몫을 했다.

오늘날에도 미국의 유태인은 다수가 동부의 대도시 및 그 주변주거지역에 살며, 특히 뉴욕시에 가장 많은 숫자의 유태인이 집중되어 있다. 그러나 유태인집단의 지리적 분포도 시간이 경과함에 따라 확산되어 오늘날에는 서부의 로스앤젤리스, 샌프란시스코, 남부의 마이애미 등과 같은 대도시에 고루 분포됨으로서 전국어디에서나 유태인집단을 볼 수 있다.

이상에서 살펴본 바와 같이 유태인집단은 그들이 역사적으로 처해온 특수한 경험으로 인하여 도시의 경험뿐만이 아니라 팽창하는 자본주의 산업경제에 비교적 쉽게 적응할 수 있는 숙련노동이나 상업활동의 경험을 가지고 미국으로 이주해왔다는 점에서 그러한 경험과 준비가 전무한 흑인집단과 좋은 대조를 이룬다 하겠다.

2) 미국사회에서의 편견과 차별

미국사회에서의 흑인에 대한 편견과 차별은 널리 알려져 있다. 흑인에 대한 편견과 차별은 노예제에 뿌리를 둔 것으로서 마치 인도의 카스트제도처럼 오랜 기간 동안 체계적으로 제도화되어왔다는 점에서 쉽사리 불식 될 가능성은 희박하다. 그러므로 남북전쟁 이후 노예제도가 완전히 폐지된 이후에도 편견과 차별은 관행으로 남아 흑인집단의 사회·경제적 지위향상의 커다란 걸림돌로 작용하여 온 것이 현실이다. 물론 흑인집단은 그들의 권익신장을 위하여 투쟁을 해왔고 그에 따른 적지 않은 성과 또한 있었다. 특히 1955년부터 10여 년 간 지속된 민권운동은 흑인들에게 흑백분리법철폐, 투표권리법과 소수민족우대법(Affirmative Act, 차별철폐법이라고 해석하여도 좋음)의 제정 등의 실질적 권익 증진을 가져왔다. 예컨대 1965년에 제정된 투표권리법(Voting Rights Act)은 남부흑인들의 선거인 등록의 폭발적인 증가를 가져왔고, 그 결과 1965년에는 남부에서 피선된 흑인 관료가 70명이었던 것이 1975년에는 248명으로 불어났고 1990년에는 수천 명으로 증가하는 놀라운 변화를 보였다(Davidson and Grofman, 1994: 386). 흑인들의 정치력이 신장함에 따라 이제 적어도 제도적인 차별은 대부분이 법으로 금지되었다. 하지만 편견은 법으로 제거할 수 있는 것이 아니다. 따라서 오늘날에도 취업, 승진, 결혼 등에서의 차별은 음성적으로 지속되고 있다. 하나의 증거는 1994년에 포춘(Fortune)지가 선정한 500대 기업의 부사장이상의 간부는 95%가 백인 남성이었고 나머지 5%의 자리를 여성, 흑인, 히스패닉, 아시아인 등이 분점하고 있는 것으로 나타났다(Glass Ceiling Commission, 1995)는 자료이다. 이는 분명 기업, 학교, 정부 등 공적 영역에서 아직도 보이지 않는 장벽이 존재하고 있음을 말해주는 증거이다. 이러한 공적 제도적 영역 내에서뿐만이 아니라 백인경찰이 대낮에 흑인을 무차별 구타한 로드니 킹 사건[9]에서 볼 수 있는 바와 같이 비공식적인 모든 영역에서 편견과 차별은 사라지지 않고 있다고 보는 것이 크게 틀리지 않은 현실 인식일 것이다.

유태인의 경우 그들은 인종적으로 백인임에도 불구하고 편견과 차별에 시달려왔다. 그에 대한 확고한 증거는 유태인에 대한 적대적 태도를 가리키는 용어로 반유태주의(anti-Semitism)라는 말이 엄연히 존재한다는 사실이다. 반유태주의는 역사적으로 유태인이 예수를 십자가에 못 박게 했다는데서 연유한다. 그래서 혹자는 히틀러의 유태인 학살도 독일의 신교전통에 뿌리를 두고 있다고 생각한다.

반유태주의는 종교적 뿌리 이외에도 유태인들이 여러 지역에 흩어져 살면서도 그들이 몸담고 있는 사회의 다른 민족에 동화되지 않고 자기들만의 강한 응집력을 가지고 경제적으로 잘 적응해온 역사적 사실과도 관련이 있다. 즉 유태인들은 그들의 사회적 응집력과 경제적 적응력 때문에 역사적으로 도처에서 종종 시기의 대상이 되기도 하고, 경제적 상황이 어려워지면 그 원인을 유태인의 간교함이나 욕심에 돌려 속죄양을 삼는 경우가 많았다. 그래서 흑인의 경우는 고정관념이 '저급한 지적능력'(unintelligent)임에 반해, 유태인은 '영악스러움'이나 '간교함' 등으로 특징 지워졌다. 일예로 셰익스피어의 〈베니스의 상인〉에 등장하는 유태인은 수전노 샤일록이었으며, 최근까지 미국에서 유태

9) 1991년 3월 로스엔젤레스에서 백인 경관들이 흑인 운전자 로드니 킹을 무차별 구타한 사건으로, 다음 해에 로드니 킹을 구타했던 경관들에게 무죄판결이 내려지자 흥분한 군중들이 대규모 폭동을 일으켰는바 이것이 바로 1992년 발생한 로스엔젤레스의 인종폭동이었음.

인이라는 말은 때때로 속임수를 잘 쓴다는 뜻으로 통했다. 또한 지난 백여 년 동안 미국사회에서 유태인은 빠르게 사회적 상승을 하는 집단으로 간주되었고, 그 과정에서 그 들은 돈만 아는 집단 또는 은행이나 언론을 장악한 음모적 집단이라는 견해가 퍼져나갔다.

경제적 측면의 고정관념과 병행해서 정치적 고정관념 역시 유태인에 대한 경계를 강화시켰다. 이미 앞에서 언급하였듯이 영국식민지 시절 대부분의 주에서는 선거권과 피선거권을 기독교도에 한정하여 부여하였다. 그러한 법은 18세기 후반에 이르러 대부분의 주에서 철폐되었지만 뉴햄프셔 주 같은 데에서는 1876년까지 유지되었다. 유태인의 선거참여가 활발해진 19세기말에 이르면 유태인은 미국에서 급진주의자가 많은 집단이라는 낙인이 찍혔다. 1900년에서 1920년 사이의 정치풍자만화에는 유태인들을 급진주의자나 공산주의 동조자로 묘사하거나 정부를 뒤에서 조정하는 사람으로 그리는 경우가 많이 등장한다. 2차 세계대전 중에 나온 심리학의 고전적 저술인〈권위적 인성〉(Adorno, et al, 1950)에는 많은 미국인들이 유태인을 '족벌적'(clannish), '기생적'(parasitic), '혁명적'(revolutionary)인 집단으로 간주하고 있음을 보여주고 있다. 20여 년 뒤에 실시된 조사(Selznick과 Steinberg, 1969)에서도 유태인은 지나치게 족벌적이고, 목적달성을 위해서는 음험한 짓도 하며, 국제금융을 지배하고 있고, 미국에서 너무 많은 권력을 소유하고 있다고 미국인들은 믿고 있는 것으로 나타났다. 이러한 고정관념은 1990년대 이후에도 없어지지 않고 유지되어 유태교회를 훼손하는 사건, 또는 남부에서 농민들에 의해 유태인 지주나 상인들의 건물이 방화되는 일 등이 오늘날에도 여전히 발생하고 있다.

이러한 편견과 차별에 대응하기 위하여 유태인집단은 정치적 동원과 집단적 대응의 방법을 모색하였다. 유태인집단의 정치활동을 분석해 보면 유태인집단은 20세기 초반까지 산업개혁이나 소수민족 권익신장운동과 같은 진보적 사회개혁운동에 참여하였고, 국제주의자였던 우드로 윌슨을 지지하면서 점차 유태인집단은 지역선거에서 민주당을 지지하는 전통을 굳혀갔다(이러한 점에서 흑인과 유태인집단은 차별받는 소수민족의 감정을 공유하고, 최근까지 정치적으로 서로 돕는 관계를 유지해 온 측면이 있다). 그리고 1930년대 프랭클린 루즈벨트대통령의 반나치주의적 언명은 유태계를 확실하게 민주당진영으로 붙들어놓았다. 2차 세계대전 이후부터 유태인들은, 뉴욕과 뉴저지주와 같이 인구가 많은 지역에 집중적으로 분포되어있고, 동시에 선거참여율이 가장 높은 집단이라는 특성을 십분 활용하여 미국정치에서 상당한 영향력을 발휘하게 되었다. 1974년에는 최초로 유태인(Abraham Beame)이 뉴욕시의 시장으로 당선되었으며, 1981년에는 미 연방하원에 33명의 유태계가 있었는데 그 대부분이 민주당이었다. 한 가지 부언 한다면 20세기에 들어 유태인의 정치적 입지는 확실히 크게 향상되었으나 정치활동에의 적극적 참여율에 비하면 피선거직이나 정부 각료직, 사법부 등에의 진출은 아직도 제 몫을 차지하고 있는 것은 아니라는 점이다. 적어도 겉으로 드러난 산술적 수치가 그렇다는 말이다. 피상적인 관찰자의 입장에서 보았을 때 정치적 활동가(political activists)의 15-20%가 유태계임을 감안한다면 유태인의 피선거직에의 진출은 기대치에 훨씬 못 미치는 것으로 간주될 수 있고, 고등교육을 받은 유태인 인구를 생각하면 포드대통령 시절까지 장관급 정부고위관리가 9명에 머물렀다는 것은 유태인의 정, 관계 진출이 풍부한 인적자원에 비해 부족했다는 주장이 제기될 만하다. 그리고 미국 변호사의 20%정도가 유태계인데 반해 대법원판사를 거친 사람도 7명에 지나지 않는다는 사실 또한 그러한 주장에 동조하게 만든다. 이는 미국사회에는 아직도 유태인에 대한 배척이 존재하고, 동시에 유태인 스스로도 정치의 전면에 나서는 것보다는 보좌관, 자문역, 정치자금 모금, 선거 전략가, 또는 연설문 작성자와 같이 뒤에서 활동하는 역할을 담당하는 쪽을 택하기 때문일 것이다. 그러나 다른 한편으로는 미국의 중동정책이 친이스라엘 정책으로 경도되어 있고 그러한 정책기조를 유지하는데 유태인집단의 로비력이 결정적 역할을 한다는 사실을 지적하면서 미국 유태인집단의 정치적 영향력이 인구대비 지나치다는 견해 또한 존재하고 있다.

3) 이민집단과 사회계급구조

미국사회의 계급구조는 여러 각도에서 논 할 수 있을 것이다. 전통적 마르크스적 관점에서 자본가와 노동자라는 순수한 경제적 관점에서 접근할 수도 있고, 직업, 교육, 위세 등의 사회, 경제적 요인을 고려한 계급구조를 상정해 볼 수도 있을 것이다. 또 다른 하나의 방법은 미국사회에는 특정 집단(들)이 마치 하나의 카스트처럼 주류를 형성한 집단으로부터 예속과 착취의 대상이 되어왔다는 점에 착안하여 계급구조를 파악하는 것이다. 연구자의 견해로는 유태인과 흑인집단의 적응과정을 미국의 사회, 경제적 계급구조와 연계시켜본다는 목적에 견주어 보았을 때 마지막 방식이 적합성을 갖는 것으로 사료된다.

다민족국가로 출발한 미국에서의 민족관계의 유형은 그 양상이 매우 복잡한 것이지만, 앞서 이미 살펴보았듯이, 미국의 역사를 관통해 온 민족문제의 핵심은 인종차별주의(racism)와 불평등(inequality)이었다. 이러한 차별과 불평등의 관행은 미국의 역사를 통하여 각각의 개별 민족집단의 삶의 기회(life chance)라는 측면에서 불평등한 관계가 유지되는 현상이 미국사회의 움직일 수 없는 현실로 자리 잡도록 작용하였다. 그러나 미국의 이민사를 면밀히 검토해보면 유럽으로부터의 이민집단은 일반적으로 차별과 불평등의 장벽을 넘어 점차 미국의 주류사회에 합류해 갔다. 이민 초기에 먼저 온 영국계로부터 차별을 받았던 독일계가, 그리고 그 다음을 이은 아이리시, 이탈리안, 폴란드인, 유태인 등이 그러한 경우에 해당된다. 그러나 미국사회에는 다른 한편으로 오랜 기간이 경과했음에도 불구하고 주류사회로부터 소외된 집단이 존재한다. 흑인과 원주민집단이 대표적인 보기이다. 이들이 전자와 다른 점은 미국사회의 주류를 형성한 영국계 백인집단과 인종적으로 다르다는 사실이다. 이러한 차이를 기준으로 우리는 앞장에서 전자를 종족적 소수민족(ethnic minority) 또는 문화적 소수민족 그리고 후자를 인종적 소수민족(racial minority)이라고 구분지운 바 있다. 이 두 집단이 경험한 정 반대의 적응형태는 미국사회에 존재하는 이중적 구조를 잘 드러내 준다. 미국의 역사를 통하여 드러나는 이중적 구조는 결국 유럽계 이민과 그 이외의 집단이 서로 다른 경험과 적응과정을 겪어왔다는 것을 의미한다. 유태인과 흑인집단의 미국사회 내에서의 사회계층적 지위는, '문화적 소수민족'과 '인종적 소수민족'의 구분이 시사해 주는 바로 이와 같은 이중적 구조 안에서 자리 매김 할 수 있을 것이다. 즉, 미국사회의 계급구조는 '문화적 소수민족'과 '인종적 소수민족'으로 양분되어 있고, 유태인은 '문화적 소수민족', 그리고 흑인은 '인종적 소수민족'에 속함으로서 계급구조상의 지위가 다르다는 사실이 중요하게 지적되어야 한다.

6. 민족문제의 본질: 인종

지금까지 우리는 미국사회에서 유태인과 흑인집단이 보여주고 있는 사회. 경제적 적응상의 차이를 설명하기 위해 기존의 이론과 역사적 자료 등을 검토해 보았다. 본 장에서 검토해본 자료는 크게 두 가지 사항에 우리의 관심을 주목토록 한다. 그 하나는 유태인집단이 이주해 온 시기와 유태인집단이 갖는 일련의 특성이고, 또 다른 하나는 미국사회에 존재하는 카스트적 성격의 인종간의 서열체계에 관한 것이다. 유태인과 흑인집단은 모두 편견과 차별의 대상이 되어왔다는 공동점을 갖고 있으나 두 집단은 여러 가지 측면에서 서로 달랐다. 유태인집단은 스스로 이주를 결정한 자발적 이민이었으나 흑인집단은 노예의 신분으로 강제로 이주해 온 집단이라는 점에서 그 출발이 달랐다. 유태인은 대부분이 미국이 자본주의적 산업사회로 경제가 급팽창하던 시기에 도시의 경험과 숙련된 기술을 보유하고 이주해왔다. 그에 비해 흑인집단은 노예의 신분으로 끌려와 주로 단순노동에 강제로 사역되는 길을 걸었다. 남북전쟁 이후 노예제도는 폐지되었으나 그것은 인종적 카스트라고 불릴 수 있는 새로운 억압구조로 대체되었다. 인종적 카스트는 백인과 흑인집단을 사회적, 경제적 불평등으로 분리시키는 이중구조의 유지를 가능케 했다. 앞서 논의된 '문화적 소수민족'(또는 '종족적 소수민족')과 '인종적 소수민족'의 구분은 바로 이러한 맥락에서 유용한 것이다. 유태인집단이 흑인집단과는 달리 빠르게 지위상승을 기하며 성공적으로 적응할 수 있었던 것도 그들이 인종적 소수민족이 아니었기에 가능했던 측면이 있다. 그러한 점에서 일부의 학자들에 의하여 언급되었던 '생물학적' 또는 '문화적' 요인은 두 집단의 적응상의 차이를 설명하는데 부차적인 위치를 점할 수밖에 없다. 이상의 논의 통하여 도출되는 하나의 결론은 미국사회의 민족문제의 본질을 이해 하는데는 '인종'이라는 변수가 가장 중요하다는 사실이다. 미국을 흔히 개인의 자유가 보장되는 개방적 민주국가라고 말하지만 미국의 역사는 착취, 예속, 배척을 근간으로 하는 차별적 인종주의로 얼룩져 있다.

엘리스 캐쉬모어(Ellis Cashmore 1984)에 의하면, 서구가 아프리카, 아시아, 그리고 아메리카를 식민지화하면서 자행했던 '분리'(dissociation)와 '배척'(exclusion)의 과정에서 '인종'(race)이라는 범주는 사람과 사회구조를 구분하는 주요 범주였고, 그것은 서구문명의 독특한 궤적으로 남았다고 한다. 이는 인종(race)이라는 개념과 인종주의(racism)가 유럽 식민주의의 역사적 산물임을 의미한다. 유럽으로부터의 이민에 의해 세워진 미국은 바로 그러한 유럽 식민주의의 유산을 상속받은 것이다. 그런 이유로 로버트 블라우너(Robert Blauner 1972)는 미국을 인종적 질서에 기초한 사회로 보았다. 그에 의하면, 미국사회에서의 인종적 역학(racial dynamics)은 각 인종집단이 미국의 노동시장에 서로 다른 양식으로 편입된 역사적 특수성에 기초하고 있다는 것이다. 그래서 블라우너는 많은 사회과학자들이 주장하는 통합의 모형에 동의하지 않고, 흑인, 멕시칸, 인디언, 그리고 아시아인들은 노동자로서 노동시장에서 착취당하고 있으며 동시에 식민통치하의 사람들처럼 억압받고 있다고 주장한다(ibid: 28-29).

미국사회에서 '인종'적 범주는, 따라서, 모든 사회적 대립이나 적대감을 가르치고 강화시키는 '배척'과 '포섭'의 원리가 되었다. 로날드 타카키(Ronald Takaki 1987)는 내이던 글레이저(Nathan Glazer)가 미국은 그 시작 때부터 '자유로운 개인들의 나라'였다고 주장한 것에 반대하면서 다음과 같이 말했다. "1790년의 이민법은 비(非)백인에 대한 시민권 부여를 인정하지 않고 있었고, 그 효력은 1952년까지 유지되었다. 그리고 학계에서 광범위한 지지를 받고 있는 아메리칸드림의 실현은 백인 유럽이민의 경우에만 적용될 뿐, 미국의 역사과정에서 오직 흑인만이 노예가 되었고, 오직 인디언만이 보호구역의 거주가 강요되었으며, 오직 중국인만이 배척법으로 차별을 받았고, 오직 일본인만이 강제수용소에 감금되었다." 여기서 유의 할 점은 다카키가 지적한 소수민족들은 모두 비백인, 즉 인종적 소수민족이라는 공통점을 갖는다는 사실이다.

우리는 앞에서 '인종적 소수민족'과 '문화적 소수민족'(또는 '종족적 소수민족')의 구분이 적어도 미국사회에서의 민족문제를 논할 때 유용한 개념적 구분이 될 수 있다는 결론을 내린바 있다. 즉 미국에서 '종족적 소수민족' 또는 '문화적 소수민족'은 유럽으로부터의 이민집단을 주로 지칭하는데 사용되어져 왔고, 그 반면 '인종적 소수민족'은 백인이 아닌 비유럽 이민집단을 가리켜왔음을 살펴보았다. 이러한 논의에서 드러나는 명백한 사실은 미국사회에서 이민집단의 적응과정을 논할 때 가장 중요한 변수가 그 이민집단이나 그들의 조상이 유럽으로부터 왔는지, 아니면 다른 지역에서 왔는지의 여부라는 점이다. 이러한 점에서 인종(race)과 종족(ethnicity)의 용어는 학자들이 하나의 집단이 유럽 또는 비유럽 출신의 집단인가 아닌가를 결정할 때 사용하는 부호와 같은 역할을 한다. 유태인과 흑인집단의 적응과정의 비교에서도 결국은 바로 이러한 요인이 문제의 중심에 놓여 있는 것이다.

현재 미국에는 새롭게 밀려오는 대부분의 이민이 유럽이 아닌 남미와 아시아로부터라는 사실 때문에 이민을 반대하는 여론이 일고 있다. 이 또한 종족적 소수민족과 인종적 소수민족의 개념이 적용될 수 있는 미국의 전형적 사회현상이며, 동시에 인종주의의 뿌리가 미국사회에 아직까지 온존되고 있다는 증기일 것이다.

참 고 ("미국의 흑인과 유태인집단에 대한 비교연구," 『한국동북아논총』 제7권 제2호, 2002, 한국동북아학회, 211-229쪽)

제2부

미국의 아시아계 소수민족

제2부는 한국이민이 속하는 아시아계 미국인을 다루고 있다. 미국의 다양한 민족 집단 중 아시아계 이민자들은 역사적으로 특수한 위치에 놓여있었다. 다시 말해 유럽으로부터의 이민이나 흑인집단의 강제 이주와는 또 다른 역사적 경험을 한 것이다. 그러한 역사적 경험을 반영해주는 것이 아시아계 이민을 겨냥한 이민법의 변화과정이다. 이러한 역사적 과정은 한국이민의 유형과 적응과정에도 많은 영향을 미쳤다. 또 하나 특기할만한 사항은, 아시아계 소수민족과 관련 된 광범위한 논의가 '모범적 소수민족'이라는 담론과 연계되어 진행되었다는 점이다. 즉 한국을 포함하여, 일본, 중국, 베트남계 이민은 그들의 높은 교육열과 견고한 가족관계를 바탕 삼아 빠르게 사회적 지위의 향상을 이루어 왔다는 분석이 많았다. 따라서 제 2부에서는 먼저 미국의 이민정책의 변화과정과 그에 따른 아시아계 이민의 추이를 살펴보고, 미국사회에 정착하여 새로운 삶을 개척해 가는 아시아계 이민자들이 과연 성공한 모범적 소수민족인가를 심층적으로 분석할 것이다.

Chapter 3

미국의 이민정책과 아시아계 미국인

1. 이민을 보는 시각의 변화

1990년대 이래 미국 연방의회에는 수많은 이민법 개정안들이 제출되어 왔는바 이들 중 상당수가 직계가족의 초청과 취업이민, 그리고 난민과 망명자에 대한 문호를 폐쇄하거나 최대한 감축하는 것을 내용으로 하고 있다. 연방의회의 이민법 개정안 자료에 따르면, 예컨대, 상원의 셸비안(案)(S160)과 하원의 아처안(HR2162) 및 스텀프안(HR373) 등 3개 개정안은 소수민족의 이민들에게 차별적이라고 알려진 심슨안(S1394)과 스미스안(HR2202)보다 훨씬 더 강경한 내용으로 되어있다. 즉 아처안은 아예 가족초청은 1만 명만 허용하는 등 이민 문호를 거의 폐쇄하는 것을 골자로 하고 있다. 2005년 12월에는 이민에 대하여 적대적인 요소가 포함되어 있다고 진보진영에서 소위 '반이민법'이라 칭하는 새로운 이민 법안이 하원을 통과했는데, 이 새로운 이민법에는 연방 정부로 하여금 멕시코와의 국경에 700마일(1,130km)에 달하는 장벽을 설치하도록 권고하는 내용과 불법 이민자(이들을 가리키는 공식 용어는 '증서 없는 이주자'[undocumented immigrants]이다)를 막기 위해 경찰과 군을 동원할 수 있게 하며, 여러 사업체에 더 엄격한 고용 통제를 실시할 것을 요구하고 있다. 미국정부는 이 법안의 통과를 적극 독려하고 있지만 미국의 국경 통제뿐 아니라 이미 미국에 불법적으로 이주한 수백만 명에 대한 처리(합법화 또는 추방), 그리고 미국 기업이 더 많이 필요로 하는 노동자(much-needed workers)들의 입국을 위해 제한된 통로를 마련하는 문제, 즉 이른바 초청노동자(guest workers) 프로그램 등을 둘러싼 의견의 충돌 때문에 상원에서의 통과는 수년째 지연되어 왔으며 캘리포니아 등지에서의 대규모 시위집회가 끊이지 않고 있다. 물론 이러한 법안이 상·하 양원을 통과하려면 상당 기간의 시간과 조정을 필요로 하고, 그 후 대통령의 동의가 있어야 그것의 효력이 발생할 것이지만 대부분의 이민 전문가들은 미국 사회가 점차 이민문호를 폐쇄하는 방향으로 기울고 있다는데 의견을 같이 하고 있다. 이러한 이민법이 통과되면 가장 타격을 받게 되는 집단이 바로 한국을 포함한 아시아계와 남미계 이민들이다.

이미 앞에서도 지적한 바대로 1990년대에 들어서면서 고개를 들기 시작한 미국사회의 반(反)이민 무드는 여러 측면에서 확인된다. 즉 그동안 이민자의 공중혜택을 박탈하는 법안들이 속속 통과되어 왔으며 1960년대 이후 인종적 소수민족에 커다란 도움을 주었던 민권법의 차별 철폐조처(Affirmative Action)마저 위헌시비에 말려들어 아시아계 학생이 특히 많은 캘리포니아대학 들에서는 이미 소수계 특례입학의 폐지가 기정사실화 되고 있는 것이 오늘의 현실이다. 문제는 이러한 반(反)이민무드가 형성된 데에는 히스패닉뿐만 아니라 그 숫자가 훨씬 적은 아시아계 이민에 대한 백인들의 태도가 작용하였다는데 있다.

주지하는 바와 같이 1965년 미국의 이민법이 개정되기 이전에는 미국으로의 이민은 대부분 유럽으로부터 이루어졌으나 새 이민법 발효이후 유럽 이민은 크게 감소한 반면 아시아와 남미로부터의 이민이 급격히 증가하였다. 그 결과 최근 미국으로의 이민은 85%가량이 동양계와 히스패닉계가 차지하게 되었다. 미국사회에 신보수의 물결이 밀려오면서 아시아와 히스패닉계 이민에 대한 우려의 소리가 높아지게 된 이유가 바로 여기에 있다. 하나의 본보기로 2006년 통계를 보면 2006년의 이민자 수 약70만 명중 11만 5천 명이 멕시코 출신이며 5만 명이 인도 출신, 4만 5천 명이 필리핀 출신, 4만 명이 중국 출신 그리고 한국인이 1만2천5백 명이었다. 참고로 한국인의 경우 2002년에는 2만1천명 그리고 2001년에는 약 2만 명 정도가 미국에 이민을 온 것으로 파악되고 있다.

현재 미국사회에서 확산되고 있는 반(反)이민정서는 분명 지난 40여 년 간 크게 불어난 동양과 히스패닉계 이민에 대한 경계심과 관련이 있는 것이지만 아직까지 아시아계 이민의 숫자는, 그 증가 비율이 가장 높게 나타나고 있음에도 불구하고 절대수로 따져보면 히스패닉계의 그것에 비해 실제로는 대단한 것이 못된다. 특히 아시아계 이민은 지난 1970년대 이래 모범적 소수민족으로 간주되어왔다는 사실에 비추어 동양계이민에 대한 경계심은 보다 심층적인 분석과 설명을 필요로 한다. 제 3 장에서는 미국사회에서 (인구증가율의 측면에서) 가장 빠르게 성장하고 있는 아시아계 이민의 문제를 미국의 이민정책과 연계시켜 분석함으로서 현재 사회적 쟁점으로 등장하고 있는 반이민정서의 성격을 살펴 보고자 한다.

2. 아시아계 미국인과 미국의 이민정책

아시아계 미국인(Asian American)이라하면, 아시아대륙에서 미국으로 이민 간 모든 집단을 뜻하는 것으로 생각하기 쉽다. 그러나 미국에서 이 용어가 사용될 때에는 구소련과 몽고 등지로부터의 이민은 제외된다는 사실에 비추어 볼 때 다분히 조작적(operational)인 용어임을 알 수 있다.

아시아계 미국인(Asian Americans)이라는 용어가 미(美) 이민국이나 통계국에서 이민통계를 위한 범주로 사용될 때에는 파키스탄 동쪽의 남아시아, 동남아, 동아시아로부터의 이민을 포괄하는 것이기에 20여개가 훨씬 넘는 민족집단이 이 범주에 속한다. 이들 집단에 관한 통계적 자료는 미국 인구조사 시 분류범주가 수차례 바뀜으로 해서 집단에 따라서는 정확한 파악이 힘든 경우가 있다. 따라서 아시아계 이민에 관한 문제를 포괄적으로 살펴보려면 비교적 분류범주가 일관성 있게 유지되어온 중심적 집단에 초점을 맞출 필요가 있다. 본 장에서는 아시아계 미국인을 ①집단의 크기가 본 연구의 목적에 비추어 의미 있는 비교를 행할 수 있을 정도의 인구를 갖는 집단, ②미국사회에서 스스로를 아시아계 미국인(Asian Americans)으로 지칭하는 집단, ③미국인들이 흔히 동양계(Orientals)라고 분류하는 집단, 그리고 ④한국이민(Korean Americans)집단과 역사 문화적으로 관계를 갖거나 비교의 대상이 될 수 있는 집단으로 한정하기로 한다. 그러면 중국, 일본, 필리핀, 베트남, 인도 그리고 한국으로부터 온 이민집단이 아시아계 미국인으로 규정될 수 있다. 그러므로 여기에서는 이들 집단에 초점을 맞추어 역사적 경험이나 통계자료에 의거하여 아시아계 미국인의 문제를 검토해 보고자 한다.

미국 이민의 역사를 이민의 양(量)이라는 관점에서 보면 세 단계로 나누어 볼 수 있다. 이 세단계의 구분은 보는 관점에 따라 견해를 달리 할 수도 있겠지만 필자는 그것을 ①미국 이민사의 초기부터 1921년까지를 이민의 문호가 열려있던 시기로, ②1921년부터 새로운 이민법이 만들어진 1965년까지를 미국으로의 대량이민의 길이 막혀있던 시기, 그리고 ③1965년 이후 부터 지금까지를 이민의 문호가 완전히 개방된 시기로 구분하고자 한다.

1870년대까지 미국정부는 이민 그 자체에 대한 특별한 제한을 가하지 않았다. 그러던 것이 1870년대에 들어서면서 이민의 질적 요소를 고려한 질적 제한(質的制限)을 두기 시작하였다. 예를 들면, 1875년 미연방정부는 처음으로 창녀의 이민을 금지하는 법을 공포하였다. 1882년 미 의회는 범죄자, 정신병자, 바보, 사회적 짐이 될 사람의 이민을 금하고, 거기에 더하여 중국인들의 이민을 차단하는 법안을 통과 시켰다. 1885년에는 계약노동자의 이민을 제한하는 법안이 마련되었고, 1903년에는 이민금지 대상에 일부다처주의자와 무정부주의자를 추가하였다. 그러나 이때의 제한은 1920년대에 등장할 이민법에 비하면 이민의 문호를 근본적으로 축소하는 것은 아니었다. 1921년은 미국의 이민정책에 일대변화를 가져온 해였다. 왜냐하면 1921년에는 이제 이민의 양적제한(量的制限)을 목적으로 한 이민법이 제정되므로 해서 이민사의 새로운 장을 열었기 때문이다. 즉 연도별 출신국가에 따른 쿼터제(national-origins quota system 1921:1924)가 실시된 것이다.

미국으로의 대량이민이 본격화 된 것은 19세기에 들어서면서 시작되었고, 특히 19세기 중반이후부터 1921년 이민법의 개정으로 그 문호가 좁아지기까지 그 절정을 이루었다. 이때까지의 이민은 주로 유럽으로부터의 이민이었는데 대규모 이민이 본격화되기 이전 즉 1820년 이전 영국계 이민을 중심으로 하여 탄생한 신생국 미국은 이때 이미 정치적으로는 민주주의, 경제적으로는 시장경제, 그리고 종교적으로는 개신교(Protestantism)를 근간으로 사회·문화적 통합을 이루고 있었다. 그리고 영국계 다음으로 미국으로 이주한 아일랜드인, 스칸디나비아인, 독일인 등은 언어 또는 종교적인 면에서 그 당시 미국의 선주민들과 비교적 동질적인 특성을 갖고 있었다. 그런데 소위 '신(新) 이민'으로 불리는 유럽의 동부와 남부로부터의 이민은 가톨릭 또는 유태교를 믿는 집단이 대부분으로 '구(舊) 이민'집단과는 문화를 달리하고, 동시에 그 이민의 규모가 엄청남으로 해서 20세기 초반 미국사회에 반 이민(反移民)정서가 서서히 고개를 들게 만들었다. 이민을 제한하는 법안의 등장은 바로 이와 같은 맥락에서 구체화 된 것이다.

이민을 제한하고자 하는 운동이 일어난 배경은 다음과 같은 자료에서 읽혀질 수 있다. 예를 들면, 1900-1920년 사이에 약 340만 명의 이태리인들이 미국으로 왔고, 1880-1910년 사이에 뉴욕시의 유태인 인구는 고작 8만 명에서 125만 명으로 폭발적인 증가를 보였다. 그런데 이태리인의 6분의 5는 남부 이태리의 빈농출신들로서 대부분 비숙련 노동자들이었으며, 유태인들은 대체로 동구와 러시아 출신들이었기에 미국의 개신교와는 매우 이질적인 정통유태교를 믿고 히브리어의 방언을 사용하는 사람들이었다. 물밀 듯 밀려오는 새로운 이민들이 보여준 문화적 이질감은 이민에 대한 경각심을 불러일으켰고, 1920년대에 들어서면서 경제적 공황의 조짐이 보이자 이민을 제한하기 위한 정책이 기득권을 갖는 국민의 지지를 쉽게 받을 수 있었던 것이다.

1921년 의회를 통과한 새로운 이민법은 1910년 현재의 미국 인구통계에 나타난 출신 국가별 인구수에 비례하여 이민의 숫자를 국가별로 할당하는 것을 골자로 하고 있었다. 이러한 쿼터제는 미국에 이미 이민을 많이 온 집단의 기득권을 유지시키는데 그 목적을 두고 있는 것으로서 유럽의 동남부이민의 숫자를 제한하고 그 대신 서·북부지역으로부터의 이민을 장려하기 위한 것이었다. 이때에도 중국·일본과 같은 아시아의 국가는 별도로 취급되어 이민을 제한하였다. 1924년에는 이민의 숫자를 할당하는데 기준이 되는 인구통계를 1890년 것으로 변경하고 할당비율은 3%에서 2%로 하향 조정함으로서 유럽 동남부 이민의 문호를 더욱 좁게 만드는 쪽으로 이민법을 다시 개정하였다. 그 결과 1년에 받아들일 수 있는 이민의 숫자는 1921년에는 357,803명이었던 것이 164,667명으로 줄었고, 유럽 · 서북부로부터의 이민 할당량과 동 · 남부로부터의 이민 할당량은 8:2가 되었다.

1920년대의 이민법에 의하여 해외이민의 문은 극도로 좁아졌으며, 19세기말의 인구구성비율에 따라 이민 쿼터가 배정되게 함으로 해서 미국사회의 인종 및 종족적 구성의 비율에 과거 유형을 유지 내지 강화되도록 하는 장치가 마련된 셈이었다. 그러나 1965년에 이르면 사회의 전반적 상황의 변화에 힘입어 또 한 번 이민법의 혁명적 개정을 맞이하게 된다. 즉, 1920년과 1960년 사이에 세계대전, 경제공황 등을 겪으면서 미국 사회는 크게 변모하기 시작했으며 특히 2차 대전 이후에는 독일의 유태인 학살을 계기로 인종주의에 대한 회의와 반성의 기운이 고개를 들었다. 이러한 맥락에서 동부 유럽과 소련의 유태인들을 더욱 많이 받아들이도록 하는 사회적 압력이 증대하는 가운데 1960년대에 들어서 이민법의 개혁이 이루어졌다. 이민법의 개정 이외에도 1960년대에는 사회적으로 중요한 법안들이 만들어졌는데 그들 중 지적될만한 것은 1964년의 민권법안(Civil Right Act)과 1965년의 투표권리법(Voting Rights Act) 등을 들 수 있다. 이 법안들은 소수민족, 특히 흑인집단의 지위향상을 도모하는데 긍정적으로 작용한 것들이다. 이와 같은 사회적 변화와 요구를 받아들여 1965년 죤슨 행정부는 차별적인 국가별 쿼터제를 폐지하고 모든 국가에 이민 문호를 개방하되 다만 한 국가에서 받아들일 수 있는 이민의 숫자를 2만으로 제한하는 새로운 이민법을 제정하였던 것이다. 1965년의 이민법은 미국이 다시 이민의 문호를 개방한다는 것을 뜻하였다. 한마디로 미국이민사의 새로운 장이 열린 것이다.

미국이민의 역사를 앞에서 세단계로 나누어 본 것은 미국사회가 이민의 문호를 개방한 정도에 따라 임의적으로 분류한 것이다. 미국에서 이민의 문호를 열거나 닫는 것은 물론 이민법의 제정과 개정을 통하여 이루어진다. 따라서 미국이민의 일반적 추세를 이해하려면 이민법의 제정과 개정을 살펴 볼 필요가 있다. 여기서는 이민법 중 특히 아시아계이민에 영향을 준 주요 이민관련법들을 보다 자세히 검토하고자 한다.

1880년 인구조사 시 미국 인구는 6천3백만이었는데 그중 중국인은 105,000명, 일본인은 2천명으로 집계되었다. 따라서 당시의 아시아계 이민은 수적으로는 매우 미미한 것이었다. 그럼에도 불구하고 1882년 미역사상 처음으로 특정인종집단을 드러내놓고 차별하는 중국인 배척법(the Chinese Exclusion Act)이 만들어졌다. 이는 19세기말 미국으로의 대량이민은 중국인이나 아시아로부터가 아니라, 유럽, 특히 유럽의 남부와 동부로부터의 이민이었다는 사실에 비추어 볼 때 납득하기 어려운 매우 인종차별적인 조치가 아닐 수 없다. 1882년의 법은 향후 10년간 중국노동자를 받아들이지 않는다는 것이었는데, 이는

1892년 다시 10년간 연장되었고, 1902년에는 이를 영속화시키는 법안이 통과되었다. 중국인을 겨냥한 1882년의 법안은 그 동안 사실상 거의 무제한으로 받아들이던 이민을 이제 경제적, 문화적, 정치적 이유를 내세우며 제한하는 방향으로 미국의 이민정책이 바뀌는 신호탄이었다. 중국인 배척법 이후 다음의 표적은 일본인이었다. 1910년 일본인의 숫자는 72,000명으로 불어났으며 그들 중 약4만 명이 캘리포니아에 집중되어 있었다. 당시 일본은 러-일전쟁(1904년)에서 러시아를 격파하는 등 군사적으로 부상하고 있었고, 해외일본인의 보호에도 적극적이었다. 따라서 미국은 일본과 1907~8년 소위 신사협정(Gentlemen's Agreement)을 체결하여 서로의 체면을 살리는 길을 택했다. 즉 일본은 미국으로의 이민을 자율적으로 중단하되, 미국은 그 대신 인도적인 차원에서 가족결합과 결혼 등에 의한 일본인의 입국을 양해한다는 것이었다. 1917년 미국의 1차 세계대전 참전이 임박하여 미 의회는 아시아의 대부분지역을 소위 금지지역(Barred Zone)으로 설정하고 아시아 지역으로부터의 이민을 모두 금지시켰다. 이때 포함되지 않은 국가는 신사협정을 맺은 일본과 미국의 속령이었던 필리핀이었다. 그러나 1917년의 이민법은 아시아를 사실상 이민대상지역에서 제외시킴으로 해서 미국의 이민정책은 이제 보다 확실한 백인선호이민정책이 되었다.

이민법과 더불어 미국의 귀화법 역시 아시아인을 차별하는 것이었다. 1790년 최초의 귀화법(American Naturalization Statutes)은 그 대상을 자유스러운 백인(free white persons)으로 한정하고 있었다. 1868년에는 헌법을 개정하여 과거 노예였던 사람과 미국에서 태어난 사람 모두가 미국시민이 될 수 있도록 함으로서 흑인노예의 시민권획득의 길을 텄다. 그러나 2년 뒤 미 의회는 귀화법에 그 대상을 백인과 아프리카조상의 후예라고 표시함으로서 아시아인은 거기에서 제외되는 결과는 낳았다. 실제로 1882년 중국인 배척법에는 "중국인은 미국시민이 될 수 없다" 라는 구절이 삽입되었다. 이 국적법은 또한 미국시민권 신청자격이 없는 사람과 결혼한 미국여성의 시민권을 박탈하도록 했기 때문에 대부분이 계약노동자로 온 중국인들이 결혼하여 자녀를 가질 수 있는 길을 사실상 봉쇄하였다. 이러한 법적제한의 효력은 미국 내 중국인구의 자연증가를 막는 것으로 나타났다. 참고로 19세기 말 중국이민의 93퍼센트가 남자였다(Chah 1991:105-107).

제1차 세계대전 이후의 미국국민의 정서는 엄청나게 불어난 새로운 이민에 대한 경각심과 불안해지는 경기 때문에 '자국민보호주의(nativist)'와 '反외국인주의'로 경도되었는데, 미국하원은 실제로, 비록 그것이 상원을 통과하지 못했지만, 1년간 모든 이민을 금지하는 법안을 통과시킴으로서 그와 같은 대중의 정서를 반영시키려 했다. 그러나 1921년에 의회는 드디어 미국거주민의 출신국가별 분포를 기준으로 각국에서 미국거주집단 크기의 3%이내에 해당하는 숫자만이 이민할 수 있도록 하는 쿼터제도의 입법화(First Quata Act)에 성공하였고, 1924년에는 드디어 출신국가법안(National Origin Act: Johnson-Reed Act)을 통과시킴으로서 이민에 대한 제한을 체계적이고 본격적으로 시작하였다. 1924년의 출신국가법안은 이민의 전체적 숫자를 획기적으로 줄였을 뿐만 아니라, 특정지역, 즉 남부와 동부유럽(이태리인, 그리스인, 남부슬라브인, 폴란드인, 동부유럽의 유태인)으로부터의 이민을 제한하는 효과를 노리고 있었다. 다시 말해 서부와 북부유럽이민을 선호하는 1924년의 이민법은 그 후 1965년 이민법의 개정이 있기까지 미국이민정책의 기조를 이루는 법안으로 자리 잡았다.

1924년 대량이민의 실질적 봉쇄가 이루어진 이래 1924년부터 1943

년까지 이민에 관한 법은 거의 변화가 없었다. 이 기간 동안에 이루어진 이민관련 법안들은 대부분 사소한 것들로서, 예를 들면 1934년 필리핀인의 이민을 1년에 50명으로 제한하는 법안의 통과 따위가 그 좋은 보기이다. 그전에는 필리핀이 미국의 속령이었기 때문에 필리핀인을 미국시민에 준하는 것으로 간주했었다. 다만 아시아계 이민과 관련하여 특기할 만 한 변화는 1943년 2월 중국인 배척법이 폐기되었다는 사실이다. 이는 특정인종집단을 겨냥한 차별법이 국제적으로 부끄러울 뿐 아니라 2차 대전 발발로 일본에 대항하여 연합전선을 펴게 된 중국이라는 우방에 대한 예우의 측면에서도 문제가 있다고 느낀 미국의 지식인들이 중심이 되어 의회에 압력을 가함으로서 가능했던 것이다.

1943년의 법안은 세 가지를 언급했는데, 첫째는 중국인배척법을 폐기한다는 것이고, 둘째는 중국인을 년 간 105명씩 받아들인다는 이민 쿼터에 관한 것이며, 셋째는 중국인도 다른 외국인과 마찬가지로 귀화의 대상으로 간주한다는 것이었다. 이 법안의 통과는 아시아계이민에 대한 차별을 다소나마 완화하는 계기를 만들었다. 이 법안이 통과된 이후 3년 내에 미국시민권자의 중국인 부인들이 중국인이민 쿼터에 관계없이 이주해올 수 있었으며, 필리핀이민의 쿼터는 배로 늘어났고 인도인들도 미국시민권 획득자격이 주어짐과 동시에 이민쿼터도 조금이나마 배정되었다. 이러한 변화에 힘입어 1952년부터 1960년 사이에 약 2만 명의 중국인여성들이 입국하였고 1949년 모택동 정권이 들어설 때 미국에 유학중이던 중국인 학생 5천여 명이 이민비자를 받게 되었다.

제2차 세계대전 이후의 이민정책은 냉전체제의 영향을 받았다. 1952년의 이민법(Immigration and Nationality Act of 1952 즉 McCarran-

Walter Act)은 1920년대 미국인구의 출신국가별 분포에 비례하여 국가별 이민을 할당하는 골격을 재확인함과 동시에 공산주의자의 이민을 막는 조항을 신설하였다. 또한 이 법안은 모든 아시아인들이 미시민권을 획득할 수 있는 길을 터주었다. 그러나 이 법안은 아시아-태평양 삼각지대(Asia-Pacific triangle)를 설정하고 이 지역에 포함되는 국가로부터의 이민쿼터를 100명으로 제한함으로서 아시아지역을 여전히 차별하고 있었다. 다만 1952년 법안에는 아시아계 이민도 이용할 수 있는 가족재결합관련 예외조항이 있었다. 이는 미국시민권자의 가족재결합을 위한 이민은 각국에 할당된 쿼터에 관계없이 받아들일 수 있다는 것이었다. 가족초청이민조항은 특히 일본계미국인들에 의하여 적극적으로 활용되었다. 즉 1924년 이후 아시아계 이민은 그 길이 봉쇄되었다가 1943년 이후 극히 적은 쿼터에 묶여있었음에도 이러한 예외조항을 통하여 배정된 쿼터보다 많은 일본인과 아시아인들이 1952~64년 사이에 미국으로 이주하였던 것이다. 물론 이외에도 2차대전 후 미군과 결혼한 일본여성과 한국전이후 미군과 결혼한 한국여성의 상당수가 이민으로 온 것도 특기할만하다. 그 외에 1948년, 1950년, 1953년에 발의된 난민에 관한 법(Displaced Persons Act)은 반(反)공산주의 활동에 관여했던 아시아인들의 이민을 가능케 했다.

1924년 이후 1965년 이민법의 개정이 있기까지 몇 차례의 이민법 개정은 기본적으로 이민의 문호를 제한하는 기조위에서 이루어졌다는 점에서 큰 변화가 없었다. 그러나 1960년대에 들어서면서 미국사회는 민권운동과 같은 커다란 변화의 조짐이 일고 있었다. 특히 1960년대 케네디 행정부의 등장은 이민법의 개정을 원하던 사람들에게는 새로운 기대를 안겨주었다. 이는 1960년 민주당의 정강정책이 출신국가별 쿼터제의 폐지를 포함하고 있었고, 케네디 자신 이민을 긍정적으로 평가하는 책을 펴냈기 때문이었다(John F. Kennedy, 1958, A Nation of Immigrants, New York : Harper & Row). 1963년 케네디 대통령은 의회에 이민에 관한 메시지를 보냈는데, 이는 1952년의 이민법안이 갖는 차별적 조항을 개정해야 한다는 내용을 담고 있었다. 케네디의 메시지는 비록 그 관심의 주 대상이 유럽의 이민이었지만 과거의 차별을 없애야한다고 지적하고 있다는 점에서 진일보한 것이었다. 새로운 이민법의 제정은 케네디의 암살로 인하여 그 후임자인 죤슨에 의하여 추진되었다.

1965년의 새 이민법의 근간은 출신국가에 따른 차별을 폐지하고, 그 대신 동반구(17만 명)와, 서반구(12만 명) 양대 지역의 이민에 대한 상한선을 두자는 것이다. 보다 구체적으로 말하면 동반구의 경우 전체 상한선을 17만 명으로 하고 동반구에 속하는 국가별 이민은 2만을 넘을 수 없도록 했다. 그리고 이민비자 발급의 상한선을 설정해두되 가까운 친척에 대한 초청이민과 난민의 수용은 별도로 정하도록 하였다. 1965년 새 이민법에 명시된 이민비자발급의 우선순위는 ①미국시민권자의 미혼의 성인자녀(20%), ②미국영주권자의 배우자와 미혼의 성인자녀(20%), ③미국 노동성이 인정하는 전문직 종사자, 과학자, 탁월한 예술가(10%), ④미국시민권자의 결혼한 자녀들(10%), ⑤미국시민권자의 21세가 넘는 형제·자매(24%), ⑥미국 노동성이 미국사회에서 부족하다고 인정하는 숙련공과 비숙련공(10%), ⑦공산권의 난민 또는 중동으로부터의 난민(6%), ⑧기타로 그 순위를 매겼다. 그런데 이 우선순위와는 상관없이 미국시민권자의 배우자와 미혼의 자녀들은 이민비자를 별도로 받을 수 있도록 함으로서 실제의 이민은 국가별 제한선인 2만 명을 상회할 수 있도록 했다. 다시 말해 1965년 이후 이민은 국가별 상한선을 초과할 수 있는 길이 넓게 열려 있었던 것이다(Daniels, 1990:342).

1965년의 새 이민법은 그 이전의 법안을 완전히 무시하는 것은 아니었으나 가족의 재결합을 특히 강조하는 특징을 갖고 있었다. 흥미있는 사실은 1965년의 이민법 개정에는 특히 이태리계, 폴란드계, 그리스계, 그리고 유태계집단의 압력이 영향을 끼쳤다는 점이다. 이미 지적했던바와 같이 1950년대의 이민은 1920년대의 미국 인구를 기준으로 국가별 쿼터가 배정됨으로 해서 서부와 북부유럽으로부터의 이민을 선호하는 제도였기 때문에 남부와 동부유럽에 기반을 둔 집단은 그 법안의 개정을 강력히 요구했던 것이다. 여기서 유의할 점은 1965년 새로운 법안을 통과시키는데 지지를 보냈던 당사자들은 그것이 이민의 숫자를 엄청나게 늘리게 될 것이라는 사실과 이민의 자원(source)이 과거의 그것과 크게 달라지게 될 것을 예견하지 못했다는 사실이다. 그들은 다만 새로운 이민법은 유럽남부와 동부로부터의 이민에 대한 차별적 조항을 고침으로 해서 유럽서부와 북부에 편중되었던 이민의 불균형 현상이 해소될 것으로만 생각했던 것이다(Glazer, 1985:109-124). 실제로 죤슨행정부의 관료들은 이민법 개정과 관련된 미 의회에서의 증언에서 새로운 이민법의 통과가 아시아인의 이민증가로 나타나지 않을 것이라고 자신 있게 증언하였다고 한다(Daniels, 1993:310-334).

그런데 1965년의 새 이민법은 그것의 입안자들이 예견했던 것과는 전혀 다른 결과를 가져왔다. 1960년대에는 냉전 때문에 동유럽, 즉 공산체제국가로부터는 자유로운 이민이 사실상 불가능했으며, 서유럽에는 미국의 까다로운 이민조건에 적합한 자격을 갖춘 인적자원이 부족하였거나 미국으로의 이민이 과거와는 달리 큰 매력을 갖는 것이 못되었다. 예를 들면 1960년대의 영국이나 독일, 스웨덴등지에서는 사회경제적 여건이 호전되어 미국으로의 이민희망자가 크게 줄어 있었다. 아일랜드에서는 이민에 대한 수요가 있었으나 1924년 이래 새로운 이민자의 숫자가 적어 가족이나 친척(배우자, 미혼의 자녀, 미혼의 형제자매 등)을 초청할 수 있는 젊은 층이 또한 적었고, 새 이민법에 명시된 이민비자발급 우선순위의 자격조건을 갖춘 이민희망자의 숫자도 많지 않았다. 그 반면 아시아와 중남미 지역에서의 이민은 고등교육을 받은 중산층이상의 이민 희망자가 넘쳐흘렀으며, 거기에 미국군인과 결혼한 여인 등의 증가로 새로운 이민의 숫자가 불어날 수 있는 여지가 많았다. 특히 아시아계 이민의 인적자원으로는 미국에서 직장을 구하고자 하는 많은 수의 유학생이 있었고, 그 외에 미국이 필요로 하는 전문직 종사자와 숙련공의 숫자가 남아돌았다. 이들 중 많은 수는 이민비자를 발급받은 후 결혼을 하여 국가별 쿼터에 관계없이 그들의 배우자를 초청할 수 있었고, 미군들과 결혼한 여성들의 경우 곧바로 그들의 부모나 미혼의 형제, 자매들을 역시 이민쿼터에 제한받지 않고 초청할 수 있었다. 일반적으로 아시아계의 새로운 이민은 시민권을 갖게 되는 5년의 기한이 지나면 직계가족을 초청하거나 이민비자 신청의 우선순위 ①④⑤의 조항을 이용하여 가까운 친척을 초청하였다. 이러한 연쇄초청의 관행이 반복됨에 따라 아시아와 중남미지역 국가로부터의 이민의 숫자는 폭발적으로 증가하는 결과를 낳았다.

1965년 이후에도 난민법(Refugee Act of 1980)과 이민법 개정(Immigration Reform and Control Act of 1986, Immigration Act of 1990)이 있었지만 그것들은 모두 1965 이민법의 골격을 바꾸는 것이 아니었다. 1980년 난민법은 아시아계이민을 늘리는 것으로 작용하였고, 불법이민을 막기 위한 1986년의 법은 그 실효성이 없었다. 1990년의 이민법

개정도 이민의의 숫자를 줄이는 것이 아니었다. 결론적으로 1965년의 새 이민법은 미국이민의 숫자를 늘렸을 뿐만 아니라 이민의 원천이 유럽에서 아시아와 중남미지역으로 바뀌어지게 하는 결과를 가져왔던 것이다. 즉, 1965년의 법은 이민의 숫자를 년 간 29만 명으로 제한

〈표 3-1〉 미국이민의 지역적 분포, 1950년대와 1980년대 비교(%)

년도 / 지역	1951-60	1981-9
아시아	6	42
중남미	25	42
유 럽	52	11
아프리카, 기타	2	3
캐나다	15	11

출처 : William P. O'Hare and Judy C.Felt, 1991, *Asian Americans : America's Fatest Growing Minority Group*. Washington D.C., p.6.

〈표 3-2〉 아시아 이민의 국가별 숫자, 1959년과 1989년의 비교

년도 / 국가	1959	1989
중 국	5,722(타이완 포함)	27,394*
타이완		12,457*
홍 콩	844	8,624*
인 도	506	28,498*
일 본	5,851	4,401*
한 국	1,720	32,204*
필리핀	3,963	49,535*
베트남	-	7,148*

〈출처〉 Bill Ong Hing, 1993, *Making and Remaking Asian America through Immigration Policy, 1850-1990*. Stanford : Stanford University Press. p. 2.

* 망명, 사면 등에 의한 이민 비자 발급자는 포함되지 않은 숫자임.

하고 있었으나, 가족결합의 예외조항이 있음으로 해서, 합법적 이민의 숫자는 1970년대에는 년 간 약 4십5만 명, 그리고 1980년대에는 매년 80만 명 이상으로 불어났다. 그 결과 1980년대에만 약 8백 6십만 명의 이민이 미국으로 이주해왔는데, 1980년대 합법적 이민의 5분의 4는 아시아와 중남미 지역으로부터의 이민이었다(Mills, 1994:14-17).

〈표 3-1〉과 〈표 3-2〉에서 볼 수 있는 바와 같이 1965년 이민법 개정이후 아시아계 이민의 숫자는 폭발적으로 불어났으며, 과거 중국, 일본, 필리핀, 그리고 인도로부터의 이민이 대부분을 차지했던 아시아계 이민은 한국, 베트남 등 아시아의 다른 지역이민을 포함하게 되었다. 앞에서 지적하였듯이 1965년 이민법 개정이후 미국으로의 이민은 아시아와 중남미의 이민이 주종을 이루게 되었는바, 1970년과 1990년 사이에 아시아계 미국인(Asian American)은 무려 385%, 그리고 중남미계 미국인(Latino Population)은 141%가 증가한 것으로 나타나고 있다(Feagin 1997: 28). 여기에 제시된 통계는 합법적 이민에 관한 것이기 때문에 정확한 숫자를 파악할 수 없는 불법이민을 더하게 된다면 지난 2-30년 동안 미국으로 흘러 들어온 외국인 중 아시아와 중남미계가 차지하는 비중은 더욱 클 것이 틀림없다. 참고로 미국 인구통계에 나타난 아시아계 인구의 증가추이는 〈표 3-3〉과 같다.

1965년 이민법개정이후 폭발적으로 불어난 비유럽계이민의 증가는 당연히 미국인구의 인종별 구성비의 변화에 대한 관심을 불러 모았는데, 미국인구 변동추이에 관한 전망들은 대체로 그동안 미국의 주류를 이루어 왔던, 백인(Anglo)인구의 상대적 감소를 강조하는 분석들이었다. 예를 들어, 미국 인구통계국(Census Bureau)의 추정에 의하면, 현재의 이민증가 추세가 지속될 경우 2050년의 미국인구는 백인(Anglo)이 52.7%, 남미계(Hispanics)가 21.1%, 흑인이 15.0%, 그리고 아

〈표 3-3〉 미국의 아시아계 인구의 증가추이

국적＼년도	1970	1980	1990
중 국	435,062	806,127	1,260,000
필 리 핀	343,062	774,640	1,400,000
일 본	591,290	700,747	804,000
한 국	100,179	354,529	814,000
인 도		387,223	684,000
베 트 남		245,035	859,000
라 오 스		47,683	
캄보디아		16,044	
기 타			706,000

〈출처〉 David M. Reimers, 1992. *Still the Golden Door*. New York : Columbia University Press. p. 117.

시아계가 11.2%의 분포를 보일 것이라고 추산하고 있다. 이는 서기 2000년 백인 72%, 흑인 13%, 남미계 10%, 그리고 아시아계 5%라는 추산에 비했을 때 커다란 변화가 아닐 수 없다(Bouvier and Grant, 1994 : 76).[10] 미국 최초의 인구조사가 실시된 1790년 미국인구의 인종별 구성비는 백인이 80.73%, 그리고 흑인이 19.27% 이었음을 감안한다면 인종구성의 관점에서 미국사회는 매우 빠른 속도로 변모하고 있는 것으로 보인다.

10) 제1장에서 이미 지적했듯이, 소수민족의 숫자는 2000년대에도 계속하여 크게 증가하여 과거에 예상했던 것보다 훨씬 가파르게 성장함에 따라 미국 인구센서스국은 미국사회에서 다수를 점해온 백인의 비율이 50%로 떨어져 소수민족이 전체인구의 절반을 차지하게 될 시기를 2042년으로 앞당겨 예상하는 추정 통계자료를 2007년도에 내놓았다.

3. 아시아계 이민의 증가와 반(反)이민정서의 대두

이상에서 미국이민의 역사를 이민관련 정책의 변화에 초점을 맞추고 이민문호의 개방정도에 따라 ① 미국이민사의 초기부터 1921년, ② 1921년부터 1965년, 그리고 ③ 1965년 이후로 나누어 보았다. 그런데, 니콜라우스 밀스(Nicolaus Mills, 1994)는 미국이민사의 단계를 이민의 종족내지 인종적 구성에 따라 셋으로 구분하고 있다. 즉 그는 영국계와 유럽북부의 개신교집단의 이민이 주류를 형성하던 19세기 초반까지를 제 1세대 이민단계로 보고, 1820년대부터 20세기 초반(1920년)까지 진행된 유럽남부와 동부로부터의 대량이민의 시기를 제 2세대 이민단계, 그리고 1965년 이후의 비(非)유럽, 비(非)백인집단의 대량이민의 시기를 제3세대 이민단계로 미국이민사를 나누어 이름 지었다. 밀스는 이민의 종족내지 인종적 구성이 바뀌어 질 때 반(反)이민 정서가 고개를 들었다는 사실에 주목하고 1970년대부터 폭발적으로 증가한 비(非)유럽, 비(非)백인집단의 이민으로 인하여 1990년대에 들어서면서 미국사회에는 이민을 반대하는 여론이 뿌리내리게 되었음을 지적하고 있다. 사실 미국사회에서 반(反)이민운동이 처음 본격적으로 나타난 시기는 19세기말부터 20세기 초반(1880년부터 1920년 사이)으로서 이 기간은 특히 기존의 기득권세력과는 문화적 전통을 달리하는 유럽남부와 동부로부터의 이민이 2천3백50만 명 이상 이주해온 시기였다. 1924년 이민법의 개정이후 이민의 숫자는 급격히 감소하여 1930년대에는 50만 명, 1940년대에는 1백만 명, 그리고 1952년 형식적으로나마 귀화와 이민에 인종적 차별을 없앤 법의 개정이 있었던 1950년대에는 2백 50만 명의 이민이 있었다. 물론 이 시기에는 이민이 미국사회의 쟁점이 되지 못했다. 그러던 것이 1965년 이민법이 고쳐지고 새로운 법의 효력이 나타나기 시작한 1970년 이후 이민이 급격히 불어나기 시작하여 1970년대에는 4백 50만, 1980년대에는 8백만을 상회하게 되었다. 다시 말해 1980년대에 이르면 19세기말 20세기 초 이민의 증가가 절정에 달했던 시기에 상응하는 이민의 증가가 있게 된 것이다. 더구나 이 새로운 대량 이민은 기존 기득권 집단(유럽계, 백인)과는 문화만을 달리하는 것이 아니라 인종적으로도 이질적인 집단이 주류를 형성하고 있다는 점에서 반(反)이민정서의 발흥을 예고하고 있었다. 여기서 우리는 19세기말 대량이민은 유럽남부와 동부로부터 이루어졌음에도 불구하고 수적으로 미국사회에 전혀 큰 영향을 끼칠 수 없었던 중국인을 배척하는 인종차별적인 법안이 1882년 제정되었던 사실을 되씹어보지 않을 수 없다. 이는 당시 미국사회에서는 객관적 현실과는 전혀 상관없이 대규모 중국이민에 대한 왜곡된 공포 심리를 자극하고 인종적 편견을 이용하여 반(反)이민정서를 부추김으로서 이민의 문호를 축소하기 위하여 중국이민이 희생양으로 이용된 것이라는 해석이 가능하다.

1990년대 들어서면서 미국사회에서는 이민을 반대하는 목소리가 도처에서 나오고 있다. 20세기진입을 전후하여 그랬던 것처럼 20세기말~21세기 초의 전환기에서 이민이 다시 사회적 쟁점으로 떠오른 것이다. 이를 뒷받침해주는 증거로는 다음과 같은 사례들을 열거할 수 있다. 1993년 Time과 CNN이 공동으로 행한 여론조사에서 미국인의 73%가 이민의 엄격한 제한을 찬성하는 것으로 나타났다. 1994년 캘리포니아주에서는 비인도적이라는 일부여론에도 불구하고 불법이민에 대한 교육과 의료혜택을 제한하는 법안(California Proposition 187)이 주민투표로 통과되었다. 1994년 미국 인구변동 추이를 전망한 부비어와 그란트(Bouvier와 Grant, 1994:80-98)는 1960년과 1990년 사이에 미국인구가 6천 9백 40만 명 증가했는데 그 중 2천3백30만 명은 이민에 의한 증가였다고 분석했다. 그들은 2,000년부터 년 평균 1백만 명의 이민이 있을 것으로 보고 이민집단이 원주민집단 보다 높은 출생율을 보이고 있음으로 해서 이민은 2,000년 이후 50년 동안 약 8천5백만 명의 인구증가를 초래할 것으로 내다보았다. 그러므로 이민을 막지 않으면 그것은 곧 보다 많은 도시문제, 에너지와 식량부족, 삼림훼손, 빈곤의 만연, 생활양식의 부정적 변화를 초래하게 될 것이라고 경고하였다. 1995년에는 미국의 권위 있는 보수적 잡지인 〈Forbes〉와 〈National Review〉지의 수석편집인(senior editor)인 피터 브림로우(Peter Brimelow)가 이민을 반대하는 책(Alien Nation)을 출간하여 커다란 반향을 불러 일으켰다. 브림로우가 그의 책에서 주장한 요지는 대략 다음과 같은 것이다. 즉 '미국은 언제나 백인집단이 핵심적 종족(core ethnic group)인 나라였다. 그런데 근래의 이민은 기존의 백인문화와 공존할 수 없는 이질적인 전통과 배경을 갖는 집단이라는 데 문제가 있다. 그리고 새로운 이민은 그 규모가 너무 커서 미국에 엄청난 부정적 영향을 끼칠 것이고, 그 결과 머지않은 장래에 미국사회를 변형시킬 것이다. 그러므로 1965년의 이민법은 폐기되어야 하고 이민을 제한하는 새로운 정책이 절대 필요하다.' 브림로우의 이와 같은 주장은 이민을 반대하는 여론에 힘을 실어주었고, 1996년 미대통령선거에서 공화당 후보 경선에 나선 팻 뷰커넌(Pat Buchanan)은 그가 당선되면 향후 5년 동안 모든 이민을 완전히 금지하도록 하겠다는 공약을 내세웠다. 이때 뷰커넌은 4년 전에 비해 상당한 지지를 얻었다. 이민이 사회적 쟁점으로 부각되고 이민을 반대하는 사회적 분위기가 점차 무르익어 감에 따라 미국정부도 이민정책 쇄신을 위한 위원회(U.S. Commission on Immigration Reform)를 구성하고 1995년에는 정책방향을 제시하는 보고서를 냈는데, 이 보고서에서도 합법적 이민의 숫자를 3분의 1가량 줄이고 외국노동자를 받아들이고자 하는 업주에게는 상당한 세금을 내도록 하는 방안이 제시되고 있다.

현재 미국에서 나타나고 있는 반(反)이민정서는 일면 급증하는 중남미와 아시아계 이민에 대한 왜곡된 인식에 근거하고 있다. 예컨대, 현재 문제시되고 있는 년 간 1백만 명가량의 이민은 1900-1920년 당시 년 간 이민의 숫자와 맞먹는 것이기는 하지만, 전체 인구에 대한 비율로 따지면 이민은 상대적으로 크게 줄어든 것이다. 1910년 당시 전체 인구 중 외국에서 태어난 사람의 비율은 15%였으나, 그 비율이 1990년대 중반에는 그 절반가량인 8%로 떨어졌다(Feagin:1997:33). 이민의 숫자를 아시아계에 맞추어 보면 아시아계 이민의 증가속도가 여타집단에 비하여 엄청나게 빠른 것이기는 하지만 아시아계 미국인은 1997년 현재 전체인구의 3%에 머물러 있었다. 제1차 세계대전 당시 미국에는 전쟁 상대국이었던 독일계 미국인이 전체인구의 10%에 달하고 있었음에도 독일계 이민에 대한 반대가 없었다. 이는 미국이 독일과 일본을 상대로 싸운 제2차 세계대전 때에도 마찬가지여서 다수를 차지하는 독일계 미국인에게는 아무런 제재가 없었으나 소수집단인 일본계미국인들에게만 강제수용과 같은 극심한 차별과 제한 조치가 취해졌다. 현재에도 수많은 백인 종족집단 중 오직 두 개의 집단인 독일계와 아일랜드계 미국인은 전체인구의 14%에 달하는 바, 이는 수많은 종족집단을 포함하고 있는 중남미와 아시아계 이민과 거의 맞먹는 비율이다. 그러한 점에서 급증하는 아시아와 남미계의 인구예측은 과장된 측면이 있다. 결국 1990년 중반 이후 부쩍 그 목소리를 높여 온 반이민 운동의 배후에는 미국사회의 중심세력인 백인집단이 기득권을 유지하려는 의도가 깔려있다고 보아야 할 것이다.

4. 아시아계 이민의 수용과 거부

미국은 유일하게 이민에 의하여 형성된 국가이다. 그러므로 미국으로의 이민은 미국 전 역사를 통하여 자연스러운 현상이었다. 그리고 미국으로의 이민은 미국 사회가 그것을 필요로 했기 때문에 계속된 것이기도 했다. 아시아계 이민도 예외가 아니어서 19세기 중엽부터 시작된 중국으로부터의 이민은 미국이 그들의 노동력을 필요로 했기 때문이었다. 중국노동자들은 하와이의 사탕수수 밭에서, 그리고 미 서부의 광산, 농장, 목장, 벌목 및 철도부설 현장의 일꾼으로서 모집되어 왔다. 그 결과 1850-1882년 사이에 30만 명이상의 중국인이 미국으로 왔다. 이들 중국노동자는 미국의 광업과 농업 그리고 철도 건설에 지대한 공헌을 했음에도 이들이 계약노동자가 아닌 이민, 즉 중국으로 되돌아가지 않는 집단으로 인식되면서 중국인에 대한 배척이 구체화되었다. 즉 1882년 중국노동자의 입국이 법으로 금지된 것이다. 그러나 미국자본은 여전히 값싼 노동력을 필요로 했다. 따라서 농장주나 기업가들은 값싼 노동력을 이제 일본에서 찾았다. 19세기말 일본과, 당시 일본의 실질적 통제 하에 있던 한국으로부터의 이민이 본격적으로 시작된 것도 바로 그런 이유 때문이었다. 19세기말-20세기 초 일본계 이민이 눈에 띄게 증가하자 다시 1907년부터 일본 이민에 대한 통제가 시작되었다.

약 1백여 년 전 있었던 아시아계 이민(주로 중국과 일본)에 대한 거부운동은 다음과 같은 이유들을 내세웠다: '인구가 엄청난 중국의 노동자들은 백인노동자들의 일자리를 빼앗을 것이다', '일본인들은 인종적으로 동화될 수 없는 집단이다', '동양의 사회조직과 관습은 미국사회 조직의 통합력을 해친다' 등등. 이러한 이유들은 대체로 경제적 불안, 인종적 차별의식, 그리고 문화적 편견을 반영하는 것들이었다. 19

세기말 20세기 초의 문헌에는 중국인을 모멸적으로 비하하는 글이 무수히 많고, 중국인과 아시아인을 겨냥한 시위나 테러 등 사회적으로 물의를 일으키는 사건도 빈발하였다[11](Fuchs, 1990:112-114 참조).

1924년 이민의 문호가 닫히면서 한동안 잠잠했던 아시아계 이민에 대한 거부감은 1970년대 이후 아시아계 이민이 급격히 불어나면서 미국사회의 여러 곳에서 표출되기 시작하였다. 다만 그것이 국가적 쟁점으로 부각되지 않은 것은 대중의 정서를 업고 정치인들까지 나서서 제도적 차별을 시도하지 않았기 때문이었다. 그래서 아시아계에 대한 반감은 돌출적 사건으로 치부되는 경향이 있었다. 그럼에도 불구하고, 아시아계 이민에 대한 거부감은 그 뿌리가 깊고 미국사회 전체에 확산되고 있다는 것을 드러내 주는 상징적 사례는 많다. 그 좋은 본보기가 1992년 손타그(Deborah Sontag)가 12월 11일자 New York Times에 쓴 '미전역의 이민들이 적대감에 직면하고 있다'(Across the U.S. Immigrants Find the Land of Resentment)라는 제목의 글에 잘 나타나 있다.

"최근 뉴욕 스태튼 섬(Staten Island)에 있는 인도이민의 거주지를 백인학생들이 습격하였다. 그들은 창문을 부수고 집의 벽에다 '인도인은 가라' '떠나지 않으면 죽는다' (Indians go home. Leave or die)라고 썼다. 휴스턴에서는 머리를 빡빡 깎은 우파들이(Skinheads) 베트남 소

11) 몇 가지 예를 들면, 1850-60년대의 대중잡지에는 중국인이 열등한 인종으로 묘사된 글들이 무수히 많이 등장한다. 자세한 내용은 Stuart Creighton Miller, 1969, *The Unwelcome Immigrant : The American Image of the Chinese* 1785-1882. Berkeley : University of California Press.를 참조할 것. 중국인과 일본인에 대한 적대적 행동의 대표적인 예는 1869년 네바다의 Gold Hill광산 노조원들이 중국인 숙소를 습격한 사건, 1877년 샌프란시스코에서 7천여 명의 백인이 중국노동자 추방을 위한 대규모 시위를 벌인 것, 1886년 와이오밍의 Rock Spring에서 150여명의 무장한 백인들이 파업기간동안에 일을 한 중국노동자들의 집을 습격해 28명을 살해한 사건 등이 있다.

년을 때려죽인 사건이 발생했다."

그 외에도 1982년 디트로이트에서는 무고한 중국계 미국인이 실직한 자동차공장 노동자에 의하여 무참히 살해당한 사건이 전국적인 뉴스매체의 관심을 받았다[12]. 80년대 말부터 뉴욕, 워싱턴市 등에서는 한국인상점에 대한 흑인들의 거부운동이 광범위하게 일어났다. 이상과 같은 다양한 사례들은 특히 1980년 이후 아시아계 이민에 대한 거부감이 일과성의 현상이 아니라는 것을 말해준다. 그리고 아시아계 이민에 대한 부정적 현상은 1990년의 반이민 운동과 연결되어 그 명맥이 유지되고 있다.

1990년대에 들어서 진행 중인 이민을 둘러싼 논쟁에서는 지난 세기말 보였던 것과 같은 인종적 비하를 더 이상 전면에 내세우지 않는다. 현재 이민을 반대하는 이유로는 주로 경제적, 문화적 요인이 지적

---

12) 1982년 6월 미국자동차산업의 중심도시인 디트로이트시(Detroit)에서 중국계 미국인 빈센트 진(Vincent Chin)과 그의 친구 2명이 진의 결혼을 축하하기 위하여 술집에 갔다가 자동차 공장에서 일하는 에벤스와 니츠(Ronald Ebens와 Michael Nitz)라는 두 백인 청년이 "너희들 때문에 우리가 직장을 잃었다"고 욕을 하면서 싸움을 걸차 진의 일행은 곧 그 술집을 떠났으나 백인청년들은 진을 쫓아가 야구방망이로 때려죽인 사건이 일어났다. 이 사건을 놓고 지방법원은 두 백인 청년에게 겨우 집행유예 3년과 $3,780의 벌금형을 과했다. 이를 두고 싸움이 일어난 술집주인이 기자에게 말한 것은 다음과 같다. "디트로이트시의 실업율은 16%이다. 그래서 사람들이 매우 침체되어있다. 아시아인들이 오니까 그들이 일본인인줄 알고 일본차 때문에 직장을 잃었다고 생각했던 것 아니겠는가?" 그런데 미국의 자동차 산업이 당면한 문제는 과연 아시아 때문인가? 사실 미국 자동차업계는 오랜 동안 에너지 효율적인 자동차를 생산해 내지 못하고 있었고, 소비자의 욕구를 만족시키지 못했다. 미국 자동차 산업의 문제는 자동차 회사의 구태의연한 경영과 낙후된 공장시설, 생산성 낮은 노동자들이 만들어낸 합작품이었다. 그럼에도 불구하고 실업과 경쟁의 실패를 외부적인 데로 돌리고 있다는데 문제가 있다. 미국의 자동차업계는 또한 많은 생산을 미국 밖으로 옮기고 있다. 이상의 논의를 고려하면 빈센트 진(Vincent Chin)의 살해사건은 19세기말 중국인을 향한 폭력과 유사성이 존재한다.

될 뿐이다. 가장 흔히 지적되는 경제적 이유는 새로운 대량 이민은 미국인의 직장을 위협한다는 것과 공공서비스의 수요를 과다하게 만든다는 것이다. 문화적 적응과 관련된 주장은 새로운 이민들의 문화가 기존의 미국문화와는 너무나 이질적이어서 사회적 통합을 위협한다는 점이 흔히 거론된다.

이민이 미국경제에 도움이 되느냐하는 문제를 놓고 이민을 찬성하는 쪽과 반대하는 쪽의 의견은 나뉘어져 있다. 이민을 지지하는 편에서는 이민의 수용이 없었다면 미국(특히 서남부지역)의 농업이나 의류산업 등은 유지가 어려웠을 것이고 일부 첨단산업과 특수한 숙련기술을 요하는 특정 산업분야의 인력은 국내에서 전부를 충당할 수 없다는 사실을 지적한다. 그리고 새로운 이민들은 낮은 임금을 받으며 양질의 서비스를 제공함으로써 전반적 경제와 생활수준의 향상에 이바지 하고 있다고 말한다. 이민을 반대하는 입장에서는 임금상승이 경제성장률을 따라가지 못하고 있음에 주목하고 그 주된 원인을 새로운 대량 이민에서 찾는다. 즉 노동시장에서 새로운 이민은 낮은 임금을 받아들임으로서 미국노동자의 실질임금을 낮추고 있다는 것이다.

이민이 사회복지수요를 증대시킴으로서 미국국민의 부담을 늘리고 있다는 주장도 서로 의견이 엇갈리고 있다. 이민을 찬성하는 논자들은 최근의 이민들의 경우 그들이 사회보장제도를 통해서 수혜를 받는 것 보다는 더 많은 세금을 내고 있음을 자료로 보여준다. 즉 도시연구소(Urban Institute)의 연구에 의하면 1970년 이후 이민은 정부의 사회보장혜택을 받은 액수보다 연간250억불에서 300억불가량 더 많은 액수를 세금으로 냈다고 한다(Rich, 1995: Al 참조). 반면 이민을 반대하는 쪽에서는 국민의 복지 부담을 계산하는 것은 단순히 제도적 사회보장의 지출만을 보아서는 안되며, 거기에 다수의 이민 때문에 늘어난 교육과 공원시설 등에 대한 투자재원을 더하여 고려하여야 한다고 주장한다.

문화적 적응을 둘러싼 논쟁역시 양 진영은 의견을 달리한다. 새로운 이민의 문화적 이질성에 대하여 우려를 나타낸 견해는 앞에서 이미 지적하였거니와(Auster 1994; Brimelow 1995), 이를 반대하는 입장에서는 문화적 이질성의 문제는 전혀 새로운 논쟁거리가 아니라고 반박한다. 이와 비슷한 우려는 이미 19세기 중반 유럽의 남부와 동부의 이민이 증가할 때 당시 미국의 주류를 이루고 있던 서북부 유럽계의 국민들에 의하여 제기된 바 있었고, 그 후 미국사회내의 다양성이 갖는 종족적 장점을 강조했던 집단은 바로 백인집단 자신들이었다는 것이다. 그러므로 이를 유독 새로운 이민이 발생시키고 있는 새로운 문제로 매도하는 것은 인종주의의 다른 표현이라 할 수 있다. 이상의 여러 논쟁을 살펴볼 때 1990년대에 다시 고개를 들고 있는 반이민정서는 비록 시대적 상황이 바뀌었고 동시에 그것에 대한 표현방식이 달라졌음에도 불구하고 19세기말의 이민반대 움직임과 많은 공통점이 있음을 감지할 수 있다.

5. 이민과 자본 대 국가의 모순

1880년대와 1980년의 상황을 비교한 다카키(Ronald Takaki, 1993:40)에 의하면 이 두시기의 미국사회는 인종과 계층의 격차가 여전히 존재하고, 경제적 어려움에 직면하고 있다는 점에서 공통점을 갖고 있다 한다. 뮬러(Thomas Muller 1997:155) 역시 미국역사에는 이민에 대한 수용(acceptance)과 거부(rejection)의 반복적 주기가 있었음을 상기시키면서 반이민 정서가 발흥한 시기는 다음과 같은 세 가지 공통점을 갖는다 하였다. : ① 경제적 불확실성과 직업불안정성이 증가할 때, ② 기존의 다수와 새로운 이민 간에 사회, 경제, 문화적 차이가 심할 때, ③ 이민의 규모가 클 때. 최근의 이민은 1965년 이후 대량으로 유입되었으며, 그들의 대부분은 기존의 백인집단과 문화를 달리하는 집단(아시아계와 중남미계)이었음을 이미 지적하였다. 다만 경제적 상황은 부연설명이 필요할 것이다.

미국의 경우 경제여건은 80년대에 비해 실업율이 낮아지는 등 나아지고 있으나 아직도 가계수입은 상대적으로 제자리걸음하고 있으며 경제적 불평등 현상은 완화되는 것이 아니라 차라리 심화되고 있다. 비록 1990년대 현재 미국이 경제적 호황을 누리고 있는 듯 보이지만 저소득층의 여건은 호전되지 않고 있는 것이다. 미국경제는 그동안 급격한 기술의 변화와 국제적 환경의 변화에 발맞추어 기업의 대대적 구조조정을 행해왔다. 특히 대기업의 기구축소와 노동의 효율성 증대로 기업과 자본가의 이윤은 증대되었으나 그러한 구조조정은 중간 및 저소득층에게는 흔히 불리하게 작용하였다. 또한 자본의 자유이동과 무역장벽제거로 미국기업의 해외 투자와 공장건설이 늘어남에 따라 미국 내에서의 직업안정성이 위협받았다. 그 결과 미국의 노동자들은 가계수입과 직업안정성에 대한 불만을 갖게 되었다. 미국의 중산층 이하의 근로자들이 처한 문제는 비록 이민과는 전혀 관계가 없이 파생된 것이지만 바로 이러한 시기에 계속된 대량이민은 미국이 당면하고 있는 경제문제와 관련이 있는 것으로 인식될 여지를 만들어냈다.

경제적 상황이 그러할 때 인종적으로 눈에 띄는 아시아계의 대량이민은 쉽게 일반대중의 눈길을 끄는 현상이 아닐 수 없다. 더구나 미국에는 아시아인에 대한 오랜 편견이 존재하고 있었기에 아시아계 이민에 대한 부정적 인식은 쉽게 확산될 수 있었을 것이다. 19세기에도 아시아의 나라들은 이국적(exotic)이고 생소한(foreign) 것으로 비쳐졌기에 아시아인은 항상 '우리'가 아닌 '저들'(others)로 취급되었다. 따라서 미국에서 아시아계 미국인에 대한 개념은 몇 세대가 지나가도 '토착민'(native)으로 보다는 '이민'(immigrants) 또는 '내부의 외국인'(alien)으로 객체화되는 경향이 오늘날에도 강하게 남아있다(Lowe, 1996:19). 여기에 더하여 최근 아시아 국가의 경제적 부상 역시 아시아계 이민에 대한 적대감을 불러일으키는데 한 요인으로 작용하였다. 특히 일본이 미국의 경제적 경쟁국으로 등장함에 따라 경쟁관계에 있는 산업분야의 노동자들을 중심으로 미국의 경제적 문제를 일본과 같은 아시아 국가에 전가하는 경향마저 생겨났다. 한때 로스안젤리스에서는 '도요다-닷산, 펄하버, 실업은 일본제이다'(Toyota-Datsan, Peal Harbor and Unemployment. Made in Japan) 라고 쓴 스티커(bumper stickers)를 차에 붙이고 다니는 것이 유행했는데(Kitano, 1995:196), 이러한 대중적 현상은 곧 반(反)아시아감정의 표현이라고 할 수 있다. 그러므로 오늘날 중국의 엄청난 인구와 일본의 경제력을 염두에 두면 아마도 새로운 '황화론'(黃禍論, yellow peril)이 미국인들의 머릿속에 자리 잡고 있는지도 모른다.

오늘날 다시 대두되고 있는 반이민정서는 미국의 경제적 여건 및 인종적, 문화적 편견과 어느 정도 관련이 있는 것이 틀림없지만, 미국역사를 통하여 이민에 대한 수용과 거부의 현상이 반복적으로 나타나고 있다는 사실은 이민현상을 놓고 서로 대립하는 두개의 상반된 힘(forces)이 작용하는 하나의 구조가 존재한다는 것을 시사해 준다. 역사적으로 그것은 개방주의와 폐쇄주의, 자유주의와 보수주의, 민주당과 공화당 사이의 이념 및 정책적 대결로 나타났다. 그렇다고 그것이 반드시 자유주의자들(liberals)이 이민을 항상 환영하고 보수주의자들(conservatives)은 언제나 이민을 반대해온 것은 아니다. 예를 들면 오늘날 이민의 문호를 계속해서 열어 놓아야 한다고 주장하는 집단은 정치적 온정주의를 내세우는 자유주의자가 아니라 시장 경제의 우월성을 믿는 보수주의자들(free-market conservatives)이다. 이러한 현상을 설명하기 위하여 하나의 '구조'를 상정한다면 그것은 바로 '자본'과 '국가'의 모순이라 할 수 있을 것이다.

자본은 언제나 값싼 노동력의 원천으로 이민을 요구한다. 그러나 사회의 기득권을 갖는 다양한 세력을 대표하는 국가(정부와 의회)는 사회적 통제와 통합의 필요성 때문에 때로는 이민에 제동을 걸 필요가 있다. 이는 곧 미국과 같은 시장경제체제하의 다민족 국가에서는 '자본'과 '국가'의 요구가 흔히 충돌하는 관계에 있음을 가리킨다. 단순화시켜 말하면 '자본'은 노동자의 출신국가에는 관심이 없다. 그저 보다 값싸고 숙달된 노동력이 필요할 뿐이다. 자본이 하나의 추상적 개념으로서 '노동력'에 관심이 있다면 국가는 추상적 개념으로서 '시민'(또는 국민)에 관심이 있다. 이 추상적 '시민'은 인종, 언어, 문화적 차이 등의 경계를 넘어 일정한 통일성을 갖는 국가적 시민으로서 하나의 단위로 유지되어야 하는 개념이다. 그러므로 외국으로부터의 노동력이 어떠한 이유에서건 사회의 통합에 부정적 영향으로 작용하게 되면 그것을 방지하려고 한다. 이 문제를 미국의 이민에 초점을 맞추어 보면 자본은 (이윤감소라는) 빈발하는 위기를 (생산을 위한) 값싼 노동력을 찾음으로서 해결하려고 했다. 19세기 중반부터의 대규모 이민, 그리고 19세기말 아시아 이민의 모집과 수용은 발전하는 자본주의 경제에 값싼 노동력을 투입하려는 유인적 요인에 기인한다. 그렇다고 '자본'은 항상 이민을 무작정 수용하는 것은 아니다. 자본은 이민이 자본축적에 위협이 되지 않는 범위 내에서만 그것을 지지한다. 그리고 19세기말 자본은 노동자들, 예컨대 백인노동자와 아시아계노동자, 사이의 균열을 이용하여 이윤을 극대화했다. 이에 반하여 국가는 이민 때문에 피해를 보는 기득권집단의 반발과 이민에 대한 편견과 왜곡된 공포 따위로 야기되는 사회적 균열에 관심을 보였다. 그러므로 국가의 이민정책은 그와 같은 사회적 균열을 치유하는데 가장 효과적인 방향으로 조정된다.

'자본'에 대한 관심과 '시민'에 대한 관심은, 이미 앞에서 잠깐 언급한 바와 같이, 오늘날 미국에서 이민을 둘러싼 논쟁에서 자유주의자와 보수주의자의 입장을 뒤바꿔 놓았다. 예를 들면 보수적인 언론의 대표격인 Wall Street Journal의 경우 시종일관 '무역과 이민의 개방이 가져다주는 이익은 그것이 수반하는 사회적 해악을 상쇄하고도 남는다'는 입장을 견지해오고 있다. 그에 반해 자유주의적 잡지 〈New Republic〉은 '새로운 이민의 물결이 흑인과 저소득 백인계층에게 피해를 주고 있다'고 보고, 이민에 대한 반대의사를 표명하였다(Muller, 1997:113).

6. 개방과 폐쇄의 갈림길

역사적으로 미국에서의 이민에 대한 반대는 흔히 생각하는 것처럼 경제적 요인 때문에 대두된 것은 아니다. 물론 이민 때문에 경제적으로 피해를 보는 집단이 있을 수 있지만 미국사회 전체의 경제는 지금까지 대체로 이민으로 인한 이득을 더 많이 누렸다. 19세기말에 이어 20세기말에 다시 고개를 든 아시아계 이민에 대한 거부감은 아시아인들이 미국인들의 일자리를 빼앗아가고 있기 때문에 형성된 것이 아니라 차라리 사회, 문화, 정치적 요인과 동기가 작용한 결과로 보는 것이 타당하다. 다시 말해 '자본'에 대한 관심과 '시민'에 대한 관심의 대결에서 현재에는 '자본'이 이민을 통하여 얻을 수 있는 이익보다는 '시민'부문의 감정과 욕구를 처리하는 비용이 더욱 커져있는 것이 미국의 현실이 아닌가 한다.

아시아계 이민에 대한 비우호적인 여론은 주로 정치인, 지식인, 그리고 언론인들에 의하여 주도되었다. 대표적인 예를 들면 보수적인 상원의원 중의 한사람인 심프슨(Alan Simpson)은 새로운 이민집단이 미국문화에 동화되지 않고 있음에 깊은 우려를 표명하였다. 학자들의 경우 아시아계 이민의 숫자나 증가추이에 대한 전망을 과장하거나 (Center for Immigration Studies의 1988년 보고서 참조), 아시아계 이민은 과거에는 고용에 의한 초청이민이 주류를 이루었으나 1970년 이후 점차 가족 초청이 다수를 차지하면서 질적으로 열등한 집단의 이민으로 바뀌어 가고 있음을 지적하는 등[13] 아시아계 이민의 부정적 측면을 강조하는 사례가 좋은 보기일 것이다. 대중매체에서는 1970년대 이후 아시아계 학생들의 우수한 수학능력을 보도하고 아시아인들이 높은 가계수입을 향유하는 성공적 소수민족임을 내세우는 사례가 빈번하였다. 이와 같은 보도는 서로 다른 아시아계 이민집단이 갖는 다양성을 무시한 것일 뿐 아니라, 아시아계 이민에 관한 기대 수준을 지나치게 높이거나 다른 종족집단들이 이들을 위협적인 경쟁상대 내지 질시의 대상으로 인식하도록 만드는데 기여하였다(Hing, 1993:7-12). 사실 미국중산층의 반이민정서는 이질적 이민 집단의 사회적 상승과 활동영역의 확장에 대한 경계심이 크게 작용하였다고 한다(Muller,

13) 과거 Center for Immigration Studies의 연구원을 역임하고 일리노이대학 교수로 있던 치스위크(Barry Chiswick)는 1986년 5월 29일 미 의회의 청문회에서 이와 같은 내용의 증언을 하였음. 그는 앞으로 아시아계 이민은 가족관계 보다는 기술에 근거한 초청이민으로 바뀌도록 정책을 수정해야 한다고 주장했다.

1997:109).

아시아계 이민에 대한 거부감이 고조되어 간다고 해도 그것이 곧 아시아계 이민을 제도적으로 차별하는 현상으로 연결되지는 않을 것이다. 1990년대 이후의 상황은 1880년대의 상황과는 너무나 달라져 있고 사람들의 사고방식도 과거의 그것이 아니기 때문이다. 비록 미국의 금융위기로 경제상황이 어렵고 반이민감정이 다시 기승을 부리고 있기는 하지만 미국의 이민 정책이 1924년 이전으로 되돌아 갈 가능성은 적다. 왜냐하면 이민을 필요로 하는 기업과 산업부문이 엄연히 존재하고, 이민법의 과감한 개혁은 다양한 정치세력의 각축 때문에 비용이 많이 들 뿐만 아니라 현실적으로 어려운 과제이다. 그러므로 가장 확실한 가능성은 지금 형성된 반이민 무드를 배경으로 이민의 숫자를 어느 정도 줄이는 방향으로 법개정을 추진하는 일종의 타협안이 될 것이다. 다만 분명한 것은 지난 30여 년 간 계속된 새로운 이민의 유입은 현재 미국사회의 인종적 구성을 획기적으로 바뀌게 할 수 있는 기초를 형성해 주었다. 따라서 인구구성비의 변화가 일부 학자들이 과장되게 추정한 정도로 이루어 지지 않는다 하더라도 미국사회는 이미 커다란 변화의 길목에 들어서 있는 것이다.

참 고 ("미국의 이민정책과 아시아계 미국인,"『현대사회과학연구』 제8권, 1997, 전남대학교 사회과학연구소, 1-30쪽)

Chapter 4

아시아계 미국이민은 성공한 소수민족인가?

1. 아시아계 미국이민의 특수성

아시아계 미국이민을 미국사회에 성공적으로 적응한 소수민족으로 간주하는 담론은 미국사회에서 지난 수십여 년 동안 특히 보수적인 논객들과 정치인들에 의해 꾸준히 그 영향력을 유지해왔다. 아시아계 미국인들은 극심한 인종차별에도 크게 저항하지 않고 묵묵히 일하며 낮은 일탈을 보인다는 점에서 '모범적'이며, 열심히 노력하여 학교교육에서 높은 학업성취도를 보일 뿐만이 아니라 평균가계수입 역시 타 집단에 비해 상대적으로 높아 '성공한' 소수민족집단으로 간주되는데 손색이 없다는 것이다. 그래서 아시아계 미국인들(Asian-Americans)은 미국의 유색인종집단 중에서 유일하게 '모범적 소수민족'(model minority)

또는 '성공적 소수민족'(successful minority)으로 불린다는 점에서 특수한 위치를 점하고 있는 것처럼 보인다. 그런데 특기할 점은 아시아계 미국인을 둘러싼 이러한 담론의 형성에는 신문, 잡지, 방송과 같은 언론이 결정적인 역할을 했다는 사실이다.[14)]

아시아계 미국인을 긍정적으로 묘사하는 글들은 1950년대에 처음 언론에 등장하기 시작하였다.[15)] 예를 들면 1955년 4월 30일자 미국의 유력 지 중 하나인 세터데이 이브닝 포스트(Saturday Evening Post)는 중국계 미국인 가정에서의 훌륭한 가정교육이 낮은 사회적 일탈로 나타나고 있다는 기사를 크게 취급했다. 또한 1957년 뉴욕타임스 메거진(New York Times Magazine)에서도 중국계 미국인의 가족이 근면과 성실을 강조하는 모범을 보여준다고 치켜세우는 글을 실었다. 1960년대에는 1966년 12월 26일자 유에스 뉴스(US News)에서 중국계 미국인을 성공한 소수민족으로 높게 평가하는 기사를 3페이지에 걸

---

14) 이는 미국의 언론이 역사적으로 아시아계 이민집단이 겪어 온 심각한 현실문제에 큰 관심을 보인 적이 거의 전무하다는 사실("Civil rights issues facing Asian Americans in the 1990s." 1992 report by the U.S. Commission on Civil Rights. p. 182 참조.)에 비추어 볼 때 매우 특이한 현상으로서 별도의 연구과제가 될 수 있을 것이다.

15) 1950년대 이후 아시아계 성공을 다룬 기사들 중 대표적인 사례를 위의 본문에서 언급된 순서대로 기술하면 다음과 같다. "Why no Chinese-American delinquents? May be it's traditional respects for parents." *Saturday Evening Post* 227:12, April 30, 1955.; McIntyre, W.A. "Chinatown offers us a lesson." *New York Times Magazine* 49, October 6, 1957.; "Success story of one minority group in U.S." *U.S. News* 61: 73-76, December 26, 1966.; "Success story: Outwhiting the whites." *Newsweek*, June 21, 1971.; "Asian Americans: Model minority." *Newsweek,* December 6, 1982.; Dillin, J. "Asian-Americans: The Soaring Minority." *The Christian Science Monitor*, October, 1985.; Butterfield, Fox "Why Asians are going to the head of the class." *New York Times*, Educational Supplement, August 3, 1986. p.18.; "Asian entrepreneurs emerge as leaders." *USA Today*, Feb. 27, 2002.

쳐 게재하였는데 이 글은 그 후 아시아계 미국인을 성공적 집단으로 묘사하는 다른 글들에서 자주 인용되는 고전이 되었다. 1970년대와 80년대에도 아시아계 미국인의 성공신화는 미국 언론이 즐겨 다루는 주제로 남았다. 1971년 6월 미국의 대표적인 시사주간지인 뉴스위크(Newsweek)지는 아시아계 미국인들(Asian-Americans)을 성공적으로 미국사회에 적응한 소수민족으로 다루는 특집기사를 냈다. 뉴스위크지는 1982년에도 아시아계 미국인의 평균가계수입이 미국평균보다 많다는 통계 등을 제시하며 아시아계 미국인을 성공한 모범적 소수민족으로 소개하는 특집을 다시 게재하였다. 1985년 크리스천 사이언스 모니터(Christian Science Monitor)지는 '급부상하는 소수민족'이라는 제목의 기사로 아시아계 미국인들의 성공담을 다루었다. 1986년도 8월 3일자 뉴욕타임스지(New York Times)는 교육문제를 다룬 증보판을 내면서 아시아계는 인구의 2.1%밖에 점유하지 못하는 소수민족이지만 미국의 일류대학을 마치 큰 파도처럼 휩쓸고 있다고 보도하고 있다. 즉 1985년 통계를 보면 하버드대학 신입생의 11%와 MIT 신입생의 21%, 그리고 몇 개의 캘리포니아대학교 에서는 25% 또는 그 이상의 신입생이 아시아계 학생이었다는 것이다. 아시아계 미국인의 성공적 적응을 강조하는 미국 언론의 전통은 2000년대에도 명맥을 유지하였는바, 예컨대, 2002년 2월 27일자 유에스에이 투데이(USA Today)는 커버스토리를 통해 지난 20년 간 미국 내 소수민족 가운데 아시아계의 경제적 성장이 눈부시다며 이들의 활약상을 소개했다. 이 기사에 따르면 아시아계가 소유한 회사는 20년 전부터 매년 평균 17%씩 늘어났는데 이는 미국 전체 회사 증가율의 2배에 해당한다. 아시아계 회사의 연평균 수입은 33만 6200달러로 히스패닉(15만 5200달러)과 흑인(8만6500달러)의 그것을 압도한다. 아시아계는 첨단산업에의 진출도 활발하여 실리콘벨리에서 최근 몇 년 새 새로 설립된 회사 가운데 25%가량이 아시아인이 세운 것이라 한다. 아시아계의 부상을 강조하기 위해 이 글은 그 제목 밑에 다음과 같은 부제를 달고 있다: '아시아계의 커져 가는 영향력과 富는 소수민족들 간의 힘의 균형을 무너뜨려 긴장을 야기 시키고 있다' (Their rising clout and wealth create tension as balance of power shifts among minorities.). 주로 언론을 통하여 형성된 아시아계 미국인의 성공담론에서 공통적으로 지적되어온 주제는 대체로 아시아계 집단의 강력한 가족 및 공동체적 유대, 건전한 직업윤리, 높은 학업성취도, 낮은 범죄율, 그리고 정부에 의존하지 않고 스스로 문제를 해결하려는 경향 등이 꼽힌다. 그런데 언론에서 소개되는 통계 등의 자료는 심층적 분석이 결여된 극히 피상적인 인용이나 소개에 그쳐 논란의 여지를 많이 남겨두고 있다는 점이 지적되어야 할 것이다.

아시아계 미국인들을 성공적인 집단으로 간주하는 것은 일견 타당하고 아시아계 미국인 당사자들에게도 긍정적인 측면이 많을 것으로 사료되지만 그러한 평가가 과연 아시아계 미국인집단의 현실을 정확히 반영한 것인지에 대해서 학자들 사이에 의견의 일치를 보이지 않고 있다. 따라서 제4장에서는 언론에 의하여 형성된 아시아계 미국인의 성공 담론을 미국의 학계에서 그 동안 어떻게 받아들이고, 분석하고, 비판했는가를 살펴본 뒤 이러한 논의가 갖는 사회, 정치적 함의를 분석해 보고자한다.

2. 성공적 모범 소수민족: 아시아계 미국인

아시아계 미국인을 성공한 모범집단으로 명명한 최초의 학자는 윌리엄 피터슨(William Peterson)이라는 사회학자였다. 그는 1966년 1월 뉴욕타임스 메거진에 "일본계미국인의 성공 이야기"(Success story: Japanese American style)라는 제목으로 글을 실으면서 '모범적 소수민족'(model minority)이라는 용어를 처음 사용하였다. 피터슨은 이 글에서 일본계 이민은 가족의 중시 및 바람직한 노동윤리를 특징으로 하는 일본의 문화적 전통 때문에 미국사회에서의 차별을 딛고 일어서 소위 '문제를 일으키는 소수민족'(problem minority)이 되지 않았다고 주장했다. 그리고 그의 이러한 주장은 그의 학문적 결과물로 다시 정리되어 발표된 바 있다(Peterson 1971). 아시아계의 성공담론을 학문적 연구에 연계시킨 학자로는 피터슨 외에도 하야가와(S. I. Hayakawa 1979), 소웰(Thomas Sowel 1978, 1981) 등이 있는데 특히 소웰은 〈표 4-1〉에 제시된 통계자료 등에 주목하고 일본계와 중국계 미국인의 성공적 적응을 유태인의 그것에 비유하면서 아시아계 미국인의 성공을 긍정하였다. 소웰이 인용한 이 자료는 1970년 미국 인구조사통계에서 추출한 것으로 일본계와 중국계의 가계수입이 주요 백인그룹을 앞서고 있음을 보여 주었고, 이는 당시에 놀라운 사실로 받아들여졌다.

〈표 4-1〉 민족집단 간의 가계수입 지표 (미국평균 = 100)

유태인	일본인	중국인	이탈리아인	독일인	앵글로색슨	필리핀인	멕시코인	흑인
172	132	112	112	107	107	99	76	62

출처: Thomas Sowell, *Ethnic America: A History*. 1981, p.5의 자료를 일부 편집했음.

이상과 같은 초기의 연구 이래 아시아계 미국인을 미국사회에 성공적으로 적응한 집단이라고 평가하는 데는 주로 아시아계의 상대적으로 높은 학력과 가계수입에 관한 통계자료가 이용되었다. 이때 인용되는 자료는 아시아계 이민을 하나의 범주로 묶어서 취급하는 통계가 주로 인용되는데 가장 최근의 인구통계자료에서 교육과 소득수준의 인종집단 간 비교는 〈표 4-2〉 및 〈표 4-3〉과 같다. 여기서 주목할 점은 소웰의 1970년 자료에서는 일본, 중국, 필리핀을 따로 떼어 살펴본 것이었는데, 1990년대 이후 자료에서 아시아계 전체를 하나의 범주로 묶어 집단 간 비교를 했을 때에도 교육과 소득이 타 집단에 비해 상대적으로 높게 나타나고 있다는 사실이다. 바로 이러한 점 때문에 아시아계 이민이 전체적으로 성공한 집단이라는 인식이 흔들리지 않았을 것이다.

〈표 4-2〉 4년 이상의 대학교육을 받은 비율의 인종 간 비교

년 도	전 체	백인	흑인	아시아계 (%)
1960	7.7	8.1	3.1	(NA)
1980	16.2	17.1	8.4	(NA)
1990	21.3	22.0	11.3	39.9
1999	25.2	25.9	15.4	42.4

NA: Not Available (자료 없음)

출처: http://www.census.gov/statab/freq/00s0249.txt

〈표 4-3〉 가계수입*의 인종 간 비교 (1998년, 1999년도/단위: 달러)

년도	전 체	백인(히스패닉제외)	흑인	아시아/태평양계	히스패닉
1998	39,744	43,376	25,911	47,667	28,956
1999	40,816	44,366	27,910	51,205	30,735

* Median household income

출처: http://www.census.gov/hhes/income/income99/99tablea.html

〈표 4-3〉에서 보는 바와 같이 아시아계의 평균가계수입은 분명 흑인이나 히스패닉계 보다 높을 뿐만 아니라 백인집단의 평균가계수입보다도 높다. 이는 아시아계의 학력수준이 타 집단들 보다 높고, 특히 1965년 미국 이민법이 크게 바뀐 뒤 대규모 이민이 이루어진 한국이나 인도 등지로부터의 이민은 고등교육을 받은 중산층의 배경을 갖고 있었다는 사실이 아시아계 이민집단의 상대적으로 높은 평균가계수입을 가능케 했을 것이라고 흔히 설명한다. 그러나 여기서 우리는 아시아계 이민집단의 거주지역과 같은 인구학적 특성을 보다 면밀히 검토할 필요가 있다. 즉 2000년도 미국인구조사의 자료에 의하면 해외에서 태어난 아시아계 미국인(즉 이민 1세대)의 무려 45%가 로스엔젤레스, 뉴욕, 샌프란시스코 3개 대도시에 몰려있을 정도로 미국의 아시아계 이민은 도시에 집중되어 있고, 아시아계 전체 인구 중 51%가 캘리포니아, 뉴욕, 그리고 하와이주에 거주하고 있다.[16] 그렇다면 일반적으로 농촌보다는 도시 거주민의 평균수입이 높고, 아시아계가 집중되어있는 상기의 3개주는 미국에서도 주민의 평균소득이 가장 높은 주들이라는 사실은 아시아계의 평균가계수입이 미국 전체인구의 평균을 상회하게 하는데 기여했을 것이다. 다시 말해 아시아계 전체의 평균가계수입이 미국의 평균보다 높게 나타난 것은 아시아계 일부집단의 높은 소득수준과, 아시아계 인구의 편중된 지역적 분포와 같은 몇 가지 인구학적 특성에 영향을 받았을 가능성이 있기 때문에 자칫 부정확하거나 왜곡된 결론에 도달할 수 있으므로 이를 보완하기 위해서는 아시아계 이민집단이 갖는 다양성에 대한 보다 면밀한 분석이 요구된다.

---

16) Census 2000 Brief: The Asian Population. U.S. Census Bureau, Issued February, 2002를 참조 했음.

한 가지 미리 지적할 수 있는 점은 1960년대까지의 아시아계 미국인은 중국, 일본, 필리핀계가 대부분이었고, 미국 통계국의 인구조사 시 집단 분류의 범주도 아시아계가 분리되어 있었기에 그 당시 아시아계에 대한 통계자료는 크게 보아 중국, 일본, 그리고 필리핀 이민에 관한 자료가 중심이었다. 그러나 1960년대부터는 한국과 인도 등지로부터, 그리고 1970년대 중반 이후부터는 베트남, 라오스 등 동남아계 이민이 크게 증가하는 변화가 있었다. 1990년대에 들어서면 인구조사에서 미국 정부는 아시아계와 태평양계를 합하여 하나의 집단범주를 만들었다. 그러므로 90년대 이전과 이후의 통계자료를 같게 취급하는 데는 어려움이 따른다. 즉 시기에 따라 아시아계 이민에 대한 일관된 통계자료의 확보가 어렵기에 시기별로 유용한 통계자료를 적절히 찾아내어 분석에 이용해야 한다는 점에 유의 할 필요가 있다.

3. 아시아계 미국인은 누구인가?

아시아계 미국이민은 동질적인 집단이 아니다. 아시아에는 27개의 서로 다른 국가가 있으며, 1990년대 이후 미국인구조사에서 사용하는 범주인 아시아-태평양 제도인(諸島人)(Asian-Pacific islanders)은 아시아 이외에, 하와이원주민과 사모아, 괌, 통가 섬으로부터의 이민 등을 포함한다.

1990년도 미국 인구조사결과를 보면 아시아계 미국인의 숫자는 6.9백만 명으로서 이는 1980년도의 인구보다 99%가 늘어난 숫자인바, 집단별 구성비는 다음과 같았다. 가장 많은 인구를 가진 집단은 중국인으로 아시아계인구의 23.8%를 점하며, 그 다음이 필리핀인으로 20.4%, 일본인 12.3%, 인도인 11.8%, 그리고 한국인이 11.6%로 나타나고 있다. 10% 이하인 집단은 베트남인이 8.9%, 라오스인이 2.2%,

캄보디아인이 2.1%, 태국인이 1.3%, 몽족이 1.3%, 그리고 기타의 아시아인들이 4.4% 이다. 2000년도 인구조사는 인종구분방식에 약간의 변화가 있었기에 1990년도의 자료와 다른 부분이 있다. 즉 2000년도 인구조사에서는 순수 아시아계와 아시아계와 다른 인종과의 혼혈을 구분하여 설문조사를 행했다. 그 결과 순수 아시아계의 인구는 10,242,998명(미국 전체 인구의 3.6%), 그리고 다른 인종과의 혼혈은 1,655,830명으로서 이 둘을 합하면 11,898,828명(전체인구의 4.2%)으로 나타났다. 1990년도의 인구가 약 6.9백만 명이었으므로 10년 사이에 아시아계인구는 어느 범주를 적용하느냐에 따라 약 3.3백만 명에서 약 5백만 명 가량 증가한 셈이다. 이는 대략 48%에서 72%의 증가율을 보여주는 것으로서 같은 기간 동안의 미국전체인구의 증가율이 13%였다는 사실에 비추어 볼 때 아시아계 집단의 인구증가는 미국내 소수민족 중 히스패닉계와 함께 가장 큰 증가를 보인 집단이 된다.

이민을 온 시기도 각각 달라 중국인과 일본인의 경우는 최초의 이민이 19세기 말로 거슬러 올라가는 오랜 이민의 역사를 가진 반면 한국인과 인도인은 대체로 1965년 이민법이 바뀐 이후에 이주해 온 사람들이 중심세력이며, 베트남, 캄보디아, 라오스, 몽족 등은 1970년대 중반 베트남 전쟁이 끝난 후 제정된 난민법(The IndoChina Migration and Refugee Assistance Act of 1975; the Immigration Act of 1976)의 적용을 받고 이주해온 사람들이 주류를 이루고 있다. 이와 같은 사실은 각 집단의 미국이외의 지역에서 태어난 사람의 비율에 잘 나타난다. 즉 1990년도의 인구조사자료를 보면 아시아계 미국인 중 66%가 해외출생자인데, 특히 베트남(79.9%), 라오스(79.4%), 캄보디아(79.1%) 집단의 비율이 가장 높다. 그 외에도 타일랜드(75.5%), 인도(75.4%), 한국(72.7%), 중국(69.3%), 몽족(65.2%), 필리핀(64.4%) 집단도 해외 출생자의 비율이 높은데, 일본의 경우는 32.4%로 해외출생자의 비율이 예외적으로 가장 낮다. 일본계와 같이 이민의 역사가 가장 오래 된 중국인의 경우 해외출생자의 비율이 높은 것은 중국계의 이민은 일본과는 달리 홍콩, 대만, 중국본토 등 다양한 지역으로부터의 이민이 계속되었기 때문인 것으로 풀이된다. 아시아계 미국인 집단은 또한 미국전체인구에 비하여 젊은 인구집단이라는 특성을 보여준다. 1990년도 인구조사 시 미국전체인구의 중위치 연령(median age)은 33세 이었는데 아시아계는 30세로 세 살이 낮았다. 이는 1970년대 중반 이후 대량의 이민이 이루어진 몽족(12.5세), 캄보디아(19.4세), 라오스(20.4세), 베트남(25.2세) 집단의 평균연령이 상대적으로 매우 낮은데 기인한다. 이와 같은 몇 가지 인구학적 특성은 아시아계 미국인 집단이 대단히 다양한 구성원으로 이루어져 있음을 말해준다. 다시 말해 아시아계 미국인을 하나의 동질적인 집단으로 묶어 일반화하는 것은 현실을 제대로 반영하는 것이 아니라는 사실을 그러한 인구학적 통계가 지적하고 있는 것이다.

4. 미완의 성공: 아시아계 이민집단 간의 차이

인구통계자료의 비교를 통해 보면 아시아계의 교육수준과 평균가계수입은 분명 상대적으로 높게 나타나는 것이 사실이지만 이는 아시아계가 곧 성공했음을 보여주는 증거가 될 수 없다고 보는 견해가 많다(Kitano 1995; Walker-Moffat 1995; Lee 1996). 예컨대, 앞서 미국의 인구통계에서 살펴 본 아시아계 미국인의 평균 가계수입은 백인의 그것보다 높은 것으로 나타났지만(〈표 4-3〉 참조), 그것을 개인 당 평균수입으로 바꾸면 백인보다 낮아진다〈표 4-4〉. 이는 아시아계 미국인들은 가구 당 노동에 참여하고 있는 숫자가 백인보다 많다는 것을

〈표 4-4〉 1인당 평균소득의 인종 간 비교(1999년/단위: 달러)

년도	전체	백인(히스패닉제외)	흑인	아시아/태평양계	히스패닉
1998	20,564	23,459	13,243	19,122	11,687
1999	21,181	24,109	14,397	21,134	11,621

출처: http://www.census.gov/hhes/income/income99/99tablea.html

뜻하며, 결과적으로 개인의 실질 소득은 백인보다 적다는 것을 의미한다. 그러므로 아시아계의 높은 학력수준을 고려한다면 1인당 평균소득이 보여주는 수치는 결코 '성공적 적응'의 증거라 말 할 수 없는 것이다.

분석의 대상을 시기적으로 거슬러 올라가 1970-80년대 이래 성공적으로 적응했다고 말해지는 집단으로 바꾸어 보아도 결론은 마찬가지이다. 예컨대, 비교적 최근의 이민집단이면서 빠른 시일 내에 평균가계수입이 미국의 평균을 상회하게 된 집단 중의 하나인 한국계 이민의 경우 가계수입의 내용을 심층적으로 분석해 보면 그 '성공'을 설명하는 데는 여러 가지 수식어가 필요하다는 것이 명백해진다. 즉 아시아계의 상대적으로 높은 평균가계수입이 언론 등을 통하여 널리 회자되기 시작한 1970-80년대에 걸쳐 한인사회를 연구한 허원무와 김광정(Hurh and Kim 1983)에 의하면 1965년 이후에 본격화된 한국으로부터의 이민은 대체로 중산층 및 높은 학력배경을 갖는 집단이었으며, 상대적으로 높은 가계수입은 그들이 대도시에서 가족단위의 자영업에 종사하는 비율이 높고(지역에 따라 미국평균의 2.5배 내지 5배), 긴 노동시간(주당 평균 58시간 이상), 그리고 기혼여성의 높은 취업율(68%) 등에 기인한다는 것이다. 한국계이민의 경제활동이 보여주는 이와 같은 특성은 그들이 미국의 노동시장에서 높은 학력에도 불구하고 일차적 노동시장(primary labor market)에서 소외되고 있음을 말해주는 증거인 셈이다.

이에 더하여 한 가지 더 지적되어야 할 사항은 아시아계 집단 중에는 경제적으로 흑인집단보다도 더욱 열악한 처지에 놓여있는 집단이 많다는 사실이다. 예를 들어 아시아계의 성공담론이 이미 굳게 자리잡았던 1990년도의 인구조사자료를 보면 몽족의 1인당 평균소득이 1989년도의 미화로 2,692달러에 불과했으며, 캄보디아인은 5,120달러, 라오스인은 5,597달러에 불과했다. 이 당시 아시아계 중에서 가장 높은 1인당 평균소득을 자랑하던 일본계 미국인의 수입은 19,373달러에 달했던 사실을 상기한다면 아시아계 미국인집단 내의 집단 간 차이가 극심하다는 것을 쉽게 감지할 수 있다. 〈표 4-5〉는 학력수준이 상대적으로 가장 높은 소수민족으로 간주되는 아시아계 집단을 세부적으로 나누어 분석해보면 학력에서도 엄청난 차이가 존재한다는 것을 잘 보여주고 있다.

교육수준 외에도 아시아계의 경제적 상황을 빈곤층에 초점을 맞추어 살펴보면 아시아계의 성공 담론을 거부하는 또 다른 그림이 나타난다. 미 정부가 빈곤층으로 분류하는 인구의 비율을 인종별로 비교한 1999년도의 자료에 따르면 백인(여기서는 히스패닉을 제외한 백인을 말함) 인구의 7.7%가, 흑인은 23.6%, 히스패닉은 22.8%, 그리고 아시아계(1999년도 미 정부 통계자료에서는 아시아와 태평양제도로부터의 이민을 한 범주로 묶어 취급했음)는 10.7%가 빈곤층으로 분류되었다[17]. 비록 아시아계 전체의 빈곤율은 흑인이나 히스패닉계와 같은 여타 소수민족의 그것보다 현저하게 낮은 것이 사실이지만 아시아계 이

17) Dalaker, Joseph and Bernadette D. Proctor, 2000, U. S. Census Bureau, Current Population Reports. Series P60-210. *Poverty in the United States: 1999.* (Washington, D.C.: U.S. Government Printing Office)에서 인용.

〈표 4-5〉 아시아계 집단의 학력수준 비교: 1990년도(25세 이상 %)

	고등학교 졸업 이상		대학졸업이상	
	남	여	남	여
미국 인구전체	75.7	74.8	23.3	17.6
아시아계 전체	81.7	73.9	43.2	32.7
중국인	77.2	70.2	46.7	35.0
필리핀인	84.2	81.4	36.2	41.6
일본인	89.9	85.6	42.6	28.2
인도인	89.4	79.0	65.7	48.7
한국인	89.1	74.1	46.9	25.9
베트남인	68.5	53.3	22.3	12.2
캄보디아인	46.2	25.3	8.6	3.2
몽족	44.1	19.0	7.0	3.0
라오스인	49.4	29.8	7.0	3.5
타일랜드인	88.6	66.2	47.7	24.9
기타 아시아인	85.9	78.7	47.5	34.2

출처: "We the Americans: Asians." U.S. Department of Commerce, Economics and Statistics Administration, Bureau of the Census, Issued September 1993, p.4.

민집단을 다시 세분하여 분석해보면 전혀 다른 현실이 모습을 드러낸다. 〈표 4-6〉에서 볼 수 있는 바와 같이 아시아계 (태평양계는 제외) 집단 중 필리핀, 일본, 인도, 타일랜드, 한국, 중국계에 비하여 동남아로부터의 이민집단에서는 빈곤율이 흑인이나 히스패닉계 보다 현저하게 더 높은 것으로 니다나고 있다.

동남아계 이민집단의 경제적 적응이 어려운 데에는 그들의 교육수준이 낮은 것과 상관이 있을 것이기에 동남아계의 어려운 상황을 다만 그들의 낮은 교육수준 때문인 것으로 치부해 버리는 견해도 있을 수 있을 것이다. 그러나 평균가계수입이 오래 전부터 백인보다 더 높

〈표 4-6〉 아시아계의 빈곤층 비율

아시아계 집단	%
아시아계 전체	14.0
몽족	63.6
캄보디아인	42.6
라오스인	34.7
베트남인	25.7
중국인	14.0
한국인	13.7
타일랜드인	12.5
인도인	9.7
일본인	7.0
필리핀인	6.4
기타 아시아인	18.2

출처: "We the Americans: Asians," U.S. Department of Commerce, Economics and Statistics Administration, Bureau of the Census, Issued September 1993, p.7.

은 것으로 알려진 중국인의 경우에도 아시아계의 교육수준과 소득간의 상관관계는 단순하지가 않음을 말해주는 자료가 존재한다. 즉 교육수준을 통제하여 중국인과 여타집단의 소득을 비교해보면 아시아계는 교육수준에 비하여 다른 인종집단보다 정당한 대우를 받지 못했음을 강력히 시사해 준다(〈표 4-7〉 참조). 〈표 4-7〉을 보면 대학을 졸업한 중국계 미국인 중 1만 불 이상 고소득을 올린 비율은 백인의 그것에 크게 미치지 못하고, 대학원 이상 졸업자를 중심으로 비교를 하면 중국계 여성은 흑인 여성보다도 더욱 열등한 위치에 있음을 알 수 있다.[18] 이러한 자료는 다음과 같은 두 가지 사항을 말해준다. 첫

18) Lieutenant Commander James G. Foggo, III가 1993년 5월에 발표한 U. S. Navy,

〈표 4-7〉 대학이상 학력자 중 1만 불 이상 소득자 비율(%) (1970년도)

	백인	흑인	중국인
대학졸업자			
남 자	59.6	35.3	38.3
여 자	10.2	11.2	9.3
대학원 이상			
남 성	67.1	53.0	50.9
여 성	27.7	34.2	13.3

출처: Cabezas, Arnardo Y. and Pauline L. Fong, *Employment Status of Asian-Pacific Women.* (Asian American Service Institute for Assistance to Neighborhoods), August. 1976.

http://www.itp.berkeley.edu/~asam12/model-minority/bibliography.html

째는, 인구통계에 나타난 아시아계의 상대적으로 높은 교육수준과 평균가계수입은 아시아계 이민의 성공적 적응여부를 판단하는데 매우 부정확한 자료이며, 동시에 아시아계를 향한 차별이 존재하는 현실을 나타내주지 못한다. 둘째는, 아시아계 이민집단 중 일부는 교육수준 및 경제적 적응 측면에서 최하위에 머물러 있다. 따라서 아시아계 미국인을 동질적으로 취급하는 것은 어려움을 겪고 있는 그들의 현실을 간과하도록 만든다.

5. 아시아계 성공 담론의 사회, 정치적 배경

이상에서 살펴 본 바와 같이 아시아계 이민집단을 미국사회에 성

"Review of data on Asian-Americans." (Defense Equal Opportunity Management Institute)에 따르면 25세 및 대졸학력 이상 인구 중 빈곤층의 비율이 라오스 출신은 67.2%, 몽족(Hmong) 출신은 65.5%, 캄보디아 출신은 46.9%, 베트남 출신은 33.5%, 그리고 인도네시아 출신은 15.2%에 달한다고 한다.

공적으로 적응한 모범집단으로 단정하기에는 너무 많은 문제점이 존재한다. 그렇다면, 그러한 사정에도 불구하고 왜 아시아계의 성공담론이 20세기 후반에 들어서면서 하나의 고정관념처럼 튼튼히 자리를 잡아갔던 것일까? 이제 이 절에서는 아시아계 성공의 담론이 등장하게 된 사회, 정치적 배경에 대하여 논하고자 한다.

미국의 역사를 통하여 특정 이민집단이나 소수민족에 대한 평가나 차별은 미국의 주류를 이루는 백인집단의 관점에서 본 사회적 상황이나 경제사정에 따라 크게 좌우되었다. 예를 들면 19세기 미국경제의 필요 때문에 받아들였던 중국이민이 점차 일부 영역에서 미국노동자계급의 경쟁상대로 부상하자 곧 바로 중국이민에 대한 배척운동이 일어났다. 그리고 그러한 배척운동의 전개과정에서는 대중의 정서에 편승하는 언론과 정치인들이 중요한 역할을 담당하였다(Miller 1969). 그렇다면 중국계와 일본계에 대한 긍정적 평가 등장하기 시작한 1950-80년대 사이 미국의 사회. 경제적 상황을 살펴 볼 필요가 있다. 2차 대전 이후 미국경제는, 간헐적인 경제 불황이 있기는 했지만, 대체로 1980년대까지 꾸준히 여건이 호전되었다(Muller 1997). 이제 아시아인들은 더 이상 백인들의 일자리를 빼앗아 가는 경쟁자로 간주되지 않게 된 것이다. 그런데 아시아인에 의해 촉발될 수 있는 위기감이 사라진 자리에는 경제적 호황에서 소외 된 흑인들의 불만이 새로운 사회적, 정치적 불안요인으로 대신 자리 잡았다. 미국건국 이전부터 희생을 당했고 2차 대전과 한국전쟁에서 피를 흘렸으며, 1960대 이래 활발히 전개한 민권투쟁에도 불구하고 흑인들의 경제적 지위는 향상되지 않고 밑바닥에 머무르고 있었기 때문이었다. 많은 백인들은 점차 힘을 더해 가는 흑인들의 민권운동에 우려를 나타내기 시작하였고, 1970년을 전후하여 발생하기 시작한 여러 도시에서의 흑인폭동은 우려가 사실로 나타난 셈이었다.[19] 바로 이와 같은 사회적 상황을 고려한다면 흑인집단과는 대조적으로 높은 교육열과 근면 성실한 생활태도를 유지하며 조용히 미국사회에 적응해 가고 있는 것처럼 보이는 아시아계 미국인들이 메스컴의 조명을 받게 된 것은 우연이 아닐 것이다. 왜냐하면 성공적 아시아계 이민의 신화는 자유와 기회의 나라 미국에서는 소수민족도 스스로 노력하면 중산층의 꿈을 달성할 수 있다는 것을 증명해주는 사례로서 부족함이 없을 것이기 때문이다. 아시아계이민의 성공은 결국 아메리칸 드림의 신화를 입증해 주는 증거가 됨으로 해서 흑인들의 실패는 제도나 사회구조적 왜곡에 기인하기보다는 흑인자신들의 잘못 때문이라는 논리가 가능하도록 해주는 기능을 한다. 그러한 점에서 아시아계 미국인의 성공신화는 불평등한 사회체제의 근본적 모순을 은폐하여 백인중심의 미국사회를 합리화시켜주는 도구의 성격을 갖고 있음이 분명하고, 따라서 그것은 미국의 백인 주류집단이 아시아계를 그들의 입장에서 타자화(他者化)해 온 결과물이라 할 수 있다.

아시아계의 성공 담론이 갖는 이와 같은 측면을 재 빨리 이용한 것이 바로 정치인들이었다는 사실이 이러한 해석을 뒷받침해 준다. 예를 들면 1971년 당시 닉슨(Richard Nixon)대통령의 보좌관이었던 패트릭 뷰커넌(Patrick Buchanan)[20]은 흑인들에 가장 많은 혜택이 가는 사

19) 1960년대에 흑인들에 의해 활발히 전개된 민권운동은 점차 블랙 팬터스(Black Panthers)나 블랙 무슬램(Black Muslims, or The Nations of Islam)과 같은 과격단체들의 등장으로 이어졌고, 1967년부터 미국의 대도시에서는 대규모 흑인폭동이 연이어 발생하였다. 이러한 일련의 사태가 백인들에게는 위협적인 상황으로 인식되었을 것이다.

20) Buchanan은 1991년 12월 미국의 극우 보수세력을 대변하고자 '전통적 가치의 수호', '작은 정부의 실현' 등을 공약으로 내걸면서 공화당대통령후보 지명전에 뛰어들었다가 George Bush에 패했다. 그는 1993년부터 The American Cause라는 보수적 재단을 이끌고 있다.

회보장 프로그램을 삭감하려는 자신의 의견을 뒷받침하기 위해 아시아계의 성취도를 인용하는 메모를 대통령에게 제출했다(Feagin and Feagin 1996: 242). 1984년 대통령 선거전에 나선 레이건(Ronald Reagan)은 기업과 보수세력, 그리고 백인중심의 미국 주류사회의 표를 의식하여 주로 빈민층과 소수민족에게 혜택이 주어지는 사회보장제도에 투입되는 예산 삭감을 정당화하는데 아시아계의 성공사례를 십분 활용하였다. 그때 레이건이 인용한 통계는 1980년 통계국의 자료로서 아시아계 집단의 연평균가계수입($42,250)이 미국 평균($36,920)을 상회한다는 것이었다. 즉 레이건은 이러한 통계를 소수민족이 스스로 노력하면 자신들의 지위향상을 꾀할 수 있음을 입증하는 증거로 이용했던 것이다. 2000년 미국 대통령선거에서도 부시(George W. Bush)는 차별을 받아온 소수민족 중에는 아시아계와 같이 높은 학업성취도와 경제적 상승이동을 보여주는 소수민족의 예가 있음을 상기시키면서, 여타의 모든 소수민족[21]도 스스로의 기대치를 낮추어 잡을 것이 아니라 아시아계처럼 높은 목표를 설정하여 그러한 목표달성을 위해 노력하도록 독려하는 제도의 필요성을 주창하였다. 이러한 예에서 볼 수 있는 바와 같이 결국 아시아계 이민의 성공신화는 미국의 주류사회가 사실상의 흑인집단 우대법의 기능을 했던 차별철폐법(Affirmative Action)의 점진적 철폐와 소수민족을 지원하는 사회보장예산의 삭감과 같은 정책적 수단을 동원하는데 이용함으로서 그들의 이익을 도모하는데 현실적으로 이용되었던 것이다.

21) 여기서 부시가 언급한 '여타의 소수민족'은 불평과 요구사항이 많은 흑인과 히스패닉을 겨냥한 것이다.

6. 열려있는 미래전망

성공적인 소수민족의 이미지는 미국의 주류사회가 만들어낸 일종의 신화(myth)이다. 아시아계 미국인의 이미지는 미국의 국내외 사정이 바뀌는 것에 맞추어 시대에 따라 변해왔다는 것이 이를 말해준다. 이미 앞에서 지적했듯이 아시아계 이민이 주류 백인집단에게 경제적인 위협으로 인식될 때에는 아시아계에 대한 편견과 차별이 극성을 부렸고, 미국의 경제가 상승곡선을 그릴 때에는 비교적 관대한 평가가 고개를 들었다. 1920년대 대공황에 이르기까지 불안정한 미국의 경제상황은 당시 아시아계의 대부분을 차지했던 중국인과 일본인에 대한 편견과 차별을 심화시켰다. 1882년의 '중국인배척법'(the Chinese Exclusion Act)에서 1907년의 '동양인 학교법'(Oriental School Act), 1916년의 '외국인 토지법'(Alien Land Law), 그리고 2차 대전 당시 일본계 미국인의 집단수용에 이르기까지[22] 각종 제도적 장치에 반영된 미국 주류사회의 아시아계에 대한 이미지는 매우 부정적인 것이었다. 아시아계에 대한 이미지가 개선되기 시작한 것은 2차 세계대전 이후였는바 이는 미국의 민권운동이 활발해진 것 이외에 특히 전후 미국의 경제가 상승곡선을 타기 시작한 것과 때를 같이 한다는 사실에 유의 할 필요가 있다. 돌이켜보면 최초의 아시아인이 미국이민으로 첫 발을 내 디딘 이래 지난 120여 년 동안 아시아계 미국인은 미국의 다수집단으로부터 처음에는 도덕을 모르는 야만인으로, 그 다음은 색다른 또는 전통적 문화를 가진 인종으로, 그리고 1960년대 이후에는 성공

22) 1882의 the Chinese Exclusion Act는 중국인 이민을 금지하는 법이고, 1907의 Oriental School Act는 백인과 동양 어린이들의 학교를 분리시키는 법안이며, 1916년의 Alien Land Law는 아시아계의 토지소유를 금하는 법이다. 2차 대전 때는 독일계 미국인과는 달리 일본계 미국인만을 집단캠프에 수용하는 다분히 인종주의적인 정책을 폈다.

적인 모범집단으로 묘사되게 되었다. 그러나 최근 들어 아시아계 이민의 급격한 증가와 미국경제가 안고 있는 불안요인들이 상호작용하면서 아시아계 미국인을 보는 시각에 변화가 오고 있는 조짐이 도처에서 나타나고 있다. 20세기를 넘기면서 아시아계의 이민에 대한 경각심을 자극하는 저술의 증가, 그리고 이민을 반대하는 여론의 형성이 좋은 보기이다(앞장에서 언급한 Brimelow 1995를 참조할 것). 이는 아시아계 이민의 성공 담론이 이제 아시아계에 대한 긍정적 인정이라는 옛 옷을 벗어버리고 점차 아시아계 이민에 대한 질시와 배척이라는 새로운 요소를 더하고 있음을 뜻한다.

아시아계 미국인의 성공신화가 확산되는 것과 병행하여, 아이러니컬하게도, 아시아계를 겨냥한 증오범죄는 1980년대 이후 부쩍 증가하고 있다. 1982년 미국의 대표적 자동차공업도시인 디트로이트(Detroit)시의 한 술집에서 중국계 미국인 빈센트 진(Vincent Chin)이 일본 자동차 때문에 미국의 자동차업계가 어려움을 겪고 있다고 믿고 있는 백인청년들에게 맞아죽은 사건의 사례를 보면, 이들 미국청년들에게는 중국인이나 일본인이 모두 다를 바 없는 것으로 여겨졌던 것이다. 1980년대 중반부터는 하버드와 같은 동부의 명문 아이비리그(Ivy League) 대학들에서 아시아계 학생의 급격한 증가추세에 제동을 걸기 위해 입학제한 조처를 취하기 시작했고, 워싱턴시에서는 흑인지역에서 한국인 가게를 공격하는 사태가 발생하고 로스앤젤리스에서는 '일본인은 돌아가라'는 낙서가 등장했다. 그래서 이미 80년대에 중반 미국의 민권위원회(the U.S. Commission on Civil Rights)는 아시아계에 대한 증오범죄가 전국적으로 일어나고 있음을 확인해주는 보고서를 발간한 바 있다.[23] 아시아계 미국인에 대한 증오범죄가 1970년대 중반

23) Moore, Michael, "Scapegoates again: 'Hate crimes' against Asian-Americans on

부터 고개를 들고, 특히 80년대 이후 갑작스레 증가한 이유로 웡(Wong 1991)은 바로 그 기간 동안에 아시아계 이민이 급격하게 증가했으며, 1970년대 이후 일본이 미국의 경제적 경쟁자로 부각되었고, 최근에는 중국이 미국의 정치적 경쟁자로 급부상함으로서 미국의 주류사회가 일종의 위기의식을 갖게 된 점을 들었고, 그 외에도 미국의 언론매체에서 여전히 나타나고 있는 아시아인에 대한 부정적 고정관념, 아시아계 이민의 성공에 대한 타 인종의 질투심리, 베트남 전쟁의 패배와 같은 과거의 좋지 않은 기억 등을 들고 있다.

결론적으로 말해 아시아계 미국인은 인종적 소수민족(racial minority)이기 때문에 인종적으로 드러나 보이는 집단이며, 따라서 언제든지 미국사회에서 다수와 주류세력으로 군림하는 백인집단으로부터 구별되고 차별의 대상이 될 수밖에 없다. 오늘날에도 아시아계 미국인은 미국사회를 지배하는 대기업, 공공부문, 정치권 등 사회의 주요영역에서 결정권을 행사하는 위치에까지 진출하는데 그리 성공적이지 못하며,[24] 따라서 아시아계 미국인들에게 주어지는 칭찬이나 비난은 모두 다수집단의 이해관계에 따라 언제든지 달리 나타날 것이다. 아시아인은 몇 세대를 미국에서 살았든 '우리'가 아닌 '저들'(others)로 간주되고, 토착민(native)으로 보다는 '내부의 외국인'(alien)으로 객체화되는 풍토가 사라지지 않는 한(최협 1997: 24) 아시아계미국인의 성공

---

the rise." *The Progressive*. February 25, 1998을 참조 할 것.

24) 아시아계의 정계진출은 흑인이나 히스패닉계보다 못하며, 정부의 주요 부처에서도 고위직 진출은 미미한 편이다. 일반 기업이나 재계 전체에서도 사정은 비슷하여 고위 관리직에는 동양인이 드물다. 하나의 상징적 예를 들면, 소수민족의 사회진출에 있어 보이지 않는 장해요인을 조사하기 위해 미의회가 구성한 Federal Glass Ceiling Commission 이 발표한 1995년도의 보고서에 의하면 Fortune지가 선정한 미국의 500대 기업의 최고경영자 중 무려 97%가 백인이었다.

신화는 그저 다수집단이 만들어 낸 신화로 남을 수밖에 없는 이유가 바로 여기에 있다. 그러한 점에서 아시아계 미국인집단이 갖는 특성 중 어느 일면만을 강조하는 담론은 현실을 제대로 반영하지 못한 오류일 뿐만 아니라, 여타의 다른 소수민족 집단들과의 관계를 고려했을 때 그것은 자칫 다른 집단들로부터의 오해와 상호간의 분열을 불러 일으킬 수 있는 역기능을 갖는다 하겠다.

참 고 (“아시아계 미국이민은 성공한 소수민족인가?” 『국제지역연구』 제11권 제4호, 2002년 겨울, 서울대학교 국제지역원, 127-143쪽)

제3부

미국의 한인사회: 성장과 과제

제3부에서는 미국의 한인사회의 형성과정 및 인구·사회·경제적 특성을 개괄해 보고, 미국과 같은 다민족. 다문화사회에서 갈수록 그 중요성이 부각되고 있는 인권과 시민사회의 성장이라는 측면에 초점을 맞추어 한인사회의 과제를 분석적으로 검토하기로 한다.

Chapter 5

미국의 한인사회

1. 역사적 배경

한국과 미국은 1882년 '한미우호통상조약'을 맺은 이래 일제 식민통치기간 동안을 빼고는 매우 긴밀한 관계를 유지해 왔다. 다만 한국과 미국은 지리적으로 멀리 떨어져 있어 한미수교 초기에는 활발한 인적교류를 기대하기가 어려웠다. 수교초기에 미국을 방문하거나 활동한 인사들은 대체로 지식인들로서 비록 그 숫자는 많지 않으나 한국의 개화에 기여한 바가 많았다. 예를 들면 1883년 외교사절 민영환(閔泳瓛)을 수행한 유길준은 미국방문의 일행과 함께 귀국치 않고 남아 2년간 수학한 뒤 1885년 귀국하여 「西遊見聞」을 펴내 서구의 문물을 소개하였다. 19세기말-20세기 초에는 서재필, 박영효, 서광범 등이 갑신정변 실패 후 미국으로 일시 망명하였고 그 후 안창호, 이승만등은 일제 식민통치에 대항하는 독립운동을 미국에서 전개하기도 했다. 이와 같은 소수 지식인들의 미국진출과는 별도로 한국 이민사에 획기적인 일이 있었으니 그것은 1903년 공식적으로 한국의 노동 이민이 하와이로 진출했다는 사실이다.

하와이의 사탕수수재배는 19세기에 붐을 일으켜 노동력 부족현상이 있었고 이에 미국은 중국노동자를 수입하였다. 그러나 중국인 노동자 수가 급증함에 따라 1882년 중국인배척법이 제정되어 중국이민의 길이 막히게 되었다. 일본 노동자의 이민이 이 자리를 메웠는데 1902년 하와이 사탕수수재배 협회는 1902년 5월 한국인 노동자의 모집을 위해 존 대쉴러 라는 사람을 파견했다. 그는 주한 미국공사 호레이스 알렌(Horace Allen)에게 도움을 청하였는바 알렌이 고종에게 청하여 하와이 이민이 이루어지게 된 것이다(Yun, 1977:38). 하와이 이민은 1905년 일본정부의 반대로 중단될 때까지 계속되었다.

1903년 1월 13일 101명의 한국이민이 호놀룰루항에 도착함으로서 한국인의 미국이민 역사가 막을 올렸다. 이들은 하와이 사탕수수 농장의 노동자로 일하기 위한 이민들로서 1903년 일 년 동안 모두 1,133명이 하와이에 도착했다. 하와이로의 노동이민은 1905년까지 계속되어 그 숫자는 7,226명에 이른다. 1905년 이후에는 일본의 방해와 동양이민의 제한으로 인하여 1965년 이민법이 바뀌어 질 때까지 미국으로의 이민은 사실상 거의 중단되었다. 이 기간 동안 미국으로의 이민은 미국시민과의 결혼이나 미국가정으로의 입양, 그리고 유학길에 올랐다가 눌러앉은 경우 등 극히 제한적으로 이루어졌다. 한 자료에 의하면 1882-1940년 까지 미국 유학생 숫자는 891명이라고 한다(최봉윤 1983:78). 해방 후에는 유학생이 크게 늘어나 1945년부터 1965년까지는 약 6천명의 유학생이 미국으로 갔다. 1950년대와 1960년대에는 한국전쟁에 미국이 참전함으로 해서 한국 이민이 증가하였는데 1950년 이래 많은 한국여성들이 미국인과 결혼하여 미국에 갔고 또한 1955

년 이후부터 상당수 한국고아들이 미국가정으로 입양되었다. 1960년대 중반까지 극히 제한적이었던 미국으로의 이민은 1965년 미국의 이민법이 바뀜으로 해서 새로운 전기를 맞는다.

재미 동포의 이민사를 연구한 김형찬(1977) 교수는 한국인의 미국 이민사를 4개의 시기로 구분하여 파악하고 있다.

제1시대 : 미국이민사의 제 1시대는 1902년부터 1905년까지이다. 1902년 12월 22일 제물포에서 한국 역사상 최초로 공식적 노동이민을 실을 배가 하와이로 향해 떠났고, 하와이로의 노동이민은 1905년까지 계속되었기 때문이다. 하와이로 간 이민들은 최초의 계약이 만료된 후 많은 사람들이 미국의 서부지역으로 이주하였고 미국 내에서 한인사회의 발판을 마련하였다.

제2시대 : 이 시대는 1906년부터 1945년까지이다. 이때의 이주자들은 주로 일제의 탄압을 피한 정치적 망명객과 유학생들이었다. 이들은 그 숫자는 적었지만 독립운동을 전개하는 등 활발한 활동을 보였다.

제3시대 : 1946년부터 1965년까지는 대체로 다음과 같은 범주의 이민이 주류를 이루었다. 즉 미국인과의 결혼을 통하여 미국에 갔거나 미국가정에 입양되어 간 고아들, 그리고 유학생으로 갔다가 미국에 정착한 사람들이다.

제4시대 : 1965년 이민법이 바뀌어지면서 대규모의 이민이 가능해진 시기이다. 1965년 이후의 이민들을 크게 나누면 첫째, 미국인과 결혼해서 시민권을 얻은 한국여인들이 초청한 그들의 직계가족, 둘째, 유학생으로 왔다가 시민권을 획득한 사람들과 그들에 의해 초청된 직계가족, 셋째, 고용계약에 의한 이민과 그들의 직계가족, 넷째, 상업 비자나 상업투자로 미국에 활동하다가 영주권을 부여 받은 경우로 분류해 볼 수 있다. 특히 1970년대는 가난을 벗어나 아메리칸 드림을 꿈꾸던 한국인의 집단 이민이 본격적으로 시작된 시기였으며, 이어 1980년대에 가장 많은 수의 한국인이 이민으로 건너와 재미한인사회가 오늘과 같은 모습을 갖도록 만들었다.

이를 다시 요약하면, 1903년 하와이 노동이민으로 시작된 미국으로의 이민은 대부분이 초기에는 주로 농촌지역에서 농업에 종사하는 것으로 시작되었지만 그들이 차차 미국 본토와 도시지역으로 이동하기 시작하였고 1920년대 이후의 이민은 비록 그 숫자가 보잘 것 없는 것이었지만 점차 대도시에 정착하였다. 그리고 늘어나는 인구에 맞추어 1920-1960년까지 미국에는 18개의 한인학교가 설립되었다 (손태근, 1988:76). 1965년 이후에 급격히 불어나기 시작한 한국이민은 로스앤젤리스, 뉴욕, 시카고 등의 주요 대도시에 집중적으로 정착함으로 해서 이제 로스앤젤리스 등지에는 한국인 집단 거주지역(Korea Town)을 형성하였다. 오늘날 미국의 한국이민은 1백만을 상회하는 큰 집단으로 성장하였으며, 해외거주 동포 중 사회, 경제적으로 가장 활력 있는 이민사회를 만들어가고 있는 것으로 평가받고 있다.

2. 인구학적 특성

1) 이민의 크기, 성비 및 교육수준

미국의 한인사회를 이해하는 데는 먼저 인구학적 특성을 살펴보는 것이 순서일 것이다. 왜냐 하면 인구학적 요인은 사회 분야의 분석에 있어서 가장 객관적인 자료임에 틀림없고, 인구의 크기, 연령, 성, 학력, 가구 등에 대한 분석은 이를 구성하고 있는 사회의 성격을 파악하는데 중요한 단서를 제공해 주기 때문이다.

재미 한인사회의 인구학적 특성으로 우선 지적될 수 있는 것은 인구의 성장 시기이다. 이미 앞에서 지적했던 바와 같이 1902년 처음 한국의 이민이 시작된 이후 1905년까지 약 7천 명의 한인 이민자가 하와이에 왔으나 20세기 초반까지의 이민자 수는 극히 소수에 불과했다. 왜냐하면 20세기 초반, 특히 1920년대 이후에는 동양인의 이민이 법적으로 제한되었기에 본격적인 이민은 1965년 새 이민법이 발효될 때까지 이루어질 수 없었다. 이는 한국계 이민에만 적용되는 것이 아니었고 동양계 전체에 해당되는 것이었기에 미국 사회의 이민에 대한 정책이 다분히 차별적인 것이었음을 알 수 있게 해 준다. 이를 뒷받침해 주는 자료는 1950년대와 1980년대에 있어서 이민자들의 출신 지역별 분포에 관한 통계이다(〈표 5-1〉 참조). 〈표 5-1〉을 보면 1965년 이민법이 개정되기 이전에는 아시아로 부터의 이민이 6%에 머물러 있었다가 이민법 개정으로 동양계이민에 대한 차별이 철폐된 뒤로 아시아의 이민이 폭발적으로 증가한 것을 알 수 있다.

〈표 5-1〉 미국 이민의 출신 지역별 분포: 1950년대와 1980년대(%)

	1951 - 60	1980 - 1989
아시아	6	42
남미	25	42
유럽	52	11
아프리카, 기타	2	3
카나다	15	11

자료: William P. O'Hare and Judy C. Felt. Asian Americans: *America's Fastest Growing Minority Group*. (Washington, 1991), p. 6

1965년 이민법 개정 이전에도 1950년대와 1960년대의 한국 이민은 한국전쟁에 미국이 참전함으로 해서 약간의 증가가 있었다. 즉 1950년부터 1964년까지 37,063명의 한국 여성들이 미국 군인과 결혼하여 미국에 왔고 1955년부터 1966년 사이에 6,293명의 한국 고아들이 미국 가정으로 입양되었다. 또한 이 기간 동안에 이민은 아니지만 유학생의 숫자도 증가하여 1945년부터 1965년 사이에 약 6,000명의 유학생이 미국으로 왔다. 그리고 한국인 의사들의 취업 이민도 1960년대에는 크게 늘었다. 그러나 앞에서도 수차 지적했듯이 본격적인 이민의 시작은 1965년 이민법 개정 이후부터라 하겠다. 〈표 5-2〉는 미국 이민국의 통계자료에 나타난 한국 이민의 숫자이다.

〈표 5-2〉 한국 이민자의 년도 별 숫자

년도	이민자 수
1951~1960	6,231
1961~1970	34,526
1971~1980	267,638
1981~1990	333,746
1991~2000	164,166
2001~2005	97,164
2009	25,859

자료: 미국 이민국 통계연보, 2001, 2005, 2009

위의 표에서 볼 수 있는 바와 같이 한국이민이 본격적으로 증가한 것은 1970년대이고, 그것이 1980년대에 피크를 이루었다가, 1990년데 들어서 감소하기 시작했다. 참고로 한국인들의 미국영주권 취득은 1940년대 83명으로 시작, 50년대 4845명, 60년대 2만7048명으로 늘어났다. 특히 미국이 이민문호를 개방한 70년대에 들어서면 그 숫자가 크게 불어나 24만1192명, 그리고 1980년대에는 다시 32만2708명으로 급증했다. 90년대 들어서는 17만9770명으로 줄었다가 2000년 이후 2008년까지 8년 동안 15만8021명으로 약간 늘어나는 추세를 보였다. 이는 1980년대에 가장 많은 사람이 이주했으며, 1990년대 이후로는 한국사회의 발전이나 IMF위기 등 여러 상황이 변화함에 따라 미국으로의 이민에 대한 인식 또한 바뀌어 왔음을 시사해 준다. 다만 2009년도에도 2만이 넘는 이민이 이루어진 것으로 보아 이민의 물결은 아직 멈추지 않았음을 알 수 있다.

이처럼 한국인의 미국 이민이 절정에 달했던 시기는 1980년대로서 1980년대의 한국 이민자의 숫자는 다른 아시아 국가들과 비교했을 때에도 적은 수가 아니다. 80년대 전체를 통하여 한국계 이민자의 수는 베트남, 필리핀, 중국(대만, 홍콩, 동남아 화교 등을 포함)에 뒤이어 제4위를 점하고 있다(〈표 5-3〉 참조). 그리하여 미국의 한인 사회는 1980년대 이후 급속한 양적 팽창을 통해 그 숫자에 있어서는 일본계 집단에 버금가는 규모로 성장하게 되었다.

1980년 들어 년 간 3만 명을 상회하는 이민자의 증가에 힘입어 재미한인의 숫자는 이제 1백만 명을 넘은지 오래다. 미국 인구센서스국의 2000년도 자료에는 한인은 1백7만6천8백72명으로 집계되었는데 이는 10년 전인 1990년(79만8천8백49)에 비해 34.8%(27만8천23명)나 증가한 것이다. 그리고 다시 2010년 센서스에서는 한인의 숫자가 142만 명으로 10년 사이에 약 35만 명이 불어난 것으로 나타나고 있다. 이러한 센서스국의 자료는 합법적인 이민자만을 포함하기 때문에 미국의 한인 이민자 수는 공식적인 통계치를 훨씬 웃돌 것이라 생각한다. 참고로 한국 외교부는 2년에 한번씩 '재외동포현황'을 발표하고 있는데, 외교부의 발표에 의하면 미국 내 한인 인구는 2001년 215

〈표 5-3〉 동양계 이민의 국가별 분포: 1980-1989

국 가	숫자	%
베 트 남	679,378	24
필 리 핀	473,831	17
중 국**	433,031	15
한 국	338,891	12
라 오 스*	256,727	9
인 도	253,781	9
캄보디아*	210,724	7
기 타	61,699	2
태 국	59,638	2
파키스탄	55,900	2
일 본	41,739	1
합 계	2,865,339	100

자료: William P. O'Hare and Judy C. Felt. Asian Americans: America's Fastest Growing Minority Group. (Washington, 1991), p. 2

* 난민의 숫자도 포함됨.

** 대만, 홍콩, 마카오의 중국인과 동남아에서 오는 이민 중 중국계로 분류되는 자 포함.

만 명, 2003년 216만 명, 2005년 209만 명, 2007년 202만 명 그리고 2009년에는 243만 명이라는 통계를 내놓고 있어 미국센서스국의 자료와는 큰 차이를 보여주고 있다. 그러면 이러한 차이는 어디에서 기인하는 것인가? 한국 외교통상부는 재미한인 숫자를 정부수립 이후의 여권발급 숫자를 근거로 산정한다고 한다. 그러하니 한국정부의 통계는 불법체류자, 사망자, 제3국으로 이주 해 간 사람이나 역이민으로 한국으로 돌아간 사람까지 다 포함된 것이고, 미국의 통계는 2000년 당시 미국에 현존하는 한인을 대상으로 한 것이므로 두 통계가 다를 수밖에 없다. 문제는 인구의 단순한 규모보다는 성비나 연령비 등 한

집단이 보여주는 여러 가지 인구학적 특성에 대한 분석이 그 집단의 성격을 이해하는데 더 중요하다는 점에서 이제 재미한인의 인구학적 특성을 살펴 볼 필요가 있다.

어느 집단을 막론하고 인구학적 특성을 살펴볼 때는 집단의 성비와 연령 분포를 분석하여야 한다. 〈표 5-4〉는 1958-1977년까지 한국 이민의 성비를 연령별로 집계한 미국 이민국의 자료이다.

〈표 5-4〉 한국이민의 성별, 연명별, 연도별 집계

연령 / 성 / 연대	계		5세 이하		5~9		10~19		20~29	
	남	여	남	여	남	여	남	여	남	여
1958	425	765	217	267	81	73	23	39	46	322
1959	427	993	212	395	82	84	41	41	44	402
1960	364	1,143	146	331	73	76	37	48	60	560
1961	434	1,100	205	434	78	101	41	61	53	344
1962	361	1,177	113	209	64	76	41	63	75	595
1963	608	1,972	88	238	83	96	69	117	182	1,198
1964	453	1,909	131	272	77	130	79	156	80	1,071
1965	404	1,761	123	248	81	93	57	141	51	939
1966	595	1,897	95	238	67	119	80	144	105	937
1967	1,218	2,738	127	261	144	176	133	256	194	1,327
1968	1,118	2,693	148	309	121	171	139	223	224	1,356
1969	1,873	4,172	238	455	231	249	194	353	387	2,131
1970	3,042	6,272	392	649	348	450	332	556	695	3,090
1971	5,119	9,178	631	1,052	613	704	598	861	981	4,176
1972	7,218	11,658	987	1,675	737	910	922	1,202	1,405	4,743
1973	8,856	14,074	1,521	2,284	1,029	1,039	1,356	1,756	1,633	5,109
1974	11,163	16,865	1,814	2,569	1,451	1,393	1,920	2,302	1,856	5,959
1975	11,868	16,494	2,072	2,867	1,594	1,641	2,268	2,500	2,099	5,161
1976	11,983	18,820	2,453	3,431	1,547	1,533	2,042	2,548	2,236	6,082
1977	12,116	18,801	2,065	3,239	1,560	1,568	2,147	2,580	2,373	6,335

〈표 5-4〉 계속

연령 / 성 / 연대	30~39		40~49		50~59		60~69		70~79		80이상		미확인	
	남	여	남	여	남	여	남	여	남	여	남	여	남	여
1958	43	50	8	12	6	1	-	-	-	1	-	-	1	-
1959	36	60	8	8	3	-	-	1	1	-	-	-	-	1
1960	38	113	3	11	4	3	3	1	-	-	-	-	-	-
1961	40	94	7	10	3	3	5	2	2	-	-	-	-	-
1962	57	119	7	11	1	9	2	4	1	-	-	-	-	1
1963	157	282	20	16	4	11	5	11	-	3	-	-	-	-
1964	63	234	9	25	6	9	5	5	1	5	-	2	-	-
1965	71	257	8	13	4	7	2	12	1	1	1	-	-	-
1966	208	349	28	22	6	18	3	18	3	2	-	-	-	-
1967	516	588	80	65	13	34	9	28	2	2	-	1	-	-
1968	387	494	60	63	18	45	15	21	-	8	-	3	-	-
1969	654	761	117	108	32	63	18	40	2	11	-	-	-	-
1970	935	1,153	183	196	72	99	25	64	8	13	-	2	-	-
1971	1,828	1,830	300	309	97	131	51	83	18	29	2	3	-	-
1972	2,307	2,202	529	470	170	247	85	151	17	51	2	7	-	-
1973	2,228	2,378	697	640	227	433	137	303	25	71	3	11	-	-
1974	2,634	2,966	1,009	880	293	403	147	310	34	75	5	8	-	-
1975	2,328	2,666	969	854	325	378	167	325	42	89	4	13	-	-
1976	2,165	2,562	906	894	349	521	225	402	50	111	6	14	-	-
1977	2,132	2,561	1,018	965	429	595	302	582	84	164	6	12	-	-

자료: 이광규, 『재미 한국인』, 1985, p. 72.

〈표 5-4〉에 따르면 1958년 이래 한국으로 부터의 이민은 전체 년도를 통하여 매년 여자가 남자보다 훨씬 많았고 동시에 어린 아동의 비율이 높다는 특성이 두드러진다. 이는 1960년대까지는 미군과 결혼한 한국 여성들의 이민 숫자가 많았고, 1962년부터 1983년까지는 미국에 입양된 고아들이 무려 45,142명이나 되는 것과 관련이 있을 것이다. 특히, 5세 이하의 입양아 중에는 여자가 많았다는 사실도 지적되어야

겠다. 70년대 이후에도 여성의 이민자 수가 높게 나타나는 것은 첫째, 70년대에 많은 수의 간호원들의 이민이 있었고, 둘째, 미국으로 먼저 이민 온 남성들이 배우자를 한국에서 구하는 경향이 있었기 때문에 그렇다는 견해가 지배적이다. 〈표 5-4〉는 또한 재미 동포 집단의 인구 중 남자의 경우 20대와 30대에 분포된 숫자가 월등히 많다는 것을 보여주고 있다. 이는 미국으로의 이민은 노동력이 왕성한 청년기의 사람이 주류를 이루고 있음을 말해 주는 것이다. 전반적으로 보아 연령으로 본 이민의 경향은 1960년대 전반까지는 연소자가 다수를 점하였으나 1970년에 들면서 전 연령층으로 그 분포가 넓어지는 경향을 보이며 60세 이상의 노년층도 증가세를 보인다. 이는 가족이민 등이 증가하고 이민자들이 정착해 감에 따라 재미 한인 사회의 인구구조도 점차 정상적인 분포로 그 방향을 잡아가고 있음을 시사해 주는 것이다. 한국의 이민이 1970년대 이후 꾸준히 가족단위 이민으로 바뀌어 왔다는 사실은 1980년대의 자료가 더욱 확실히 뒷받침해준다. 80년대의 한국이민 통계를 성별, 연령별로 그 비율을 분석해 보면 특히 20대 연령층에서의 성비 불균형이 크게 개선되었고 30대 이민의 비중이 그전에 비해 상대적으로 불어나고 있다. 80년대에 들어서면 이제 확실하게 미국으로의 이민이 정상적인 가족이민으로 자리 잡게 된 것이다(〈표 5-5〉참조). 80년대에는 매년 3만 명 이상이 이민으로 입국하였기에 성비, 연령비의 변화를 쉽게 파악할 수 있게 하기 위하여 〈표 5-5〉에서는 이민자의 숫자대신 그 비율을 나타내도록 하였다.

한국계 이민의 분류를 미국 이민국의 기준으로 살펴보면, 1960년대까지는 전문직이나 미국이 필요로 하는 직종의 직업을 확보하여 이주해 온 경우가 많았으나(1966-68년에는 이러한 부류가 한국계 이민의 73%였음.) 점차 미국시민권자와 영주권자의 친척과 직계가족 초청

〈표 5-5〉 1980년대 한국 이민의 성별, 연령별, 연도별 집계 (%)

연도	성	19세 이하	20-29	30-39	40-49	50-59	60	계
1982	남	14.7	11.4	5.5	3.5	2.2	3.0	40.3
	여	18.0	19.7	6.8	4.0	4.7	5.6	59.7
1983	남	17.0	10.1	6.1	4.1	2.1	2.5	41.7
	여	21.0	18.1	7.2	4.3	3.6	3.9	58.1
1984	남	17.8	9.4	5.9	4.0	2.0	2.6	41.7
	여	21.8	17.3	7.2	4.2	3.8	4.0	58.3
1985	남	18.2	9.4	6.0	3.8	2.0	2.7	42.0
	여	20.7	16.9	7.6	4.1	4.0	4.7	58.0
1986	남	18.2	8.7	6.4	3.7	2.3	3.2	42.5
	여	20.8	15.5	7.4	3.9	4.7	5.2	57.5
1987	남	18.2	8.9	6.3	3.8	2.3	3.2	42.7
	여	20.2	15.9	7.5	4.2	4.5	4.9	57.3
1988	남	18.5	7.2	7.0	4.7	2.8	3.0	43.2
	여	19.5	14.5	8.3	5.2	4.6	4.8	56.8
1989	남	17.0	8.0	7.6	5.2	3.6	3.2	44.6
	여	16.2	15.2	9.1	5.5	4.5	4.8	55.4

자료 : Hyung Sook Kim and Pyong Gap Min. 1992., p.130

이민으로 바뀌어 간 것으로 나타난다. 예를 들면, 1977년 한국계 이민자의 91% 가량이 가족 및 친척의 초청 이민으로 바뀌었다. 그럼에도 불구하고 미국으로 이주하는 한국인들은 비교적 높은 학력과 전문직의 경험을 갖는 비율이 높은 것으로 보아 일반적으로 대다수가 중산층의 배경을 갖는 짓으로 판난된다. 이를 뒷받침 해주는 자료나 연구결과는 다음과 같은 것들이 있다. 시카고에서 조사된 바에 의하면 조사대상 한인의 50%가량이 한국에서 전문직, 행정직, 관리직에 해당되는 직업을 가졌던 것으로 나타났으며(Hurh and Kim 1988), 1986년 로스엔젤레스에서의 조사 역시 비슷한 결과를 보여주고 있다(Min 1989).

한국계 이민의 또 다른 하나의 특징은 그들의 상대적으로 높은 교육 수준이다. 〈1970년 미국의 인구조사 자료〉를 살펴보더라도 이것이 잘 드러나고 있다. 1970년 25세 이상 성인들 중 4년제 대학을 마친 인구 비율은 한국계가 36.3%, 중국계 25.6%, 일본계 15.9%, 백인계 11.6%, 그리고 흑인계가 4.5%로 한국계의 교육 수준이 상당히 높은 것을 알 수 있다. 〈1980년 미국 인구조사 자료〉에서는 대학이상의 학력소지자가 31.6% 로 약간 낮게 나타났으나 25세 이상 미국전체 인구 중 4년제 졸업자의 비율이 16.2%인 것을 감안한다면 이 역시 매우 높은 비율이다.

미국 통계청의 〈1980년 인구조사 자료〉에 기초하여 한국계 이민자들의 가구주를 성별로 보면 남자가 가구주로 된 가구가 72.0%, 여자가 가구주로 된 가구가 11.2%, 그리고 독신자 가구가 16.8%라 한다. 이는 다른 아시아계 이민 집단에 비했을 때 남자 가구주의 비율이 가장 높은 것으로써 (필리핀인 70.9%, 월남인 69.5%, 일본인 60.7%, 백인 63.4%, 흑인 42.7%) 가족이 미국에서도 한국에서와 같이 강한 결속력을 유지하고 있다는 것으로 풀이된다.

이상과 같은 자료들에 근거하여 재미 동포 사회의 인구학적 특성은 다음과 같이 요약할 수 있다. 재미 한인은 최근 크게 증가한 새로운 이민 집단으로 이민 역사가 짧은 만큼 평균 연령이 비교적 낮다. 재미 한국인은 가족 성원의 수가 다른 집단에 비해 상대적으로 많은 편이고 부계 가족이 많으며 교육 수준이 높다. 높은 교육 수준을 고려했을 때 재미 한국인은 다른 아시아계 소수 민족보다 고용에서 불리하고 수입 면에서도 뒤떨어진 것으로 나타나는데, 이는 인도, 홍콩, 필리핀 등지에서의 이민자들은 언어의 문제가 비교적 적으나 한국계 이민자들은 문화가 다르고 특히 언어 문제가 심각하기 때문인 것으로 보인다(이광규, 1989:105-106).

1965년 이후 미국의 한인 사회는 꾸준한 양적 성장을 기록하였으나 90년대에 들어서 미국으로의 이민은 주춤하고 있다. 한국의 경제성장으로 인하여 이민에 대한 매력이 줄어들었을 뿐 아니라 최근 미국 내에서 일고 있는 반이민 무드에 대한 소식은 미국 사회에 대한 불안한 전망으로 이어졌으며, 결과적으로 이민의 앞날이 밝지만은 않다는 사실을 조금씩 깨닫기 시작한 것이다. 이를 반영이나 하듯 90년대 중반 워싱턴포스트지(1995년 5월 7일자)는 "근면과 성실로 미국의 도시 경제발전에 크게 기여해 온 한국인 소상인들이 갈수록 악화되는 영업 환경으로 인해 많은 수가 도산했으며 이들 중 일부는 미국을 떠나고 있다"고 보도하고 있다. 이 보도에 따르면 91년과 94년 사이에 뉴욕에서만 매년 약 1천 가구 정도가 한국으로 되돌아갔다고 한다. 이는 1980년대 절정에 이르렀던 미국으로의 이민이 1990년도 후반에 들어서면서 그 열기가 식어가는 추세로 바뀌어 지고 있을 가능성을 말해준다. 그러나 다시 최근의 인구통계자료를 보면 미국 내의 한인 불법체류자가 증가했다는 것을 보여주고 있기에 한국인의 미국으로의 이민 추세가 지속적으로 크게 감소할지는 아직 결론을 내기에 이른 감이 있다. 즉 미 국토안보부가 2009년에 발표한 '2008 미국 불법체류 이민자 인구통계' 보고서에 따르면 지난 2008년 1월 현재 미국 내 전체 불법체류자가 1천160만 명에 달하며, 불법체류자의 출신 국가별 분포는 멕시코(703만), 엘살바도르(57만), 과테말라(43만), 필리핀(30만), 온두라스(30만)에 이어 한국이 24만 명으로 6위를 기록하고 있다. 2007년 센서스 조사 결과 미국 내 한인 인구가 134만4천171명으로 집계됐던 것을 감안할 때 한인 불법체류자는 전체 한인 인구의 18%를 차지하고 있는 셈이다. 또한 지난 2000년 조사에서는 미국 내 체류 중인 한인 불법이민자가 18만 명이었으므로, 불법체류자가 8년 만에 37%가 늘어난 것이다. 불법체류자가 늘었다는 사실은 한국에서 미국으로의 이민물결이 아직은 끊이지 않았다는 것을 말해준다 하겠다.

2) 지역적 분포

1977년도 미국 이민국의 통계에 의하면, 미국으로의 모든 이민들 중 65%가 다음의 5개 주에 정착한다고 한다: 캘리포니아 21%, 뉴욕 19%, 플로리다 12%, 뉴저지 7%, 일리노이 5%, 그런데 한국계 이민자들의 경우에는 오직 50% 미만만이 상기의 5개 주에 정착한 것으로 나타나고 있다(캘리포니아 24%, 뉴욕 8%, 일리노이 7%, 하와이 5%, 텍사스 4%). 이는 한국계 이민자들은 이민 전체 평균에 비했을 때 보다 광범위한 지역으로 분산하여 정착한다는 것을 의미한다. 사실 재미 한국인의 경우 로스엔젤레스와 뉴욕, 시카고 등 몇 지역에 한인 집중 현상을 보이고 있으나 그 집중율은 타민족에 비해 상대적으로 낮은 편이며 미국 50개 전 주(州)에 널리 분포되어 있다.

재미 한국인들이 지역적으로 널리 분포되어 거주하는 이유를 사회학자 유의영(1984) 교수는 다음과 같이 네 가지로 지적한바 있다. 첫째는 이민의 역사가 짧기 때문에 차이나타운(China town)이나 리틀 도쿄(Little Tokyo)와 같은 민족 거주 지역이 발달되어 있지 않아 70년대 이후에서야 로스엔젤레스 등지에 한인 밀집 지역이 형성되기 시작하였고, 둘째 한국에서 6.25 및 산업화 과정을 통하여 지역적 이동의 경험이 있었으며, 셋째 교육 수준과 거주 지역의 분산은 상관관계가 있고, 넷째 50년대부터 70년대까지 많았던 국제 결혼한 여성들과 입양아들이 지역적으로 분산되어 정착했기 때문이라는 것이다.

거주 지역의 분산은 미국 같은 다민족 사회에서 생활하는데 있어 다른 민족들과의 접촉을 촉진시켜 준다는 점에서 장점이 될 수 있으나 유의영 교수는 이 또한 불리한 요인이 될 수도 있다고 말한다. 즉 거주지가 분산되어 있기 때문에 정치적 세력 집단을 형성하기 어렵다는 점이 있고, 정치적 세력화를 못하면 한인 사회가 소외되기 쉬우며, 지역적 구심점이 없으면 자라나는 세대에게 한국적 정체성을 심어주는데 불리하다는 것이다.

재미 동포의 거주 지역 및 지리적 이동과 관련하여 마지막으로 지적될 수 있는 것은 한인들은 지리적 이동이 매우 활발한 집단이라는 점이다. 예컨대, 로스엔젤레스에서 유의영 교수가 행한 조사에 의하면, 전형적인 이민자는 코리아타운과 같은 지역에 처음 정착하여 미국에서의 생활을 익힌 후 다른 지역으로 이주해 가는 유형이 두드러지는 것으로 나타났다. 즉 한국으로부터의 이민은 처음 로스엔젤레스의 한인이 많이 살고 있는 6개 우편번호 지역 내에 정착하는 경향을 보였으나 그 곳에서 5년 이내에 다른 곳으로 이주하는 사람이 89%에 달했다. 그러한 점에서 한국계 이민은 아직까지는 사회적, 지리적 상승 이동을 하고 있는 집단으로 간주하는 것이 크게 틀리지 않는 것 같다.

미국의 2000년도 인구센서스에 따르면 한국 출신이 107만 6000명이며, 미국 전체 인구의 0.38%를 차지하는 것으로 나타났다. 한인들의 지역분포는, 먼저 주요 도시별로 보면 로스엔젤레스가 25만7975명(23.96%)으로 가장 많고, 이어 뉴욕 17만509명(15.83%), 워싱턴DC 7만4454명(6.91%), 샌프란시스코 5만7386명(5.33%), 시카고 4만6256명(4.3%), 시애틀 4만1189명(3.82%), 필라델피아 2만9309명(2.72%), 애틀랜타 2만2317명(2.07%) 등으로 나타난다.

2000년 통계에서 한인의 지역적 분포를 주별로 비율을 살펴보면 미국 내 한인 동포의 43%는 캘리포니아와 뉴욕에 거주하고 있고, 한인 동포의 4분의 3가량이 캘리포니아, 뉴욕, 뉴저지, 일리노이, 워싱턴, 텍사스, 버지니아, 메릴랜드, 펜실베이니아, 조지아 등의 10개주에 거주하고 있다. 〈표 5-6〉은 한인분포의 변화가 크게 보아 미국 중서부인구는 줄고 남부와 서부의 인구가 증가하고 있음을 보여주고 있다.

〈표 5-6〉 1970~2008 지역별 한인 인구 분포

지 역	1970년	1980년	1990년	2000년	2008년
중서부	19.1%	17.5%	13.6%	12.3%	11.5%
북동부	20.1%	19.2%	22.8%	22.9%	20.2%
남 부	18.2%	19.9%	19.2%	20.8%	22%
서 부	42.6%	43.4%	44.4%	44%	46.3%

자료: 미국인구센서스 년도 별 통계를 정리

재미한인의 지역적 분포는 여전히 로스엔젤레스, 뉴욕, 시카고 등 과거 전통적인 한인 밀집지역에 상당히 집중되어 있는 경향을 1960년대 이래 일관되게 보이고 있으나, 2000년을 기점으로 약간의 변화가 감지되고 있다. 즉 전통적인 이민 통로였던 관문도시(Gateway City)에 정착하는 한인은 감소하는 반면, 비 관문도시는 한인 인구가 눈에 띄는 증가를 보이고 있는 것이다. 특히 2000년을 기점으로 과거에는 대도시 쏠림현상이 두드러졌지만 이후로는 중소도시를 첫 정착지로 선택하는 한인이 늘고 있다. 실제로 로스엔젤레스, 뉴욕, 워싱턴, 샌프란시스코, 시카고, 필라델피아, 호놀룰루 등 7개 관문도시 거주 한인은 1990년도 연방센서스 자료에서는 미 전국 한인 인구의 59.9%를 차지했었다. 이후 2000년도까지는 그 비율이 전체의 61%로 늘어나는 듯 했지만 2008년 조사에서는 56.4%로 크게 감소하였다. 이중 샌프란

시스코와 호놀룰루를 제외한 5개 도시가 모두 한인 인구 감소를 보였다. 다만 과거보다 한인 인구가 다소 줄긴 했지만 로스엔젤레스는 미 전체 한인의 22.6%인 31만 여명이 정착하고 있어 여전히 미국은 물론, 한국을 제외한 세계에서 가장 많은 한인이 살고 있는 도시임을 보여주었다. 반면, 애틀랜타, 댈러스, 시애틀 등 비 관문도시 거주 한인 인구 비율은 2008년 기준 10%를 차지, 2000년도 7.6%보다 1.3배(32%), 1990년의 5.7%보다는 1.8배(75.4%) 가까운 성장을 보였다. 이외 캘리포니아 샌디에고, 콜로라도 덴버, 애리조나 피닉스의 한인 인구 증가 속도도 괄목할만하다. 이러한 중소도시로의 분산 현상에 대해 뉴욕 퀸스 칼리지의 재외한인사회연구소 소장인 민병갑 교수는 ① 전통적인 공업지역의 일자리 감소, ② 금융위기 극복을 위해 생활비 부담이 적은 도시의 선호, ③ 한인 마켓과 인터넷 보급, 한국 TV 방송 시청지역의 전국적 확산으로 인한 생활불편해소가 그 이유일 것이라는 분석을 내 놓았다.

흥미롭게도 미주한국일보의 보도에 의하면 관문도시와 비 관문도시 거주 한인의 사회 · 인구학적 특징에도 일정한 차이를 보여주고 있다. 즉 고령층 한인 1세일수록 여전히 로스엔젤레스나 뉴욕 같은 관문도시에 거주하는 비율이 높은 반면 1.5세와 2세 등 영어에 능통한 한인과 3년 미만 된 신규 한인 이민자는 비 관문도시를 선호하는 성향이 두드러지고 있다. 이는 이러한 변화의 양상이 앞으로 더욱 두드러질 가능성이 있음을 시사해 준다. 또한 비 관문도시 거주 한인일수록 타 인종과의 국제결혼 비율은 3배가량, 가정 내 영어사용 비율은 2배 가까이 높은 것으로 나타났다. 그리고 기존 관문도시보다 상대적으로 저렴한 물가에 생활비 부담은 적고 고소득을 올리는 전문직 종사자가 더 많아 주택소유율도 한층 높은 것으로 조사됐다(아래 〈표 5-7〉 참조).

〈표 5-7〉 전통적인 한인 이민자 관문도시와 비 관문도시의 사회 · 인구학적 차이

항 목	관문도시	비관문도시
25세 미만 연령층	29.7%	35.5%
65세 이상 연령층	10.4%	6.9%
여성	53.1%	55.9%
1세 한인	56.2%	50.5%
1.5세 한인	19%	25.9%
3년 미만 신규 이민자	6.7%	14.1%
한인 1,000명당 혼혈한인	51명	185명
가정 내 영어 사용	15.2%	28.6%
타인종과 결혼	13.9%	38.3%
고학력	39.5%	34.5%
매니저급 직장인	18.4%	12.7%
전문직 종사자	9%	11%
자영업자	21.5%	16.6%
주택소유주	55.9%	62.5%

자료: 미주한국일보 2010년 3월 19일자

미국에 거주하는 한국인 총: 142만3784명 (2010년 4월 1일 기준, 단위:명)

자료: 미연방센서스국의 '2010 인구조사'

〈그림 5-1〉 재미한인의 지역적 분포

3. 사회 · 경제적 특성

1) 한국 이민의 사회적 특성

미국에는 중국 다음으로 가장 많은 한인 동포들이 살고 있다. 다른 나라의 한인 동포 사회에 비하였을 때 재미 동포 사회가 나른 점은 중국, 구소련, 일본의 동포 사회는 현재 대부분 2세와 3세 즉 이민 1세의 후손들이 주류를 이루고 있는데 반하여, 미국은 한국으로부터의 대량 이민의 역사가 짧기 때문에 이민 1세가 중심이 되어 형성되었다는 사실이다. 역사적으로 중국, 일본, 그리고 구소련으로의 이주는 19세기 말부터 큰 규모로 시작되어 해방 이후 완전히 중단된 반면 미국으로의 이민은 1965년 미국의 인종차별적인 이민법이 개정된 이후에야 비로소 본격적인 대규모 이민이 시작되었다. 또 한 가지 미국으로의 이민이 다른 점은 해방 이전의 이민은 주로 한말의 실정과 일제의 탄압을 배경으로 농토를 잃은 농민, 강제 동원된 노동자, 일제에 대항한 독립운동가 등이 주류를 이룬 이민으로서 그들의 이민이 자발적이기 보다는 불가피했던 측면이 강하였다. 그에 비하면, 근래 미국으로의 이민은 자발적이고 선택에 의한 것이었다. 즉 미국으로의 이민은 이민의 손익을 스스로 따져 보고, 보다 나은 삶과 자녀들을 위한 교육 기회를 염두에 두고 이루어졌다. 따라서 미국의 한인들은 경제적 활동 연령층(25세부터 60세)의 절반 이상이 한국에서 대학 교육을 받은 사람들로 구성되어 있다. 이는 미국으로의 이민은 소위 '중산층의 꿈'을 가지고 이루어졌음을 말해 주는 것이다. 마지막으로, 미국으로의 이민은 도시 생활의 경험을 갖는 사람들이 미국의 도시 지역으로 이주한 것이 주류를 이룬다는 점에서 다른 국가로의 이주와 대조된다. 과거 중국과 구소련으로의 이민은 농업 이민의 성격이 짙었고 당시의 도시화나 산업화 정도가 낮았으므로 대부분은 농촌에서 농촌으로의 이주를 의미했다. 일제하 일본으로의 이주는 대다수가 단순노동을 위한 이동이었기에 한국의 농촌에서 일본의 도시로 이동한 경우가 많았다. 또한 일본으로의 이주는 그것이 흔히 강요된 것이었기에 강요된 도시 생활에의 적응은 특히 어려움이 컸을 것이다. 1960년대 이후 미국으로의 이민은 주로 도시 경험이 있는 한국인들이 미국의 도시로 이주하는 형태를 취하고 있다는 점에서 상대적으로 유리한 상황이었다고 말할 수 있다.

미국의 한국 이민은 이미 지적한 바와 같이 1965년 이후에 이주해 간 사람들과 그 후손들로 구성되어 있다는 특성 때문에 아직도 그들은 새로운 사회와 문화에 적응해 나가는 초기 단계에 머물러 있다고 보아도 무방할 것이다. 그러나 한국의 이민은 한국에서 이미 높은 수준의 교육을 받고 도시의 경험이 있는 사람이 압도적으로 많기 때문에 미국 대도시의 삶에 비교적 잘 적응해 온 것으로 평가되고 있다. 실제로 미국에서 정신의학을 전공하고 있는 박영수(1991)박사에 의하면 비록 그 표본이 큰 것은 아니지만 그가 조사 대상으로 한 한인들에게 "미국에 이민 온 것에 얼마나 만족하고 있느냐?"라고 질문한 것에 대해 35%가 '대단히 만족 한다', 또 다른 35%가 '그런대로 잘했다'라고 답한 반면, '잘 모르겠다'는 20%, 그리고 '후회 한다'는 8%로 응답했다고 한다. 이는 대부분의 재미 한인들은 이민 생활에 만족하고 있는 것으로 풀이된다.

그러나 이민 과정이 모두 만족스럽고 순탄한 것은 아니다. 허원무와 김광정(1978;1980;1981)교수가 로스엔젤레스와 시카고 등지에서 행한 경험적 조사를 통해 밝힌 바로는 이민 생활의 적응에는 세 단계가 있다고 한다. 제1단계는 위급 단계(Exigency Stage)로 이민 초기 1-2년

간이다. 이때는 새로운 환경에 적응하고 경제적 안정을 확보해야 하는 가장 힘든 단계이다. 제2단계는 해결과 낙관의 단계(Resolution/Optimism Stage)로 초기의 어려움을 극복하고 안정을 이룩해 감에 따라 이민 생활에 자신감도 생기고 희망찬 계획을 실천에 옮기기도 하는 시기이다. 이때에는 이민 생활에 보람을 느끼고 생활면에서 즐거움을 찾기도 한다. 제 3단계는 침체단계(Stagnation)이다. 이민 생활 15년이나 그 이상 되는 시기가 여기에 해당된다. 이때는 이민 생활이 절정에 도달하여 더 이상의 발전도 없어 실존적인 공허감을 체험하는 시기이다. 이러한 경험은 특히 전문직에 종사하는 사람들이 더 이상 진급이나 발전 가능성이 없음을 확인하면서 더욱 심각하게 나타난다고 한다.

미국에 거주하는 한인 동포들의 사회적 특성을 지적하는 방식은 관점이나 학자에 따라 다를 것이다. 어쩌면 다양한 집단으로 성장한 한인 사회의 특성을 단적으로 말한다는 것은 현상을 너무 단순화하는 것이라고 비판받을 지도 모른다. 이러한 점을 감안하면서 조정문 교수(1990)는 한국계 이민자의 특성을 이민 역사의 짧음, 가족원간의 유대 강화, 대도시 집중, 그리고 지위 불일치를 지적할 수 있을 것이라는 견해를 피력하였다.

이민 역사의 짧음 : 한국계 이민자의 대부분은 1965년 미국의 이민법이 개정된 후에 이주한 사람들이다. 미국의 이민국에서 발표한 통계에 의하면 1820년부터 1960년까지 공식적인 한국 이민의 수는 6,231명에 불과한 것으로 집계되고 있다. 그러던 것이 1961년 -1970년 기간 동안에는 그 숫자가 34,526으로 늘고 1971-1980년 사이에는 다시 267,638명으로 크게 증가함을 보여 준다. 따라서 한국계 이민자의 대부분은 최근에 이주한 사람들로서 현재 한국계 미국인의 대다수는

이민 1세대임을 알 수 있다. 미국 생활 경험이 짧은 한국계 이민자들은 아직까지 한국 문화를 잊지 않고 있을 것이다.

가족원간의 유대 강화 : 1965년 개정된 이민법은 시민권자의 직계 가족원 초청의 문호를 개방해 놓았다. 따라서 한국의 이민은 가족의 초청에 의해 이민 온 사람이 많고, 동시에 이국땅에서 당면하게 되는 여러 가지 어려운 고비를 극복하는 데는 가족과 같은 일차적인 집단 및 관계의 유지가 도움이 되었다. 또한 자영 사업을 하는 경우에는 투자의 관리 및 인건비 절약 등의 이유 때문에 가족 내지는 친척이 참여하는 가족 사업(family business) 형태가 많았다. 이러한 요인들은 결과적으로 미국 내 한인계 이민자들이 공고한 가족 간의 유대를 갖도록 하는데 작용하였다.

대도시 집중 : 새로운 아시아계 이민들 사이에서도 보이고 있는 특징이지만 특히 한국계 이민자들은 대부분이 도시 특히 대도시 지역에 집중하여 살고 있다는 특성을 보여주고 있다. 1980년 미국 인구조사 자료에 따르면 한국계 미국인 중 대도시 지역에(Standard Metropolitan Statistical Area) 거주하는 인구의 비율이 89%에 달하는 것으로 밝혀졌다. 미국 전체 인구의 경우 그 비율은 64%였으니 한국계 이민자들의 대도시 집중 정도가 상대적으로 매우 심하다는 것을 알 수 있다.

지위 불일치 : 한국계 미국인의 사회적 특성 중의 하나는 많은 수가 지위 불일치 현상을 경험하고 있다는 점이다. 허원무와 그의 동료들(Hurh et al., 1978: 20)의 연구에 의하면 조사 대상 이민자 중 65%가 한국에서는 전문직 또는 사무직에 종사했으나 이민 후에는 그 절반에도 못 미치는 30%만이 그러한 직업을 갖고 있는 것으로 나타났다. 즉 대다수의 이민자들이 직업 지위의 하향 이동을 경험한 것이다. 지위 불일치 현상과 관련해서는 특히 많은 학자들이 학력 수준과 직업

지위간의 불일치를 지적하고 있다. 즉 허원무와 김광정(Hurh and Kim, 1984)의 로스엔젤레스 지역 조사에 의하면 한국 이민자의 3분의 2 정도가 대학 교육을 받은 것으로 파악되었다. 이러한 높은 교육 수준에도 불구하고 대다수의 조사 대상자들은 자영 사업, 기계공, 건축공, 그리고 전기공 같은 노동 기술직에 종사하고 있는 것으로 나타났다. 이같이 한국계 미국인들이 전문직, 관리직에 많이 진출하지 못하는 이유는 언어 미숙, 자격증 취득의 어려움, 전문 기술의 부족, 인종차별 등이 복합적으로 작용하기 때문일 것이다.

종교단체의 중요성 : 조정문 교수가 지적하지는 않았지만 한 가지 더 추가한다면 재미 한인사회에서 종교단체가 차지하는 역할의 중요성을 꼽을 수 있겠다. 재미 동포 사회에서 가장 중요한 사회 조직은 종교단체로 그 숫자도 많고 역사적으로 가장 오랜 전통을 갖고 있으며 한국의 이민자들이 미국 사회에 적응해 가는데 있어 중요한 역할도 수행하고 있다. 1990년 자료를 보면 미국에는 약 2,000여개의 한인교회가 있는 것으로 알려져 있으며 로스엔젤레스에 450여개, 그리고 뉴욕지역에 약 350개 정도가 있다고 한다(민병갑 1991). 한인교회의 숫자는 그 후로도 점차 늘어 2007년 미주한국일보는 미국에는 2007년 현재 3,711개의 한인교회가 있다고 보도하고 있다. 이는 시간이 흘러 한인의 수가 증가한 것에 발맞추어 교회의 숫자도 크게 늘어났음을 알 수 있다. 이 숫자는 대단히 많은 것으로서 한인 300-500명당 교회가 하나씩 설립되어 있음을 뜻한다. 이를 뒷받침 하듯 재미동포에 대한 많은 조사에 의하면 교회에 다니는 비율이 60% 이상을 상회하는 것으로 모든 조사에서 일관되게 나타나고 있다. 한국에서 기독교도의 비율이 약 20% 정도인 점을 감안한다면 이는 대단이 높은 비율인 것이다. 교회가 이렇게 많은 이유는 한인교회가 미국사회에 적응해 가

는데 실질적인 도움을 주기 때문일 것이다. 특히 다민족, 다인종, 다문화사회인 미국 사회에서 문화적 동질성을 느낄 수 있는 사람들이 한데 모여 서로 의지하고 도움을 줄 수 있는 공간을 한인교회가 제공한다는 점이 한인교회의 성장의 바탕이 되었다고 판단된다. 미국 내의 한인 교회들은 따라서 단순히 종교적 기능 이외에도 사교와 친목의 기능을 더하고 거기에 청소년들을 위한 한글학교 운영과 같은 민족문화 교육의 기능까지 갖는 종합적인 사회 조직인 셈이다.

2) 한국 이민의 경제생활

a) 직업 및 경제 구조

미국으로의 초기 이민은 농업 노동 이민으로 시작되었고 1923년 동양계 이민을 차별하는 이민법 발효 이후에는 이민의 숫자가 미미한 것이었기에 한국계 이민자들의 직업 구조 역시 복잡하지 않았다. 1965년 대규모 이민이 이루어지면서 한국계 이민 사회의 직업도 다양해지고 경제 구조도 복잡성은 더해 갔다. 그러나 새로운 이주자들의 대다수가 한국에서는 고등교육도 받고 전문지식이 있음에도 불구하고 미국 사회에서 전문직 내지 관리직 직종으로의 진출은 쉬운 일이 아니었다.

재미 학자 김형찬(1989)이 1986년의 자료를 가지고 분석, 발표한 바에 의하면 재미 동포의 50%는 학생, 주부 및 기타로 분류되어 나머지 50%만의 직업을 분류할 수 있는데, 이 중 절반 이상이 상업과 서비스업에 종사하고 있으며, 전문직을 가진 사람은 5%에 머물고 있다고 한다(〈표 5-8〉 참조). 이는 한국계 이민자들의 대다수가 이민 1세대이기 때문에 언어의 구사가 자유롭지 못하고 미국의 교육과 자격 제도가 한국의 그것과 다른 점, 그리고 미국 사회에 있어서 보이지 않는 인

〈표 5-8〉 재미 동포의 지역별 직업

직업별 직업별	농림업	상업	제조업	서비스업	전문직 종사자	사무직 종사자	기술자	기능공	문예인	종교인	학생	주부	기타	계
메인	-	64	7	51	59	65	33	58	-		47	104	204	698
뉴햄프셔	3	39	18	94	38	67	23	48	2	6	2	190	405	1,093
버몬드	-	2		-	-	-	12	-	-	4	28	16	16	78
매사추세츠	-	538	51	372	1,725	1,180	442	553	13	19	1,963	1,523	4,123	9,502
로드아일랜드	2	26	15	63	62	121	71	29	6	11	15	269	438	1,126
코네티컷	-	334	28	514	653	579	298	657	33	17	1,720	733	254	5,820
뉴욕	68	24,073	799	5,931	9,532	4,007	3,374	5,804	164	478	14,960	9,202	11,178	89,559
뉴저지	78	5,281	232	2,938	5,866	4,283	1,405	4,503	188	1,748	9,821	0,790	6,837	54,020
펜실베이니아	-	8,717	191	2,078	4,537	3,833	1,391	5,637	43	235	4,763	2,344	1,392	35,161
오하이오	150	1,096	170	586	662	554	521	430	13	45	2,531	1,794	614	9,198
인디아나	87	566	97	150	268	318	241	190	15	42	1,621	990	391	4,976
일리노이	376	18,027	1,706	12,732	5,673	5,076	3,702	3,779	97	272	19,475	6,533	2,703	90,151
미시건	198	2,412	270	1,460	1,520	981	1,020	729	40	84	4,277	2,936	935	16,912
위스콘신	98	312	69	243	201	193	195	130	10	39	1,314	1,240	504	4,553
미네소타	103	375	96	413	365	327	312	267	13	57	1,852	1,245	299	5,729
아이오아	49	143	49	149	110	128	99	97	12	31	688	487	381	2,423
미주리	42	152	55	162	133	141	160	122	4	32	1,011	757	418	3,189
노스다코다	15	38	7	27	30	28	31	32	-	4	98	99	27	436
사우스다코다	19	42	14	35	30	22	28	41	1	8	121	159	92	612
네브라스카	48	121	23	52	73	62	41	50	3	15	502	741	220	1,681
캔사스	71	152	69	118	127	111	105	127	9	37	999	747	470	3,142
델라웨어	2	34	-	142	120	85	43	87	11	9	191	48	43	812
메릴랜드	-	3,462	53	138	2,250	3,152	5,060	5,718	76	60	5,559	2,849	3,893	32,280
버지니아	35	2,891	40	214	1,826	1,808	2,857	3,829	48	77	4,128	2,085	1,654	21,524
웨스트버지니아	1	53	7	80	125	116	25	118	13	11	118	53	138	858
노스캐롤라이나	1	412	-	291	123	228	178	374	-	17	1,012	514	595	3,745
사우스캐롤라이나	2	463	1	103	45	67	154	392	-	13	382	179	207	1,708
조지아	7	1,385	57	1,129	254	554	375	1,336	1	77	2,202	1,687	1,479	10,543
플로리다	22	852	136	695	295	366	319	351	-	40	1,411	1,278	645	6,140
캔터키	-	196	25	567	536	280	136	947	24	24	348	376	263	3,722
테네시	3	325	26	195	77	99	144	320	-	20	687	459	338	2,693
알라바마	1	153	-	68	36	57	84	153	-	8	368	186	139	1,253
미시시피	8	1,271	147	138	63	61	357	115	6	412	1,255	530	47	4,410
아칸소	6	535	12	35	39	52	58	71	10	262	226	178	114	1,598
루이지아나	7	479	12	138	17	76	155	285	16	226	293	489	94	2,287
오클라호마	9	1,228	25	196	128	121	268	157	15	220	1,533	689	241	4,830
텍사스	8	6,724	920	3,506	1,081	1,539	1,575	2,205	52	1,244	12,285	8,215	1,411	40,765
몬타나	2	29	-	53	21	10	8	9	-	2	209	97	21	461
아이다호	22	90	2	82	37	17	26	46	-	8	270	145	25	770
와이오밍	29	15	3	30	14	9	4	4	-	7	48	45	67	275
콜로라도	46	507	33	2,354	209	465	518	326	19	36	2,158	2,158	3,240	12,886
뉴멕시코	25	160	-	103	82	99	-	-	-	1	164	125	72	831
아리조나	7	352	-	1,103	482	496	-	104	-	13	1,705	1,416	636	6,314
유타	74	245	24	919	212	221	262	338	13	33	919	882	606	4,748
네바다	11	329	-	3,317	398	232	104	-	39	41	1,720	184	758	6,953
워싱턴	60	4,974	90	2,455	1,060	1,997	300	1,947	20	170	11,398	6,968	1,462	62,900
오레곤	53	3,054	12	1,303	635	817	147	971	49	81	4,149	4,917	688	16,816
북가주	844	2,716	318	4,126	469	1,046	1,317	4,937	208	185	7,750	4,036	7,107	35,059
캘리포니아남가주	188	44,922	9,066	54,566	4,686	8,655	12,413	3,449	547	1,488	86,675	35,399	41,006	303,160
샌프란시스코	67	3,973	414	11,292	721	4,418	1,001	1,004	215	154	10,056	5,370	4,566	43,251
알라스카	-	294	-	2,003	33	240	176	281	-	12	1,690	1,131	889	6,749
하와이	62	316	33	1,686	82	117	109	68	37	38	1,172	1,215	1,931	6,866
워싱턴디씨	-	153	7	122	91	146	65	74	15	41	166	122	145	1,150
총수	3,009	144,804	15,590	121,217	48,003	49,727	41,742	53,299	2,070	8,213	230,786	136,752	103,502	958,714
(%)	0.3	15.1	1.6	12.6	5	5.2	4.4	5.6	0.2	0.9	24	14.3	10.8	100

자료: 김형찬, "재미동포의 현실과 정책과제", 『해외동포의 현실과 정책과제』, 국제문화연구소, 1989, pp. 70-72.

종차별 등에 기인하는 것으로 판단된다. 물론 이런 경향은 2세와 3세에 가서는 상당히 변할 것으로 보인다.

김형찬의 발표에 따르면 한국계 이민자들은 대개의 경우 이민 오는 해나 다음 해에 소규모적인 상업을 시작하는 경향이 강하다고 한다. 로스엔젤레스 동포 상인들의 경우 46%가 이민 첫해에 상업을 시작했으며, 21%가 이민 온 다음 해에 사업을 시작하였다. 사업을 시작하는 자금은 대체로 한국에서 가져온 자본에 의존하는 비중이 높고, 미국에서 노동 등을 통하여 저축한 돈으로 사업을 시작하는 경우도 많은 바, 시카고와 애틀랜타에서의 조사에서도 이와 같은 사실이 확인되었다. 이는 역으로 미국 은행에서 대출을 받아 사업을 시작하는 경우가 흔치 않다는 것을 뜻한다.

미국의 동포들 중 상업과 서비스업에 종사하고 있는 사람이 대다수를 점하고 있다는 사실을 지적했거니와 그러한 직종의 구체적인 사업내용이 무엇인가를 알기 위하여 남가주지역 한인록에 나타난 업종을 살펴보면 〈표 5-9〉와 같다.

〈표 5-9〉에 의하면 식품 관계 사업과 식당업에 종사하는 사람이 제일 많고 그 다음이 서비스업으로서 다양한 서비스업소를 모두 합하면(세탁, 이발, 수선은 제외) 1,087개소나 된다. 그리고 무역이 513개소로 나타나는데 이는 대부분 한국과의 소규모 무역을 의미하며 조국과의 관계가 사업상으로도 매우 중요한 위치를 차지하고 있음을 알 수 있다. 같은 자료에는 또한 남가주 지역 동포의 사업은 1985년 당시 연 매상이 5만 불에서 20만 불인 경우가 40%나 되고 사업에 고용하는 사람 수도 대부분 3명 이하로 나타나고 있어 사업의 영세함을 짐작케 해 준다.

〈표 5-9〉 남가주 한인록에 나타난 직업별 및 업소 수 (1986년)

職 業	實數	百分率	職 業	實數	百分率
제 조 업	464	6.5	페 인 트	81	1.1
건 설 업	105	1.4	기 타	21	0.3
도 소 매 업			음 식 식 당	589	8.1
무 역	513	7.0	숙 박 업	56	0.7
백 화 점	192	2.0	운 송 업	141	1.9
식 품 관 계	625	8.6	금 융, 부 동 산	338	4.7
의 류 관 계	164	2.6	사 업 서 비 스	255	3.5
화 장 보 석	159	2.2	실 내 설 계	136	1.9
건 축 관 계	172	2.4	사 회 서 비 스	444	6.1
정 원 관 계	116	1.6	개 인 서 비 스	643	8.9
전 기	149	2.1	세탁,이발,수선	580	7.9
카메라,전자	92	1.3	체 육 관 계	116	1.6
자동차관계	285	3.9	비 영 리	190	2.6
운동구관계	67	0.9	종 교 관 계	417	5.7
서적,문방구	112	1.5			
악 기	38	0.5	계	7,260	

자료: 김형찬, "재미동포의 현실과 정책과제", 「해외동포의 현실과 정책과제」, 국제문화연구소, 1989, p. 74.

b) 경제적 적응 과정

미국으로의 이민은 다양한 배경을 갖는 사람들이 다양한 지역과 직업에 종사하면서 적응해 가는 것이기 때문에 경제적 적응 과정 또한 천차만별일 것이다. 그와 같이 다양한 과정을 일목요연하게 정리한다는 것은 쉬운 일이 아니지만 한인 동포들의 다양한 경험과 적응 과정을 직업구조상 낮은 것에서부터 단계적으로 서술해 나가는 것은 한국계 이민의 경제적 적응 과정을 이해하는 하나의 방법이 될 수 있을 것이다(이광규, 1989 : 174-212 참조).

미국에 이민 온 한국인들 중 의사, 간호사, 엔지니어 등과 같이 특정 직종에 종사하기 위하여 온 사람들과 경제력을 갖춘 이주자들을 제외하고 대부분은 처음에 노동일부터 시작한다. 단순 노동 중에서 가장 손쉽게 얻을 수 있는 일은 청소와 봉제 공장 작업과 같은 것들이다. 노동에 종사하는 동포들은 한국에서의 노동 경험이 없고 학력이나 경력에 비하여 낮은 직종에 근무하기 때문에 어려움이 많다. 그래서 기회만 있으면 독립적으로 운영할 수 있는 소규모의 장사를 하려고 한다. 대도시의 노점상이나 시장(swap market)에서의 행상은 작은 자본으로 비교적 쉽게 시작할 수 있는 장사이며, 실제 상당수의 한인들은 이러한 직종에 종사하고 있다. 그리고 그 동안 많은 사람들이 이를 바탕으로 하여 보다 큰 사업으로 진출하기도 하였다.

단순노동과 간단한 장사 이외에 한국으로부터의 이민자들이 많이 종사하는 직종은 약간의 숙련된 기술을 요하는 직업들이다. 자동차 수리, 전자 제품 수리, 카메라 수리, 하수도 수리 등이다. 또한 페인터, 정원사, 병아리 감별사, 운전기사 등과 같은 직업에 한인들이 비교적 많이 진출하였다. 이러한 기술은 이민 오기 전에 한국에서 배워가는 사람도 있지만 대부분의 경우 기술은 미국에서 직업을 구하고 직장에서 학습하거나 이민 정착 훈련 과정의 일환으로 기술을 습득한 후에 취직하는 경우가 많다. 기술직이 아닌 직종으로 한인들이 상당수 진출해 있는 화이트칼라직은 우체국 직원인데 이는 작업이 반복적인 단순한 것이지만 국가 시험에 합격해야 하고 국가공무원으로서의 혜택이 있어 선호되고 있다.

재미 한인은 이민 초기에 언어 문제와 사회구조 상의 차이점 때문에 직업상 하강을 경험하지만 3-4년 동안의 과도기가 지나면 대부분의 사람들은 소규모 사업(small business)을 시작한다. 미국 정부의 분류에 따르면 소기업은 백 명 이하의 고용인을 가진 업체를 말하며 그 중 5명 이하의 고용인을 둔 소기업은 가족 기업(family business)이라 한다. 미국의 한인 동포들이 경영하는 소기업은 대부분이 가족 기업에 속하는 규모의 것들이다.

한국계 이민들이 운영하는 소기업은 그 수도 많고 없는 업종이 없다. 그러나 소기업 중에서도 특히 많이 종사하는 업종은 식품이나 잡화를 취급하는 업종, 의류 장신구 업종, 그리고 자동차 관련 업종을 손꼽을 수 있다. 식품이나 잡화는 세븐일레븐(Seven-Eleven)과 같은 편의점, 식료품 가게(Oriental market), 주류 판매점, 과일 · 채소 가게 등이 대표적인 것들이고, 의류 장신구는 70-80년대에는 가발 가게가 주종을 이루다가 이제는 장신구, 시계, 문방구, 완구, 의류 등 그 종류가 다양해지고 있다. 이와 연관해서 세탁소와 소규모 봉제공장도 많이 운영하고 있는 점도 지적될 만하다. 자동차 관련 업종으로는 주유소가 가장 많고, 그 외 자동차 수리, 바디샵 등도 많은 편이다. 그 외에 재미 한인들이 많이 종사하는 사업의 하나가 무역업인데 거래선이 한국 또는 아시아 쪽이 대부분인 점이 주목할 만하다.

재미 동포들이 어느 정도 돈을 모으면 진출하는 것이 모텔업이다. 모텔업은 상당한 자본이 필요하므로 한국에서 이민 올 때 사업 자금이 충분치 않았을 경우 수년 동안 타직종에 종사하여 모은 자금으로 시작하는 것이 보통이라고 한다. 그러나 이러한 경향도 1980년 이후의 이민자들은 10만 달러까지 지참할 수 있었기 때문에 소기업을 시작하는 시기가 단축되는 경향이 있다. 여하튼 1970년대 이래 재미 동포사회에 있어서 자영업자의 수는 꾸준히 증가해 왔으며 소매업자와 서비스업 종사자의 비율도 증가해 왔다.

재미 동포들의 소규모 기업 종사와 관련하여 특기할 만 한 점은 그러한 소기업들이 유태인, 이탈리아인들이 주로 하던 가게를 인수받아 시작하는 경우가 많았다는 사실이다. 이는 유태인과 이탈리아인들은 한인에 비해 먼저 미국으로 이민 온 집단들로서 그들이 사회경제적 상승 이동을 하게 되자 그 빈자리를 한국 이민들이 채우게 된 것이라 할 수 있다. 그리하여 재미 동포들이 소규모 기업 활동을 하면서 상대하는 고객들은 많은 경우 한국 이민자들이거나 동양인들이지만, 동시에 유태인 등이 상대하던 흑인, 히스패닉계 사람들을 대상으로 장사를 하고 있기도 하다. 이러한 상황이 한·흑 갈등의 구조적 요인으로 작용하기도 하였다.

한인들의 소기업은 가족 기업의 성격을 갖는다는 것을 이미 지적하였거니와 바로 그러한 조건 때문에 작업 시간을 매우 신축적으로, 그리고 장시간 운용할 수 있게 마련이다. 실제로 재미 한국인들이 소규모 기업을 하면서 상당한 수입을 올리고 비록 상대적이긴 하지만 성공적으로 적응한 것으로 평가되는 이유 중의 하나가 다른 민족의 추월을 불허하는 근면성 때문이라는 것이다. 이는 한인들의 가게는 토요일은 물론 일요일에도 가게를 연다던지, 또는 미국인들이 주당 평균 40시간 일하는데 비해 한인 자영업자들은 하루 평균 10시간 이상 일하는 사람이 많다는 사실이 증명해 준다. 참고로 뉴욕 및 로스엔젤레스 총영사관이 집계한 재미동포의 직업에 관한 최초의 통계를 소개하면 〈표 5-10〉과 같다.

〈표 5-10〉 재미 동포의 직업

지역 / 성별 / 직업	관할공관명					
	뉴욕 총영사관			로스엔젤레스 총영사관		
	남	여	총계	남	여	총계
농수산업	2,086	1,402	3,488	584	127	711
상업	88,435	90,008	178,443	34,112	28,152	62,264
제조업	1,645	2,258	3,903	8,884	4,123	14,007
요식, 숙박업	385	811	1,196	1,458	980	2,438
기타서비스업	11,858	15,767	27,625	58,745	43,362	102,107
법조인	217	18	235	198	25	223
의료인	801	1,441	2,242	780	352	1,132
교육자	108	78	186	1,848	1,013	2,861
문예인	33	13	46	586	328	914
종교인	1,587	279	1,866	2,486	158	2,644
체육인	405	17	422	452	42	494
사무직	2,441	2,581	5,022	7,835	2,825	10,660
기술직	2,835	517	3,352	19,012	2,112	21,124
노동자	1,224	53	1,277	2,813	115	2,928
기타	25,474	36,701	62,175	66,947	123,862	190,809
계	139,534	291,478	291,478	235,376	207,576	442,952

자료: 뉴욕 및 로스엔젤레스 총영사관, 외무부 통계자료, 1993.

이상에서 살펴본 재미 동포의 경제적 적응 과정은 실제로는 다양하고 복합적인 현상에 대한 평면적인 서술에 불과한 것이다. 비록 많은 수의 동포들이 오늘도 이국땅에서 어려운 환경을 개척해 나가고 있으나 그 중 상당수는 그와 같은 역경을 극복하고 대기업가로 성장하기도 하였다. 이러한 사례에 대한 체계적인 연구가 되어 있지 않아 정확한 수는 알 수 없으나 채영창(1984: 141)의 추정에 의하면 재산이 1백만 불이 넘는 동포가 500명에서 600명은 된다고 하며 5백 만 불

이상의 재산가가 로스엔젤레스 지역에만도 50여 명 있으며 1천 만 불 이상 되는 사람도 5-6명된다고 한다. 미국에서 가장 크게 성공한 사업가 중에 비교적 널리 알려진 사람은 1984년 1월 23일자 「타임」지에 소개된 황규빈씨이다. 황씨는 캘리포니아 실리콘벨리에서 텔레비디오사를 경영하고 있는데 1982년 매출액이 1억불을 돌파하였고 직원의 수도 1천 명에 달한다. 황씨는 거의 빈손으로 유학을 와 고학으로 공과대학을 졸업하고 미국의 대기업에서 근무하다가 회사를 차려 독자적인 사업에 성공한 경우이다(이광규, 1989 참조). 아마 이러한 사례가 미국의 꿈이라는 신화를 많은 사람들이 아직도 포기하지 못하는 이유인지도 모른다.

c) 성공한 아시아인의 평가

재미한인동포는 아직도 여러 가지 어려움에 처해 있지만 한국의 이민은 이민 전체의 평균과 비교했을 때 가계수입이 평균을 상회하고 있고 학력 역시 상대적으로 높은 편이다. 재미한인들은 그들의 대부분이 극히 최근의 이민자들이라는 사실 때문에 경제적 측면에서의 이와 같은 도약은 많은 사람의 주목을 끌기에 충분하다. 한국계 미국인들을 특히 흑인이나 멕시코계 집단과 비교해 보면, 흑인과 멕시코인계는 그들의 이민역사가 오래된 것임에도 불구하고 가계소득에 있어서 한국계 집단에 비해 크게 떨어지고 있다. 이러한 사실에 비추어 일부 미국의 언론과 학자들은 한국이민을 성공적 사례라고 평가하기도 한다

미국과 같은 자본주의 사회에 있어서 '소득'은 개개인들이 그가 몸담고 있는 사회에 얼마나 잘 적응하고 있는가를 나타내주는 중요한 지표로 간주될 수 있다. 그러한 점에서 한국이민의 연평균 가족수입

만을 놓고 본다면, 그들이 극히 최근의 이민집단임에도 불구하고, 이민 전체의 평균을 훨씬 초과하고 있다는 사실 때문에 경제적 적응이 성공적이라고 볼 수도 있다. 1970~80년의 통계 평균치를 보면 한국이민의 소득은 멕시코 이민의 그것보다 약 7천 여 불정도 많고 그리스 이민의 평균소득보다도 2천 불 가량 높은 것으로 나온다(James V. Koch, 1987: 299). 아마 이러한 통계가 나타내 주고 있는 수치 따위가 한국이민이 포함된 동양계 이민을 '성공적인 모범 소수민족'(successful model minority)이라고 불리게 만들었을 것이다. 그러나 같은 분석에 포한 된 다른 자료는 그러한 성공의 이면에는 남다른 어려움이 있었고 동시에 앞으로도 넘어야할 장벽 또한 있다는 사실을 지적해 주고 있다. 즉 한국의 이민은 영국 이민과 같은 백인집단에 비교했을 때 높은 교육수준에 걸 맞는 소득을 올리고 있는 것이 아니며, 언어장벽을 넘어야하는 등, 문화적 적응에 어려움을 겪고 있음을 부인할 수 없는 것이다. 문제는 이민 1세들의 경우 언어장벽과 기타 사회문화적 동화문제 때문에 백인집단보다 수입이 적을 수도 있을 것이지만, 그것이 2세나 3세에 이르러 백인과 같은 교육과 경험을 구비했을 때에도 계속된다면 문제는 심각한 것으로 부각될 것이다.

재미한인을 성공적 이민이라 칭하기에는 아직 여러 가지 문제점을 안고 있는 것으로 판단된다. 예를 들면, 2000년도의 인구통계자료를 심층적으로 분석해 보면 한국계 미국인이나 영주권자는 일부 아시아계 다른 집단보다 교육수준도 떨어지고 빈곤율도 높은 것으로 나타난다. 또한 공직 취임 등을 통해 주류사회에 편입하는 비율도 다른 아시아 국가 출신자보다 떨어지는 것으로 드러났다.

로스엔젤레스 소재 캘리포니아주립대학의 사회학교수인 유의영(한미연합회 센서스정보센터소장)가 미 정부의 2000년도 인구통계자료 중

사회 · 경제성향을 분석해 발표한 자료를 보면, 이민 1세의 경우 대학 졸업 이상의 학력을 가진 인구가 전체의 48.9%로서 미국전체 인구 평균보다 높게 나타나기는 하지만, 이는 대만이나 인도 등 다른 아시아계 수준을 훨씬 밑도는 수치이다. 대만계 이민자는 73.9%가 고등교육을 받았으며, 인도계가 68.1%, 일본계가 54.0%로 1~3위를 차지했고 필리핀과 중국계도 각각 54.0%와 50.2%로 한인들을 앞섰다. 미국 태생 한인도 사정은 비슷해, 대졸 이상 학력자는 61.8%로 이민 1세에 비해 높았으나 대만(86.0%)이나 중국(68.7%), 인도계(65.8%)에 뒤졌다.

16살 이상 경제활동인구를 대상으로 한 직업별 분류에서 한국계 자영업 종사자는 뉴욕의 경우 12.8%로 전체 평균 6.2%를 크게 웃돌았으나 주 · 카운티 · 시 등의 공무원 비율은 6.7%에 불과해 주류사회 편입 비율이 저조했다. 같은 아시아계라도 필리핀계나 인도계는 각각 13.9%와 13.0%가 공직에 진출했다.

가구당 연간 소득에선 뉴저지주의 경우 한국계는 5만3502달러로 필리핀 8만946달러, 중국 8만518달러, 인도 7만5677달러, 베트남 5만4745달러에 미치지 못했다. 빈곤율도 뉴욕과 뉴저지, 하와이주 모두에서 모든 인종을 망라한 평균치보다 높았다. 유교수는 "공직 진출 미진과 자영업 의존에서 나타나듯 주류사회에의 적극적인 참여 노력이 미흡하고 명문 공 · 사립대만을 고집해 2세들이 중도에 학업을 포기하는 사례도 많은 게 현실"이라고 지적했다.

d) 동화, 다원주의, 갈등이론과 미국의 한인사회

한민족은 세계에서 그 유래를 보기 드물게 오랜 기간 동안 단일 민족, 단일 언어, 단일 문화를 형성 · 유지해 왔다. 따라서 민족 동질성의 측면에서 세계에서 손꼽히고 민족의식도 강한 것으로 알려져 왔다. 재미 교포들이 미국 사회에서 빠른 적응과 사회적 상승 이동을 할 수 있었던 것도 그러한 민족적 동질성과 강한 민족의식에 힘입은 바 있을 것이다. 그러나 타국에서의 이민 생활은 그 사회의 중심 문화를 받아들여야 하고 타 만족들과의 관계를 유지하지 않으면 안된다. 그러므로 미국의 한인 동포들 역시 다른 문화와 디른 민족들 사이에서 동화, 다원적 공존, 또한 갈등 관계를 경험했을 것이 분명하다.

재미 학자 김일수(1991)는 초기의 한국 이민들은 대체로 동화의 길을 걸었다는 점을 지적하고, 그러한 점에서 재미 한인 사회의 경험은 1945년 이전 이민 세대와 1945년 이후 이민 세대로 나누어 보는 것이 바람직하다는 견해를 피력하였다.

초기의 이민은 그 숫자도 적고 1903년과 1905년 기간 동안 이주한 7,394명이 대부분이었는데 그들은 일제 식민 통치 기간 동안 한인 교회를 세우고 여러 가지 독립운동 단체들을 만들어 활발한 반일제(反日帝) 민족 공동체를 유지했었다. 그러나 이들의 후손들은 미국 사회에 동화해 현재 재미 동포 사회와 아무런 연관이 없다. 이렇게 된 이유는 1924년 미국의 이민법이 동양인의 이민을 금지시킴으로써 새로운 구성원, 즉 이민 공급이 끊기게 된 것이 가장 큰 이유로 손꼽을 수 있다. 둘째 이유는 한인 사회의 인구학적 불균형으로 여자가 부족하였기에 초기 이민들의 다수가 전통적인 한국 가정을 이룰 수 없었다. 또한 그들의 후손 중 많은 수는 타민족과 결혼함으로써 미국 사회에 빨리 동화되어 갔다. 이러한 사실을 감안한다면, 한민족 정체성 형성 및 유지는 우선 한국 문화 전통의 계속적 공급이 필수적이라는 교훈을 새삼 확인하게 된다.

1945년 이후는 조국이 해방되고 미국으로의 이민도 조금씩 증가하기 시작하였고 특히 1965년 이민법 개정을 계기로 이민은 수도 크게 불고 이민자의 특성도 다양화되기 시작하였다. 따라서 이들 새로운 이민의 미국 사회로의 적응 양상 및 민족 정체성의 유지 문제도 앞선 세대의 그것과는 양상을 달리하게 되었다. 최근의 이민은 대부분이 가족이민이고 보다 나은 삶을 위하여 스스로 선택하여 이주해 온 사람들이기에 1945년 이전의 이민과는 그 성격이 많이 다르다. 다행스럽게도 이들 근래 이민에 대한 연구는 비교적 많이 진행되어 있어 이제 그러한 연구를 중심으로 재미 동포의 정체성에 관한 문제를 살펴보기로 한다.

재미 동포들의 적응과 민족 정체성에 관한 연구는 허원무와 김광정(Hurh and Kim,1982) 두 교수에 의하여 체계적으로 이루어졌다. 이들에 의하면 재미 한인들이 미국 사회에 적응해 가는 데는 일정한 단계가 있고 이러한 적응 과정은 민족 정체성과 밀접한 관계가 있다고 보았다. 즉 이미 앞에서 지적했던 바와 같이 이민 초기(이민후 1-2년)에 적응상 위기가 있고 그후 10-15년은 적응이 비교적 순탄한 반면, 이민 온지 11-15년이 된 이민자 중, 특히 전문직에 종사하는 사람들은 사회적 진출의 한계를 절감하기 시작하면서 다시 사회 주변성과 주체성 문제에 봉착하게 된다. 이 과정에서 적응상 어려움을 겪을 때는 민족 정체성이 큰 의미를 갖게 되고 적응이 순조로울 때는 그 의미가 감소한다는 사실을 허원무와 김광정 두 교수는 발견하고 있다.

이러한 사실에 기초해 볼 때 재미 한인들의 경험은 미국 내 소수민족의 적응 형태에 관한 세 가지 유형, 즉 동화, 다원적 공존, 갈등 중 어느 한 가지 유형에 속한다고 말할 수 없다는 결론에 도달하게 된다. 한국 이민의 적응 실태는 아마도 상기 세 가지 유형이 복합적으로 작용하고 있는 것이 현실일 것이다. 이러한 인식을 바탕으로 허원무와 김광정(1984) 교수는 한국 이민의 적응 유형의 특성을 '추가적 적응형’ (adhisive adaptation)이라고 명명하였다. 즉 한국 이민 1세들은 비록 미국 문화와 사회 과정에 어느 정도 동화되고 있음에도 불구하고 미국에 아무리 오래 거주하더라도 한국 문화의 전통을 고수하고 한인 사회와 긴밀한 유대 관계를 맺고 있다는 것이다. 허원무와 김광정 양인이 그들의 오랜 기간에 걸친 경험적 조사를 통하여 밝혀낸 것은 미국의 한인들은 한국 것을 대부분 버리지 않고 그 위에다 미국 것을 부분적으로 추가 흡수하고 있다는 사실이었다. 이를 다른 말로 하면, 한국계 이민의 미국 문화의 흡수와 동화는 한국의 문화적 요소를 대체해 나가는 것이 아니라 그것이 한국적 토대 위에 부가적으로 이루어진다는 점이 특징적이다.

재미 한인들, 특히 제1세들은 민족 정체성이 강하다는 사실을 허원무와 김광정 교수는 다음과 같은 조사 결과들을 가지고 뒷받침하고 있다. 1979년 로스엔젤레스의 한인들을 상대로 한 조사에서 미국에 영주하겠다는 사람은 33.8%, 자녀의 국제결혼을 반대하는 경우가 60.2%, 자녀에게 한국말을 가르쳐야 한다고 생각하는 비율은 89.8%에 달했다. 또한 생활 면에서도 한국 신문 정기 구독이 78.0%, 한국 교회 참가가 69.9%, 이웃에 친하게 지내는 한국인이 있다는 응답이 74.8%였다. 거의 같은 내용의 조사를 약 10년 뒤 1986년 시카고에서 행하였는데 놀랍게도 응답 경향은 거의 같았다. 즉 1986년 조사에서도 미국에 영주하겠다는 사람은 32.3%에 불과했으며, 자녀의 국제결혼 반대는 45.4%, 자녀의 한국어 교육은 96.7%가 찬성했고, 행동 면에서도 1979년 조사와 비슷하게 한국 신문의 정기 구독이 74.5%, 한국 교회 참가는 약 10%가 불어난 76.7%, 그리고 이웃에 친하게 지내는 한국인이 있다고 답한 사람이 70.5%에 달했다. 이러한 조사 결과는 한국 이민의 제1세대는 민족에 대한 강한 집착을 갖고 있다는 것을 뜻하는 것이며, 따라서 이를 강한 민족 유대감의 표현이라고 말할 수 있다. 그래서 혹자는 한국 이민 1세는 "Koreans in America"(미국에 있는 한국인)이지 "Korean-American"(한국계 미국인)이 아니라는 말을 한다.

지금까지의 논의는 재미 한인들의 대다수를 점하고 있는 이민 1세에 관한 분석이지만 재미 한인 사회의 다음 세대를 이어갈 소위 1.5세나 2세들의 경우는 문제가 약간 다를 것이다. 이들은 우선 부모 세대와는 달리 그들이 한국계 미국인(Korean-American)이라는 정체감을 갖는 것으로 파악되고 있다. 그러나 한인 이민 1.5세와 2세 더 나아가 3세에 대한 체계적인 연구는 아직도 드물고, 그러기 때문에 이들에 대한 평가 역시 의견이 나뉘어져 있다. 예를 들면 재미 정신과 의사인 박영수(1991)박사는 소수의 이민 2세의 면접조사 결과 그들이 한국어도 몰랐고 한국 문화에 대한 인식도 없었으며 한국으로의 여행에도 관심이 없다는 것을 확인하고 '한국인으로서의 자아 개념'이 없는 것으로 결론지었다. 또한 재미 학자 유의영 교수(1984)도 로스엔젤레스에서의 경우 한국어를 주로 쓰는 1세와 영어를 주로 쓰는 1.5세와 2세 사이에는 원만한 대화가 이루어지기 힘들다는 사실에 주목하였다. 그리하여, 물론 그것이 일부에 국한된 것이기는 하지만, 백인 문화권에서 자라는 한인 2세들은 영어가 서툰 그들의 부모를 경시하는 경향이 있고, 심지어는 한국적인 것은 무조건 열등한 것으로 생각하게 되는 경우도 있다는 것이다. 이러한 현상은 한인 2세들의 자아 존경심(self-respect) 형성에 지장을 주기도 한다.

이상과 같은 견해에 대하여 허원무 교수는 반대의 입장을 취하고 있다. 즉 소위 1.5세나 2세들은 비록 문화적으로 많이 미국화 되었다 하더라도 한국 이민 사회와 아주 밀접한 유대를 갖고 있다는 것이다.

특히 1.5세대는 이 중 언어와 이 중 문화에 어느 세대보다 더 익숙함으로 한국계 미국인(Korean-American)으로서의 정체성을 당당히 내세움으로써 다민족 사회에서 한민족의 정체성을 유지 발전시키는데 중요한 역할을 할 수 있다고 그는 보고 있다. 허원무에 의하면, 3세의 경우도 자신의 뿌리는 한민족이라는 것을 잊지 않고 있는 경우가 대부분으로, 그 증거는 그들 중 조국을 방문하는 수나 또는 방문하기를 열망하는 수가 늘고 있다는 것이라고 주장하였다. 허원무 교수의 견해를 받아들인다면, 미국에 거주하는 한인 동포는 사회경제적 배경과 세대의 차를 막론하고 강한 민족의식과 유대를 갖고 있다고 결론지을 수 있겠다.

재미 한인들이 강한 민족의식과 유대를 갖는다는 사실은 미국 사회의 성격과 한인들이 갖는 특성이 복합적으로 작용하여 그와 같은 경향을 강화시켰을 것이다. 그 중 가장 중요한 요인으로 우리는 미국 사회가 백인 중심(특히 WASP로 불리는 앵글로 색슨 신교도 백인 집단) 사회로서 인종차별의 역사를 가지고 있으며, 한국인은 인종적으로 백인과 확연히 구분된다는 사실을 꼽을 수 있다. 미국은 이민으로 형성된 사회이고 1960년대 이후 민권운동 등에 힘입어 어느 정도 소수 민족이 살아가기에 여건이 나아졌다고 하지만 아직도 인종 장벽은 완전히 허물어지지 않았기에 한국계 이민 역시 유색인종으로서 백인 중심 사회에 완전히 통합되기에는 한계가 있을 것이다. 그러므로 아무리 한국인이 문화적으로 동화되어도 인종의 장벽 때문에 사회구조적 동화는 완벽하게 이루어지지 못하게 됨으로 해서 결국 민족적 정체감의 확인은 중요한 적응 기제 역할을 하게 되는 것이다. 그리하여 이제 자라는 세대는 "한국계 미국인(Korean-American)"이라는 새로운 민족 집단의식을 미국 사회 속에서 형성해 나갈 것으로 전망된다.

Chapter 6

재미한인사회의 인권문제

1. 소수자, 소수민족, 인권

미국은 '인권'의 측면에서 매우 흥미로운 나라이다. 예컨대 미국은 1999년 코소보사태에의 군사적 개입의 명분으로 인권상황을 전면에 내세움으로서 국제적 무력제재를 인권문제에 연계시킨 새로운 선례를 만들었다. 또한 중국의 인권상황을 외교정책과 연계시키는 예에서 볼 수 있는 바와 같이 소위 '인권외교'를 표방하며 자국이 모범적인 인권 선진국임을 다양한 채널을 통하여 국제사회에 알리는 노력을 기울여왔다. 그런데 아이로니컬하게도 인권국가임을 자랑하는 미국은 역사적으로 선주민들을 대량 학살하고 강제 이주시켰으며 동시에 근대국가 중 드물게 1865년까지 노예제도가 남아있던 나라이다. 미국은 흔히 자유의 나라, 공평한 권리의 나라로 알려져 있지만 인종분리정책이 1960년대까지도 법제화되어있었다는 사실에서 엿 볼 수 있는 바와 같이 인종차별문제가 사회 깊숙이 뿌리내리고 있다. 그 동안 인종주의를 극복하고자하는 많은 시도들이 있었으나 미국은 아직도 소수민족--흑인, 히스패닉, 아시아인 등--에 대한 차별적 처우를 척결하는데 실패하였다. 이러한 사실을 뒷받침이라도 하듯 1999년 미국은 제네바 유엔인권회의에서 대표적 인권침해 국으로 지목되었고 (동아일보 1999년 3월23일자) 2001년에는 유엔 인권위원회 이사국의 지위를 상실하였다[25]. 그러므로 미국사회의 본질을 이해 하는데는 과거의 상투적인 접근을 넘어 보다 다각적인 검토가 필요한 것이다. 한국사회에서는 1980년 광주민주화운동 이후 한국에서의 미국의 역할과 더 나아가 미국사회의 본질에 대한 의문이 제기되었다. 따라서 미국사회의 인권문제와 그 배경에 대하여 분석하는 작업은 미국이라는 실체에 대한 이해를 도모한다는 측면이 있음과 동시에 21세기의 가장 중요한 화두로 등장하고 있는 인권에 대한 이론적 천착에도 도움을 줄 수 있을 것이다.

인종차별이 존재하는 미국에는 한국외교통상부의 발표에 따르면 200만 명이 훨씬 넘는 숫자의 한국인들이[26] 거주하고 있다. 그런데 그 동안 재미한인에 대한 연구는 주로 인류학, 사회학, 또는 경제학자들에 의하여 문화적, 사회적, 경제적 적응 등에 초점이 맞추어져 이루어져 왔다. 결과적으로 재미한인사회의 인권문제는 아직도 체계적 연구가 필요한 영역으로 남아있다. 본 장의 목적은 재미한인사회를 인권의 측면에서 분석. 검토하는 것이다. 구체적으로 연구영역을 세 부

25) 미국의 공무원, 국회의원, 독립적인 인권단체들은 미국이 유엔의 인권위원회의 이사국 지위를 잃은 것에 대해서 오늘 실망과 분노를 나타냈다(동아일보, 2001년 4월 3일).

26) 이미 앞에서 지적했듯이 미국 내 한인의 숫자는 미국의 인구센서스국의 자료와 한국의 외교부의 집계가 서로 크게 다르다. 여기서는 미국에 거주하는 한국인들은 그들이 불법거주자라 할지라도 인권문제를 다룰 때 그 대상에 포함시켜야 되므로 외교부의 통계를 의도적으로 인용하였다.

분으로 나누어, 첫 번째는 한인사회가 몸담고 있는 미국의 사회적 상황과 정부의 정책 및 제도를 개괄적으로 검토하고, 둘째로는 그 동안 재마한인사회에서 크게 부각되었던 대표적인 인권침해 사례들을 체계적으로 수집하여 미시적인 관점에서 분석한 후, 세 번째로는 거시적 및 미시적 접근을 종합하는 관점에서 재미한인사회의 인권상황을 개인 및 집단의 특성과 사회. 제도적 여건 간 상호작용의 결과로서 파악하는 이론적 분석을 시도 할 것이다.

2. 미국사회의 인권문제

미국사회가 심각한 인권문제를 안고 있다는 사실을 우리는 다음과 같은 사례에서 쉽게 확인하게 된다. 2000년 8월 로이터통신은 "인권운동가들이 미국의 인종 차별주의를 비판할 것을 유엔에 요청했다."는 제목으로 유엔 발 기사를 송고 했는데 그 내용은 다음과 같다.

> 미국에 있는 50여명의 저명한 인권운동가들이 지난 화요일 Mary Robinson 유엔인권고등판무관에게 청원서를 제출했다. 이 청원은 미국의 형사법상의 인종차별에 대해 미국이 책임지도록 하기 위한 것으로 1947년 흑인 운동가이자 학자인 W.E.B. Du Bois 와 유색인발전위원회(NAACP)가 막 설립된 유엔에 이번과 유사한 청원서를 제출한 이후 53년 만이다.
>
> 180개 이상의 단체들의 연합체인 인권 리더십협회의 사무총장인 Wade Henderson은 오랫동안 소수인 사회는 범죄가 발생했을 경우 용의자 지목이나 범인 검거 시 인종차별, 기소상의 부당행위, 사형언도에 있어서의 불균형의 희생자가 되어왔다고 지적했다.
>
> 경찰이나 다른 공무원들이 사람들을 거리나 고속도로, 공항 같은 곳에서 잡아 세우고 범죄 행위에 대한 증거도 없이 그들이 유

죄라고 추정하는데 인종이라는 단서를 사용한다.

Henderson은 Mary Robinson이 참석한 기자회견에서 주정부와 연방정부 공무원들과 관련된 이러한 문제들이 여러 번 반복해서 제기되었으나 별 진전이 없다고 말했다.

또 그는 다음과 같이 이야기했다. "우리는 이제 유엔의 도움을 청했다. 미국의 형사법 상 유색인들이 당하고 있는 지속적이고 고치기 어려운 인종차별 문제에 대해 미국이 책임지게 하도록 도와달라고 유엔인권고등판무관에게 요청했다."

미국의 지도자들은 종종 다른 나라들의 인권침해에 대해서 비판해왔다고 Henderson이 말했다. "미국이 다른 나라의 신뢰를 얻기 위해서, 그리고 가장 중요한 것으로, 여기 미국에서 정의를 구현하기 위해서는 미국 정부가 자국의 인권문제 실패 대처에 주력하고 미국 내의 인종차별을 종식시킬 수 있는 확고한 전략을 제안해야 한다"고 했다.

....

그들은 미국 정부가 비준한 인종차별철폐조약과 다른 인권조약들을 잘 지키도록 경고할 것 을 유엔에 촉구했고 미국 법체계 내의 인종차별에 대해서 조사하고, 다양한 분야의 유엔인권 보고관과 조사관으로 구성된 대표단의 미국 파견을 고려하도록 유엔에 요청했다.

탄원서에는 미국형사법상의 인종차별문제가 2001년 8월 31일부터 9월 7일까지 남아프리카공화국 Durban에서 개최되는 인종주의, 인종차별, 외국인 혐오 및 그와 관련된 비관용(intolerance)에 대항하는 유엔세계회의의 의제로 포함되어야 한다는 요구가 포함되어 있다.

청원서에 서명한 인사들은 Julian Bond (NAACP 회장), JoAnn Chase (National Congress of American Indian 사무총장), Ira Glasser (American

Civil Liberties Union 사무총장), Jesse Jackson (흑인인권운동가), Spike Lee (영화제작자), Kweisi Mfume (NAACP 대표), James Zogby (Arab-American Institute 대표) 등과 같이 미국의 대표적인 소수민족단체나 시민, 인권단체를 이끄는 사람들이었다. 특기할 사항은 이들 저명인사들의 요청에도 불구하고 2001년 8월 31일 남아프리카의 더반(Durban)에서 개막된 유엔 인종차별철폐회의에 참여하는 문제를 놓고 미국은 시오니즘과 노예제도에 대한 배상문제를 거론하면 불참하겠다고 위협한 후 국무장관이 아닌 하위관리를 파견했다가 끝내 중도에 퇴장하고 말았다.

1) 미국의 인권현황 개요

미국은 스스로를 민주주의와 정치적, 법적 평등 그리고 개인의 자유라는 기치 하에 건국되었다고 자랑한다. 그러나 미국의 역사는 그 출발부터 선주민과 흑인노예는 자유로운 시민에서 제외 된 채 시작되었다. 즉 미국의 독립선언문에 언급된 '모든 인간은 평등하다(All men are created equal.)"는 원칙과 헌법의 권리장전은 백인들에게만 적용되었을 뿐 흑인이나 선주민에게는 무의미한 것이었다. 흔히 노예해방전쟁이라고 부르는 남북전쟁이후에도 유색인종에 대한 제도적 차별과 억압의 관행은 20세기 중반까지도 지속되었다. 예를 들면 1954년에야 대법원은 학교에서의 인종분리를 불법으로 선언하였고, 1964년에 민권법안(Civil Rights Act)이 마련될 때까지 대부분의 남부를 포함 한 몇 주에서는 호텔과 식당, 대중교통수단과 같은 공공장소에서의 인종분리를 제도화하고 있었다.

물론 미국은 1964년 민권법의 제정에서 볼 수 있는 바와 같이 개인의 시민적 자유를 보호하기 위해 많은 기구와 제도를 마련하여 왔으며, 모든 사람을 보호하기 위한 국제인권규준의 발전에도 핵심적인 역할을 해 왔다. 그러나 미국은 현재까지도 모두를 위한 권리를 준수하겠다는 기본적인 약속을 지키는데 여러 측면에서 실패하고 있다.

국내적으로 보면 미국은 세계에서 가장 부강한 나라이지만, 빈부의 격차가 심하고, 사회보장제도 역시 서구의 국가들에 비하여 뒤 떨어져있다. 특히 빈부격차의 현상이 인종문제와 결합되어있어 대부분의 빈민층은 흑인이나 히스패닉과 같은 소수민족에 집중되어있기에 심각한 사회문제를 야기시킨다. 즉 이들 집단에서는 마약과 알코올 중독이 만연해 있으며, 살인은 젊은 흑인들을 죽음으로 이끄는 주요한 요인이다. 이와 같은 사회적 여건 때문에 오늘날 연방 및 주 법률은 인종, 성별 등에 기반한 차별을 금지시키고 있음에도 불구하고 이들 소수민족집단에 대한 편견은 불식되지 않고 있으며, 그에 따른 차별현상이 계속되고 있는 것이다.

국외적으로 미국은 국제공동체가 채택한 인권규준들의 일부를 무시함으로서 비난을 자초했다. 물론 미국은 대부분의 인권규준 제정에 있어 많은 기여를 한 것도 사실이다. 대표적인 예로 미국은 모든 인류의 생명권과 기타 잔인하고 비인도적이며 모욕적인 처우나 형벌을 받지 않을 권리를 선언하고 있는 1948년의 '세계인권선언'의 채택에 중요한 역할을 하였다. 그러나 미국은 이 같은 규준들을 충실히 이행하는 데는 소극적인 입장을 보임으로서 스스로 모순을 드러냈다. 예를 들어, 미국은 유엔의 여성에 대한 모든 형태의 차별 금지협약을 비준하지 않은 10개국 중 하나이며, 아동권리협약을 비준하지 않은 2개국 중 하나이다. 또한 미국은 지역차원의 인권조약도 전혀 비준하지 않았다. 심지어 미국은 인권협약을 비준함에 있어서도 매우 냉담한 태도를 보이고 있는데, '시민적 정치적 권리에 관한 국제협약'

(ICCPR)을 예로 들면 미성년 범법자의 권리에 관한 조항을 비롯해 많은 조항을 유보하였다. 각 국가의 ICCPR 이행을 감시하는 유엔의 전문기구인 인권위원회는 1995년 미국이 유보조항, 특히 사형제도와 고문 받지 않을 권리에 관한 조항의 유보 철회를 숙고할 것을 권고했다. 또한 미국은 미국에 거주하는 사람들에 의한 고소를 심리할 권한을 부정함으로써, 유엔이나 미주기구의 철저한 조사를 회피해 왔다 (http://www.amnesty.or.kr/campaign/usa.html).

세계적으로 공신력을 인정받고 있는 인권기구인 국제사면기구가 미국의 인권문제를 거론하면서 지적하는 사항은 대체로 경찰과 같은 공권력에 의한 인권침해가 특히 소수민족이나 사회적 약자들을 대상으로 광범위하게 저질러지고 있다는 사실과, 사형제도와 같은 인권침해적인 사법제도가 철폐되지 않고 있다는데 모아진다.

최근 국제사면기구가 발표한 미국의 인권상황을 문제점에 초점을 맞추어 살펴보면 다음의 사항들이 특히 많은 관심의 대상으로 등장한다(이하에서 언급되는 구체적 사항은 http://www.amnesty.or.kr/campaign/usa.html에서 인용함).

미국에서는 여권의 신장에도 불구하고 지금도 차별과 폭력에 시달리고 있다. 구치소의 많은 여성들이 국가 공무원에 의해 인권침해를 당하고 있으며, 지방 주 그리고 연방 당국이 충분한 책임을 이행하지 않음으로 해서 더 많은 여성들이 남성들에 의한 구타와 강간과 같은 폭력으로 고통 받고 있다.

게이나 레즈비언, 양성애자, 성전환자 등 사회적 소수자들 역시 차별과 폭력의 위험에 노출되어있다. 아직도 미국의 39개 주에서 게이나 레즈비언들은 자신의 성적 지향성을 이유로 법률상 해고될 수 있으며, 약 20개 주에서 "남색척결"법에 따라 상호합의하에 이루어진 성인간의 성행위를 범죄로 규정하고 있다.

특히 심각한 문제는 경찰이나 교도관 등 공권력에 의한 인권침해가 그치지 않고 있다는 점이다. 미국경찰의 잔혹성을 보여준 대표적 사례로는 1991년 로스엔젤레스의 백인 경찰들이 흑인을 무차별 집단 구타한 '로 킹 사건드니 킹'사건이 아마 세상에 널리 알려진 적절한 사례 일 것이다. 경찰의 과잉대응은 서부에서만이 아니라 전국적으로 일어난다. 예를 들면 93년 3월 미 중서부인 인디애나의 인디애나폴리스에서는 자전거를 타던 십대 흑인소년이 경찰의 총격을 받았고, 97년 12월 25일 미 동부인 뉴욕의 한 슈퍼마켓에서는 무장하지 않은 흑인 윌리엄 J. 위트필드 3세가 그가 소지하고 있는 열쇠를 총으로 착각했다고 말하는 경찰관에 의해 살해되었다. 비록 그를 쏜 경찰관이 잘못을 시인했지만, 그 경찰관은 이전 8건의 총기발사 사건에도 관계되었음이 밝혀졌다. 이런 비극적 사건이 발생한 후에야 뉴욕 경찰국장은 세 건 이상의 총기 발사에 관련된 공무원에 대한 감시체제를 마련하였다. 그래서 미국경찰에 의한 인권침해문제를 놓고 국제사면위원회는 다음과 같은 결론을 내리고 있다.

> 미국에서는 매년 경찰관에 의한 모욕 및 가혹행위에 관한 수천 건의 보고서들이 나오고 있으며 그것들을 통해 거대도시의 일부 경찰국에서 행한 체제화된 잔혹성이 일부 폭로되었다. 그러나 아직도 체계적인 전국적 정보가 없기 때문에 경찰의 잔혹성이 어느 정도인지를 정확하게 산출하기는 어렵다. 1994년부터 연방정부가 경찰의 과도한 무력행사와 관련한 전국적 정보를 수집하도록 요구하는 내용을 성문화하였으나, 의회는 집행 예산을 배정하지 못하고 있다. 미국에는 17,000개 이상의 경찰기관이 존재하며, 이들 각 기관은 인권침해를 기록하고 조사하는데 있어 각자의 관행과

지침을 가지고 있다. 미국의 대부분 경찰국들은 치명적인 무력행사에 관한 엄격한 지침을 가지고 있으며, 국제인권규준에도 최후의 수단으로써, 그리고 상대의 위협정도에 비례하여 부상을 최소화하는 방향으로만 무력을 행사하도록 규정되어 있다. 그러나 이러한 규준들이 빈번하게 무시되고, 당국 역시 너무나 자주 이러한 인권침해에 대해 눈을 감는다는 것은 명백하다. 경찰의 잔혹행위 고소에 대한 조사는 자주 지연되며, 내사의 질과 공평성은 심히 우려된다. 징계는 매우 드물다. 인권침해에 책임이 있다고 밝혀질 경우 그 가해자에 대해서는 너무나 관대하다.

많은 경찰의 총격사건은 그 희생자가 매우 급박하게 위협을 가할 수 있는 상황에 있었는지에 관한 심각한 의문을 제기한다. 국제앰네스티는 1996년 연례보고서에서 이러한 논란을 일으킨 30개 이상의 사례를 상세히 기술하였다. 희생자 대부분은 흑인이나 라틴계 등의 소수민족들이었으며, 이러한 유형의 인권침해는 전국에 걸쳐 발생하였다. 소수인종이나 소수민족들은 많은 지역에서 경찰이 잔혹행위를 감내해야 한다. 흑인 경찰관들 자신도 흑인을 범죄용의자로 우선 지명하는 상투성에 불만을 나타내고 있다.

비무장 상태의 한 아프리카계 미국인 여성 캐럴라인 수 보티처는 노스캐롤라이나주 웨스트 샬롯트 출신의 경찰관에 의해 살해되었다. 97년 4월 경찰은 그녀가 타고 있던 버스가 경찰검문에 응하지 않았다는 이유로 22발을 발포하였다. 차안에 있던 누구도 무장상태였다는 것을 입증할 만한 증거는 없었다.

일부 경찰국은 경찰관들이 치명적인 폭력으로 직접적으로 위협당할 경우를 제외하고는 이동중인 차량에 대한 발포를 금지하는 지침을 가지고 있는데, 이 대부분은 무시된다. 경찰이 등 뒤쪽에서 무릎과 손목을 함께 묶는 방법인 일명 "hogtying"과 같이 그 위험성이 알려진 억압적인 절차를 사용함에 따라 많은 사람들이 구치소 내에서 사망하고 있다. 그러나 뉴욕경찰국을 비롯한 많은 경

> 찰국들이 이러한 절차의 사용을 금지하였음에도 불구하고, 다른 지역에서는 여전히 이러한 방법들이 사용되고 있다. 조지아주의 애쓴과 미시시피주의 잭슨 그리고 테네시주의 멤피스 등 다양한 지역에서 hogtying으로 인한 사망사건이 보고되었다.
>
> (http://www.amnesty.or.kr/campaign/usa.html)

미국에는 170만 이상의 시민들이 감옥이나 교도소에 수감되어 있는데 수인에 대한 고문과 인권침해 역시 국제사면기구에서 관심을 갖는 문제이다. 주목할 점은 미국의 수인 중 60% 이상이 소수 인종 혹은 민족 출신이고 반 이상이 흑인이라는 사실이다. 또한 80년 이후로 수감자의 수는 세 배 이상 증가하였고, 그중 여성 수감자의 수는 네 배로 불었다. 약 77,000명의 수인들이 사립기관에 수용되어 있다. 국제사면기구에 따르면 많은 주에 있는 사립기관에서 수인에 대한 인권침해와 열악한 수감조건에 관한 심각한 고소들이 있어 왔다고 한다.

2) 미국의 사형제도

국제사면위원회를 포함한 많은 인권단체들이 미국의 인권상황을 논하면서 이구동성으로 지적하는 문제는 사형제도에 관한 것이다. 미국에서는 1990년부터 1997년 사이에만 3백 3십 명 이상이 사형 집행되었고, 3천 3백 명 이상이 사형에 처해질 운명에 놓여있다. 국제적 흐름은 사형제도의 폐지 쪽으로 방향을 잡아가고 있다. 실제로 1백여 개 이상의 국가에서 사형제도가 법률상 혹은 실재에 있어 폐지되었다. 그런데 이와는 대조적으로 미국은 사형 선고율과 사형을 부과할 수 있는 범죄의 수를 증가시켰다. 현재 38개 주에서 사형이 성문법화되어 있다.

미성년자는 자신의 행위에 대한 이해가 충분하지 못하기 때문에 18세가 되기 전에는 이들의 범죄가 사형으로 처벌되어서는 안 된다. 그러나 24개 주에서 미성년자들이 사형에 처해지고 있다. 1989년 미국의 대법원은 정신적으로 미성숙한 경우의 사형집행은 헌법에 위배된다는 판결을 내렸다. 그 이후에도 정신적 장애가 있는 수인 30여명이 사형 집행되었다. 다소 긍정적인 조치들이 취해지고는 있다. 예컨대 1998년 네브라스카주는 정신적 장애자에 대한 사형을 금지하는 12번째 주가 되었다.

미국의 사형제도가 특히 문제시되는 것은 미국의 사법제도의 운용이 빈곤층이나 소수민족 등 사회적 약자에게 불리하다는데 기인한다. 즉 미국의 사법제도는 유능한 변호사를 기용할 수 있느냐가 매우 중요하다. 90년대 중반 한국의 언론에서도 금세기의 형사재판이라고 대서특필했던 심슨(O. J. Simpson)의 부인 살해사건의 재판과정이 이를 잘 말해준다. 심슨 재판이 보여준 메시지는 미국의 제도 하에서 피고의 운명은 범죄내용보다는 어떤 변호사를 만나는가에 더욱 좌우된다는 것이었다. 사형의 경우도 예외가 아니어서 경험이 풍부하고 유능한 변호사를 구할 여유가 없는 피고는 그렇지 않은 경우보다 사형에 처할 확률이 훨씬 더 높다.

사형을 반대하는 사람들은 재판관의 실수로 무고한 사람이 목숨을 잃을 수 있다는 점을 강조한다. 국제사면위원회의 자료에 의하면 미국에서는 1973년 이후 잘못 기소된 사실이 증명되어 복역 중 석방 된 사람이 75명 이상 달했는데 그 중에는 컬티스 카일즈라는 사형수도 포함되어있다. 미국에서 자신이 저지르지도 않은 범죄로 인해 얼마나 많은 수인들이 사형을 당했는지는 아무도 모른다.

또한 미국의 사형집행은 다분히 인종차별적이라는 문제점 역시 지적되어야 할 것이다. 범죄의 희생자를 보면 백인과 흑인의 수는 비슷하지만 1977년 이후 사형수의 82%가 백인을 살해한 혐의로 기소되었다. 이와 같은 선고의 불균등을 설명하는 데는 피고나 피해자의 '인종'이라는 요인 이외에는 뚜렷한 것이 없다. 미국인구중 흑인이 차지하는 비율은 12%밖에 되지 않지만, 사형수 중 42%가 흑인인 반면 이들을 기소하고 판결을 내리는 사법체계는 백인이 압도적으로 많다. 예를 들면 1998년 사형선고와 연관이 있는 지방검사의 수는 1,838명이었는데, 이중 백인이 1,794명에 달했다(http://www.amnesty.or.kr/campaign/usa.html).

이상에서 살펴 본 미국의 인권상황에서 드러나는 문제점은 미국에서는 '인권은 보편적이며 불가분적이다' 라는 원칙이 지켜지지 않는다는 것이다. 모든 인권은 사회적 지위나 인종적 민족적 기원, 성적 지향성 또는 경제적 수준과는 상관없이 모든 사람에 의해 향유되어야 함에도 불구하고 소수민족이나 사회적 하층 그리고 사회적 소수자들의 인권이 침해당하는 경우가 상대적으로 많다는 것이 미국의 인권문제의 바탕에 깔려있다.27)

---

27) 미국의 인권상황을 점검한 후 국제앰네스티는 미국정부에 다음과 같은 권고사항을 전달했다.

* 경찰에 의한 그리고 교도소와 감옥에서 발생하는 인권침해 주장을 조사하기 위해 독립적이고 효과적인 감독기구를 설치.
* 주 또는 연방 구치소에서 발생한 고문이나 가혹행위에 가담한 것으로 밝혀진 모든 사람이 자신의 행동에 책임지고 적절한 처벌을 받을 수 있도록 보장.
* hogtying이나 choke-holds와 같이 심각할 정도로 위험하고 잔인한 억압절차가 법 집행 공무원이나 교정당국에 의해 사용되지 않도록 금지할 것.
* 전기충격벨트나 다른 형태의 전기충격 기기 사용의 금지.
* 노동 중에는 물론 임신한 여성 수인에 대한 일상적인 결박의 사용을 금지.
* 미국 교도소나 감옥에서 강간을 비롯한 성폭력이 발생하지 않도록, 특히 여성 수인들에 대한 성폭력을 방지할 수 있도록 보장. 이를 위한 조처로써 여자수인에 대한 남자 교도관의 역할 제한을 포함시킬 것.

3. 재미한인사회의 인권문제

1) 기본적 시각

우리는 앞에서의 논의를 통해 미국사회가 경제적 불평등이 심한 나라이며 인종적 편견이 존재하는 사회임을 확인했다. 또한 경찰 등 공권력에 의한 인권침해가 특히 소수민족이나 소외계층을 상대로 더욱 두드러진 다는 사실도 확인하였다. 이러한 맥락과 관련시켜 지난 20여 년간의 경험만을 돌이켜보더라도 인권문제와 관련하여 몇 가지 문제점이 발견된다. 80년대 보수적인 공화당 정권의 등장 이래 미국은 범죄와의 전쟁을 선포하고 최소기본형량제를 강화하고 미성년 범법자를 성인과 동일하게 기소하거나, 특히 마약과 같은 특정 범죄자에 대한 형량을 높이고 가석방을 없애는 등 더욱 엄중한 처벌의 부과에 역점을 두어왔다. 그 결과 미국은, 1999년 현재 170만 명의 수인과 380만 명의 집행유예 또는 가석방 인을 갖는, 지구상에서 전체인구 중 가장 높은 비율의 수인을 가진 나라가 되었다. 여기에 한 가지 덧붙일 점은 1999년 유엔인권위원회 연례회의에서 미국의 경찰에 의한 가혹행위가 미국 전역에서 체계적이고 광범위하게 자행되고 있다고 지적되었다는 사실이다. 그런데, 역시 이미 앞에서 지적했듯이, 미국의 사법제도와 환경 하에서 법에 의한 보호를 제대로 받기 위 하여는 자질이 뛰어난 변호사의 서비스가 절대적이다. 이러한 관점을

---

* 망명희망자들이 최후의 수단으로써만 수감되고, 절대 감옥에 구금되지 않도록 보장
* 모든 사형의 폐지를 위한 첫 단계로써 미성년자에 대한 사형의 적용을 중단.
* 현재까지 비준하지 않은 모든 인권협약을 유보 없이 비준. 특히 여성에 대한 모든 형태의 차별방지 협약과 아동권리협약을 비준.
* 군사적 지원, 보안 및 경찰장비, 시설, 기술의 이전을 관리 감독하기 위한 행동강령을 채택하여 미국이 다른 나라의 인권침해에 기여하지 않도록 보완.

재미한인에 적용한다면 다음과 같은 질문들이 제기된다. 즉 재미한인들의 법률서비스에 접근 할 수 있는 여건은 어떠한가? 재미한인들의 환경이 폭력적인 범죄에 어느 정도 노출되어 있는가? 미국경찰의 재미한인에 대한 인식은 어떠한 것인가? 이를 달리 표현하면 재미한인들의 경제력, (미국의 관행과 법을 이해하는) 교육수준, 경찰이나 검찰, 그리고 법원과의 관계 등을 분석하는 것이 필요하다는 말이 된다.

제도적 환경의 차원에서의 또 다른 주요한 문제는 인종적 편견과 차별에 관한 것이다. 인종차별은 특히 흑인집단의 문제가 가장 심각한 것으로 널리 알려져 있지만 아시아계에 대한 편견과 차별 또한 그 역사가 깊다. 재미한인은 일반적으로 미국인들에 의해 흔히 중국이나 일본인집단과 동일한 그룹으로 취급되어왔기 때문에 중국인과 일본인에 대한 사례를 살펴보면 많은 시사점을 얻을 수 있다. 미국으로의 아시아계 이민이 시작된 19세기 말 20세기 초의 문헌에는 중국인을 모멸적으로 비하하는 글이 무수히 많고[28], 실제로 중국인들은 잦은 테러의 대상이 되었지만 미국의 법은 그들의 인권을 지켜주지 못했다. 특히 1882년에는 미국역사상 특정인종집단을 드러내 놓고 차별하는 중국인 배척법(the Chinese Exclusion Act)이 제정된 바 있고 2차대전 중에는 유독 일본인들만이 강제로 집단수용소에 억류되었다. 아시아계를 겨냥한 시위나 테러, 그리고 드러나지 않는 차별행위 등은 오늘날에도 없어지지 않았다. 한 예로 1982년 디트로이트에서는 무고한 중국인이 일본인으로 오인되어 실직한 백인 (자동차공장)노동자에게 대로상에서 무참히 살해당한 사건이 발생하였는데 미국사법제도의 특성인 배심원제도 하에서 살인자들에게 내려졌던 판결이 매우

28) 중국인을 열등한 인종으로 묘사한 글들은 Stuart Creighton Miller, 1969, The Unwelcome Immigrants: The American Image of the Chinese 1785-1882. Berkeley: University of California Press를 참조할 것.

가벼웠던 사례가 아시아계 미국인들의 분노를 산 경우가 있었다[29]. 아시아계 미국인에 대한 차별이 존재한 만큼 재미한인들 역시 같은 문제로 피해를 입었을 것이 분명하며, 따라서 재미한인들의 인권문제를 이해하기 위 하여는 개개인들이 처한 일상적 상황에서의 구체적인 사례들을 수집하고 분석하는 것이 필요하다.

2) 인권문제: 개인적 차원과 사회적 차원

미주 중앙일보가 2000년에 창간특집으로 미주한인의 대규모조사를 행한 결과에 따르면 재미한인의 30.4%는 주류사회로부터 자신이 한국인이라는 것 때문에 인간적인 모욕을 당한 경험이 있으며, '금전적 손해'를 경험한 사람도 18.0%나 되는 것으로 나타났다. 또한 '취업이나 승진상의 불이익'을 받은 경험이 있다는 응답도 13.7%이었고 '소속집단으로부터의 따돌림'을 경험한 비율도 9.6%에 달했다. (복수응답을 허용한 질문임)(미주중앙일보 2000년 9월21일). 이러한 실증적 조사가 말해주는 바는 재미한인의 상당수가 미국사회에서 편견과 차별을 직접 경험했음을 뜻한다. 대부분의 사람들은 일상생활에서 은밀히 자행되는 편견과 차별을 겪으며 지내지만 그 중 몇몇은 사법제도의 틀안에서 인권침해의 문제와 부딪치게도 된다.

미국의 사법제도와 인종적 편견에 대하여 미국의 한인사회에서 범사회적인 관심을 불러일으킨 사건은 아마도 1980년의 '이철수사건'일 것이다. 12세에 도미해 불우한 환경에서 자란 이철수는 73년 샌프란시스코 차이나타운에서 발생한 살인사건에 무고하게 연루되어 종신형을 선고받고 복역 중 감옥 안에서 백인죄수를 살해했는데 그것

29) 살인을 저질은 두 명의 백인 청년에게 겨우 집행유예 3년과 $3,780의 벌금형이 내려졌음.

이 정당방위였음에도 불구하고 사형을 선고받음으로서 교민사회에 알려지게 되었다. 이 사건은 백인사회에 홀로 던져진 불우한 한국청년이 어떻게 본인의 무지와 무능력, 그리고 백인사회의 편견과 차별 때문에 시민의 권리를 보호받지 못하게 되었는가를 보여준 대표적 사례이다.

이와는 성격을 달리하지만 재미한인들의 인권침해사례는 그 동안 신문지상을 통하여 가끔 그 면모를 드러내왔다. 예를 들면 2000년에는 니폰 익스프레스 USA라는 회사 내에서의 인종차별에 항의하다 자살한 이명섭씨 사건과 빙햄턴(Binghamton) 소재 뉴욕주립대에서 한인 학생들이 단지 동양인이라는 이유만으로 백인 운동선수들로부터 집단 구타를 당한 사건이 있었다. 두 경우 모두 미국 경찰이나 사법 당국의 처리가 미온적이었다는 점에서 재미한인들의 인권의 보호가 그리 쉬운 일이 아님을 짐작케 한다. 본 장에서는 재미한인들이 인권문제와 관련하여 겪는 어려움을 두 가지 차원을 고려하여 분석하고자 한다. 첫째는 사회적, 문화적인 차원으로서 미국사회의 특성 및 한국과 미국문화의 차이 때문에 야기되는 문제점들을 사례분석을 통해 검토 할 것이다. 둘째는 개개인들의 특성 및 그들이 처한 사회구조적 상황을 인권침해문제와 연결시켜 분석 할 것이다. 예를 들어 미국으로의 이민을 초기의 노동이민, 6.25 이후의 미군과의 결혼이민, 수 만 명에 이르는 (고아)입양이민, 유학이민, 최근의 가족이민 등으로 나눈다면 다양한 집단의 경험을 분석적으로 유형화하여 집근하는 것이 가능 할 것이다. 이러한 다양한 집단 중 미군과 결혼한 여성집단의 인권문제 등은 특히 우리의 관심을 끈다. 왜냐하면 한국여성들은 미국이라는 사회에서의 여성운동이 강화됨으로서 여권이 크게 신장되었음에도 불구하고 미국사회에서는 아직도 여성들이 차별과 폭력(특히 가정폭력)에 시달리고 있다는 사실에 비추어 볼 때 '소수민족'과 '여성'이라는 이중의 굴레를 극복해야 한다는 점에서 관심을 끌기 때문이다. 물론 인권침해는 가족이민을 온 최근의 이민집단에서도 존재할 것이고, 학력이나 소득수준이 높은 집단에서도 나타날 것이다. 예를 들면 사회경제적 지위가 미국사회에서 상대적으로 높은 과학자의 경우에도 아시아계의 경우 인권침해 사례들이 발견된다. 최근까지 언론에 보도된 바 있는 대만계 과학자 리원허박사의 핵 기밀 유출사건의 경우 백인과학자면 그렇게 취급되지 않았을 것이라는 것이 뉴욕타임스에 의해 입증되었다는 사실에서 사회적 지위가 어느 정도 보장되는 우수 과학자일지라도 백인사회가 갖는 편견과 차별의 대상에서 예외가 되지 않는다는 것을 알 수 있다. 약간 다르기는 하지만 한국계과학자의 경우는 로버트 김의 경우가 인권문제와 관련하여 많은 시사점을 던져준다.

이제 미국사회에 대한 일반적 인식을 바탕에 깔고, 동시에 분석을 위한 두 가지 차원을 염두에 두고 가능한 한 다양한 사례를 수집하여 체계적으로 정리함으로서 재미한인들의 인권문제를 일반화의 수준에서 논 할 수 있는 틀을 만들어 내는 것이 논의의 순서일 것이다. 다시 말해 구체적인 인권침해사례들의 분석을 통하여 우리는 재미한인들이 노출되어있는 사회적 편견과 차별의 본질에 접근해 볼 수 있다는 말이다. 우리의 과제는 이와 같은 편견과 차별의 뿌리를 제도적인 문제와 연계시켜 체계적으로 정리하고 분석하여 그것이 어떻게 현재의 재미한인들의 인권상황에 연결되어 있는가를 밝히는 일이다.

4. 재미한인사회의 인권문제의 분석

1) 사회적 맥락: 인종주의, 편견, 차별

미국은 다 인종 다민족이 함께 살고 있는 다민족 국가로서 역사적으로 '인종'의 범주가 사회과정에서 매우 중요한 위치를 점해왔다. 우리는 앞의 장들에서 미국의 민족집단을 유럽계 이민과 같은 '문화적 민족집단'과 흑인, 히스패닉, 아시아계 이민과 같은 '인종적 민족집단'으로 나누고 이 두 집단의 미국사회에의 적응은 그 양상을 달리하고 있음을 살펴본 바 있다. 그런데 특히 인종적 소수민족집단의 현실은 역사적으로 일정부분의 문화적 동화에 사회구조상 하층으로의 강요된 통합형태를 띄었다. 이는 미국을 이해하는 데는 인종주의 및 그에 따른 편견과 차별에 대한 이해가 필요하다는 것을 함축한다. 여기서 우리는 역사적으로 미국의 외교 정책이나 사회정책의 주요 부분이 백인 우월주의 사상과 백인들의 '인종관'에 의해 결정됐고 시행됐다는 사실을 간과해서는 안 된다. 인종차별주의 사상은 오늘 날까지 사라지지 않고 있는 미국의 '더러운 비밀' (dirty secret)이며 그 어두운 그림자는 재미한인사회에도 도처에 드리워져있다. 한인을 상대로 한 증오범죄나 경찰에 의한 차별적 조치는 대표적인 보기일 뿐이다. 인종주의적 편견이나 차별과 관련된 구체적인 사례로 다음과 같은 경우들을 들 수 있다.

〈인종적 증오범죄〉

최근 재미한인을 대상으로 발생한 대표적인 인종적 혐오범죄는 1999년 7월 인디아나주 블루밍턴에 있는 한인교회에서 예배를 보고 나오던 유학생 윤원준(26)씨가 총을 맞고 숨진 사건이다. 그 사건의 용의자는 벤저민 스미스(21)로서 윤씨를 저격한 사흘 전부터 일리노이와 인디애나주 일대를 돌며 흑인, 유대인, 아시아계 만을 골라 총격을 가해 윤씨를 포함 두 명을 살해하고 여덟 명을 부상시켰다. 경찰은 스미스가 백인 우월주의자 단체인 '창조주세계교회 (WCOTC)'의 회원으로 활동한바 있으며, 이번 범행은 인종주의적 동기에 의해 발생한 "증오범죄'라고 밝혔다(뉴스위크 한국판 99년 7월 28일자).

1999년도에 아태법률재단에 접수된 한인 인종혐오범죄 피해사례는 19건으로 경찰에는 신고조차 되지 않고 상담기관의 설문조사에 의해 파악된 것들이다. 이는 한인들이 그들의 권리를 적극적으로 찾지 않고 있다는 증거이다. 따라서 신고기피와 소극적 태도 때문에 이러한 문제의 실상은 제대로 파악되지 못하고 있는 것이 현실이다. 참고로 1999년 미 전역에서 신고 된 상당히 심각한 수준의 혐오범죄 486건 중 26건(약 5%)이 한인을 상대로 저질러진 범죄로 나타났다(미주중앙일보 2001년 1월 19일자).

〈경찰의 인권침해〉

1996년 2월 미국 서부인 로스앤젤리스지역에서는 경찰의 불심 검문에 불응하고 달아나던 김홍일씨(27)가 경찰에 포위돼 집중 총격을 받고 숨졌고, 5월에는 한인타운 인근에서 소란을 부리던 홍병칠씨(43)가 경찰 체포과정 중 질식사했다. 이들 두 사람은 부검결과 마약을 복용했던 것으로 밝혀지기는 했지만 가족들은 경찰의 대응이 지나쳤다며 해당 시 정부를 상대로 소송을 제기했다. 이어 7월에는 경찰이 팜스프링스 거주 최영호씨(33)를 경찰 살해범으로 단정, 체포하고 언론에 공개한 후 48시간 만에 무혐의로 석방하는 사건이 발생하자 경찰의 인권침해행위에 대한 한인사회의 반감이 극에 달했다. 최씨는

경찰을 상대로 피해보상 청구 소송을 제기했다

2000년 9월 7일에는 미 동부에 위치한 버지니아 페어팩스 카운티 버크에 사는 유지영씨(55)가 오전 6시 20분 경 집안에서 소란을 피우다 출동한 경찰의 총에 맞아 숨졌다. 부인 백춘심씨(52)에 의하면 숨진 유씨는 평소 정신질환을 앓아왔으며 이날 발작을 일으킨 남편을 경찰의 도움을 받아 병원에 갈 생각이었는데 경찰의 과잉대응으로 남편이 숨졌다고 주장했다 (미주 중앙일보 2000년 9월 8일).

〈인종차별적 교도행정〉

한인들 중에는 억울하게 옥살이를 하는 사람들도 있다. 앞에서 언급한 이철수씨 사건을 한인사회에서는 그가 단순히 동양인이라는 이유로 억울하게 살인죄를 쓰고 사형선고를 받았다고 보는 견해가 지배적이다. 그리고 1979년 차이나타운 살인 사건으로 기소되어 소년원에 수감됐던 백광흠씨는 3년 후면 새로운 삶을 찾을 수 있다던 변호사의 말과는 달리 아직도 감옥 생활을 하고 있다. 수감 중 흑인, 라틴계의 괴롭힘에 시달렸고, 간수가 백광흠군이 태권도로 자신을 죽이려고 했다는 살인죄를 씌워 이제는 종신수가 되었다 (장태환: http://rini.hallym.ac.kr/bbs/text/bbstx2-1.html).

〈제도적 차별사례〉

아시아지역에서 미국으로 입국하는 관문 중의 하나인 오리건주 포틀랜드시의 이민국(INS)이 다른 이민국에 비해 턱없이 높은 아시아인 입국 거부 율을 보여 차별적인 입국심사로 악명을 떨친다는 보도가 있었다. 즉 한때 포틀랜드의 아시안 입국 거부 율은 인근 시애틀의 8배에 달한 것으로 나타났다. 또한 2000년 4월에는 한국에서 입국하던 한인 컴퓨터 기술자가 불법입국혐의로 이민국직원들에 의해 강제로 수갑과 족쇄가 채워진 채 변호사 접견 마저 거부당한바 있다 (미주중앙일보 2000년 9월 13일).

〈미군의 한국인 아내와 인종편견〉

국제결혼여성인권 운동본부 강선영 본부장이 2001년 말 펴낸 보고서에 따르면 미국 내 군인과 국제결혼을 한 여성의 60%가 결혼 5년을 주기로 이혼을 하고 있다고 한다. 이혼의 이유는 인종차별, 문화적 차이, 언어장벽 등이 가장 주된 요인인데, 특히 동양인인 한국여성은 무조건 순종하고 복종해야 한다는 그릇된 인식이 한국여성들의 건전한 사회적 진출을 막고 가정에서의 발언권을 박탈하고 있다는 것이다. 이러한 인식은 또한 미군 남편들이 아내인 한국여성들에게 생계보조를 위한 돈벌이를 강요하는 비율이 매우 높은 것(50% 이상)으로 나타나게 하는 요인으로 작용하고 있다 (강선영 2001).

〈학교에서의 인종차별적 행위〉

앞서 언급한 윤원준씨의 사건과 같이 인종증오 때문에 목숨을 잃는 경우는 그리 많지 않지만 일상생활에서 발생하는 인종차별적 인권침해사례는 흔하다. 한 예로 아태법률재단의 99년도 보고서에는 북가주 시스키유 카운티에 있는 초등학교 한인 6학년 학생이 급우 5명으로부터 집단구타를 당한 뒤 이 사실을 경찰에 신고했는데 경찰로부터 구타사건을 통보 받은 학교는 피해자 한인 소녀를 싸움을 시작했다는 이유로 정학조치 했다. 그런데 한인 여학생을 구타한 백인 여학생들은 또 다시 그에게 음식물을 던지며 아시아인을 비하하는 "국"이란 용어를 사용해 모멸감을 주었다(미주중앙일보 2001년 1월 19일).

〈일상생활에서의 인종차별사례〉

과거에는 종종 동양인 또는 한국인이라는 이유로 아파트입주를 거부당하거나 특정지역의 주택구입을 거부당하는 경우가 있었다. 그런데 최근에는 한인 아파트 소유자들이 흑인이나 히스패닉인 들에게 차별을 하는 사례가 당국에 의해 적발되는 사례가 늘고 있다. 미주 중앙일보 2001년 11월 21일자에 보도 된 바에 의하면 최근 아파트 건물주와 세입자간의 분쟁이 새로운 사회문제로 부각되고 있는 가운데 LA한인타운에서 인종 또는 사용하는 언어가 다르다는 이유로 세입자를 제한해 입주시켜온 아파트 건물주 12명이 LA시 당국에 적발됐던 것으로 밝혀졌다. LA시 도시개발주택국은 신고 된 사례들을 토대로 한인타운 내 아파트 40곳을 조사, 이중 12곳을 적발했다. 파노라마 시티와 샌퍼낸도 밸리 지역에서도 13곳의 아파트 건물주가 적발됐다. (미주 중앙일보 2001.11.21) 이는 재미한인들이 인종차별의 피해자임과 동시에 가해자도 될 수 있음을 뜻한다.

2) 문화적 맥락: 생소한 관습, 법, 제도

미국에 거주하는 한인들이 당면하는 근본적 문제는 문화적 차이의 극복이다. 무엇보다도 먼저 언어의 미숙 때문에 겪어야하는 몰이해 및 권리의 박탈이 심각한 문제이다. 이러한 문제는 특히 노인층과 저학력층이 어려움을 많이 겪으며, 미군과 결혼한 일부 여성들 역시 사회적 차별 외에 문화적 차이에서 피해를 보는 경우가 많을 것으로 판단된다.

〈미국 법과 제도에 대한 무지〉

한인들은 미국의 법과 제도에 무지하여 자신의 권리를 적극적으로 주장하는데 소극적인 면이 있다. 일례로 한인들은 경범위반자에게 구류나 벌금형에 대해 사회봉사형으로 형을 대신하는 프로그램이 있는데도 이를 잘 몰라 이용하지 못하는 사례가 많은 것으로 나타났다(미주중앙일보 2000년 7월 11일). 미국의 법과 관행을 잘 몰라 인권을 침해당하는 보다 심각한 사례는 미군과 결혼했다가 이혼하는 여인들의 경우를 들 수 있다.

미군과 결혼한 많은 수의 여인들은 이혼 시 미국 법에 대한 이해부족으로 불이익을 당하는 경우가 태반이다. 국제결혼여성인권 운동본부의 강선영 본부장의 조사에 따르면 한국여성들이 이혼한 경우 위자료를 지급 받는 경우는 거의 전무하고 자녀 양육비조차 제대로 지급 받지 못하는 여성이 대다수라 한다. 이는 미군이 군부대내에서의 군사적 지위를 이용하여 미군부대 변호사를 동원하고, 한국여성의 미국법률지식의 무지함을 악용하기 때문이라는 것이다 (강선영 2001).

〈미국의 관습에 대한 무지〉

재미 한인들은 미국의 관습이나 법에 대한 이해가 부족하여 손해를 보거나 따돌림을 당하기도 하지만 심한 경우 목숨을 잃는 경우도 있다. 2001년 8월6일 밤 11시께 LA지역의 글렌데일에 위치한 고급 콘도에 거주하는 고호길(56)씨가 술을 마신 채 9층에 있는 자신의 집 반대방향 쪽에 있는 다른 집 문을 강제로 열려고 시도했다. 이때 집안에 있던 70대 백인 노부부는 즉각 1층 경비실에 연락해 경비원이 현장에 달려와 고씨를 말렸으나 고씨는 소리를 지르며 문을 열고 노부부의 집안으로 들어갔고 이 순간 샷건을 들고 있던 노인이 고씨를 쏘아 사망케 한 사건이 발생했다. 경찰은 이 사건의 본질을 주거침입과 정당방위의 관계로 접근함으로서 고씨의 죽음은 억울한 죽음이 됐다

(한국일보 미주판, 2001.8.8).

〈동양적 사고와 미국 법 사이의 괴리〉

미국 남부 조지아주 로렌스빌에 사는 목사 부인인 이영(42)씨는 10대의 양녀가 헐렁한 셔츠와 찢어진 청바지를 입고 나닌다고 심하게 매질한 혐의로 기소되어 그위네트 카운티 법정에서 무려 2년의 징역형을 선고받고 실신해 들것에 실려 나갔다. 이날 법정에는 이씨를 지원하기 위해 20여명의 한국 이민자들이 참석하여 이씨가 한국의 전통적인 방식으로 아이를 훈육한 것이라고 변호했지만 재판부와 배심원단을 설득하는데 실패했다. 구세군교회 주임목사 마이클 장씨는 "만일 이씨가 미국에 오래 살아 이 체제를 알았다면 매질하지는 않았을 것"이라고 말했다 (미주중앙일보, 2000.6.23).

〈사법제도와 문화적 소통의 문제〉

99년 미국법정에서 무려 271년형을 받은 강현구씨의 경우 LA한인타운에서 갱단을 조직하고 강간, 강도를 저지른 혐의로 재판을 받았는데, 같이 구속된 청년들이 그를 '형님'이라고 부르는 관행을 영어의 '보스'로 번역하고 이해함으로서 강씨를 갱단의 두목으로 간주했다는 주장이 나오고 있다. 이는 동양인 배심원이 한 명도 없는 법정에서 판사와 검사가 모두 흑인이었기에 문화적 몰이해와 당시 92년 LA인종폭동이후 흑인과 한인사이의 감정이 악화된 상황이 변수로 작용했을 가능성이 농후한 재판이었다는 의문이 제기되었다(한겨레21, 2001년 8월28일자, 제374호).

〈언어 및 법률서비스의 부족〉

1995년 12월 영어를 할 줄 모르는 강동식(81) 할아버지는 산책을 나갔다가 집을 잘못 찾아 남의 집 문을 두드렸다가 주인의 신고로 경찰에 연행되었다. 강할아버지를 연행해간 경찰은 언어가 통하지 않자 아무런 조처를 취하지 않고 그냥 그를 방면함으로서 강할아버지는 길을 잃고 헤매다가 강도를 당하고, 그 후유증으로 그 이듬해에 사망하는 사건이 있었다. 이를 계기로 LA에는 아태계 경찰자문회의(APIPAC)가 구성되고 영어가 미숙한 아시아계 등의 이민자들에게 이중언어 서비스를 실시하게 되었다. 그러나 2001년 아태계 경찰자문회의가 실시한 조사에 따르면 경찰은 아직도 각종신고 전화를 매우 무성의하게 취급하고 있는 것으로 드러났다. 영어미숙 이민자의 경찰과의 통화 성공률이 30%에도 못 미치고, 영어가 안 되자 바로 전화를 끊거나, 폭언을 하기도 하고, 20여분 이상 통화대기 시키는 등 무성의한 태도가 많았다(미주중앙일보 2001.9.6).

3) 경제적 맥락: 빈곤과 착취

〈재미한인의 경제적 지위〉

미국은 대표적인 자본주의국가로서 사회적 불평등이 심한 나라이다. 특히 가난한 사람들은 주거, 교육, 취업 등 사회의 모든 영역에서 상대적으로 힘든 삶을 영위해야한다. 이미 앞에서 지적하였듯이 미국 경찰의 인권침해행위는 소수민족이나 빈민 층 등 사회적 약자계층을 상대로 두드러지게 나타나고 있으며, 미국의 가난한 사람들은 자신의 권리를 보호받기 위한 법률적 도움을 받는데 어려움을 겪고 있다. 예컨대 가난한 고아가 범죄에 연루되면 변호사를 선임할 권리는 있지만 변호사 수임료를 지불하기는 힘들다. 국선 변호사는 흔히 경험이 부족하고 성의가 없을 수도 있다. 그러므로 전문적 법률자문이 반드시 필요한 사형선고와 같은 경우에 심각한 문제가 되는 것이다. 그런데 최근 미국의 의회는 가난한 사람들을 위한 연방법률 원조기금을 대폭 삭감시켰다. 이는 미국사회의 기류가 그 만큼 백인, 중산층 위주의 보수적인 방향으로 흘러가고 있음을 말해주는 것이다.

이러한 맥락에서 보면 재미한인의 인권상황은 한인들의 경제적 수준과 불가분의 관계를 갖지 않을 수 없을 것이라는 판단이 선다. 재미한인들이 사회적으로 대접받기 위해, 그리고 양질의 법률서비스에 쉽게 접근하기 위해서는 탄탄한 경제력이 필요한 것이다. 경제적인 측면에서 재미 한인집단의 위치는 얼른 보아 미국사회 내에서 적어도 중간 이상은 되는 것처럼 보인다. 왜냐하면 거의 모든 조사에서 한국이민의 연평균 가계수입은 이민전체의 평균을 훨씬 초과하고 있는 것으로 나타나기 때문이다(최협, 이광규: 1998:144-145). 그에 더하여 한국이민은 교육수준이 가장 높은 집단 중의 하나이기 때문에 미국에서는 '성공적인 소수민족'으로 언론에서 종종 소개되기도 한다. 그러나 이러한 판단은 다분히 상대적인 것이다. 한국이민이 성공적이라고 보는 이유는 한국인의 본격적인 미국이민역사는 사실상 1970년대 이후 시작되었기에 그와 같이 짧은 이민역사에도 불구하고 그만한 성과를 올렸다는데서 주목을 받게 되었다. 재미한인들은 교육수준과 가계수입 면에서 흑인이나 히스패닉 집단보다는 월등히 낳은 지위를 누리고 있는 것이 사실이지만 그 내용을 자세히 들여다보면 많은 문제점을 안고 있다.

우선 지적될 수 있는 것은 1965년 이후 미국으로의 이민은 중산층이 중심이 된 것이었으나 그들은 미국에 적응하면서 대체로 직업 지위의 하향이동을 경험했으며, 재미한인이 가장 많이 종사하고 있는 직업은 소규모의 상업과 서비스업종이라는 사실이다. 재미학자 김형찬(1989)이 조사한 바에 의하면 전문직을 가진 사람은 5%에 머물고 있을 뿐이다. 사실 재미한인의 압도적 다수가 소규모 자영업에 종사한다[30]. 이는 재미한인의 대다수가 이민 1세대이기 때문에 영어가 서툴고 미국의 교육과 제도가 한국의 그것과 다르며, 인종차별 등이 존재하기 때문에 나타난 현상일 것이다. 미국의 교육과 전문적 자격증을 갖지 못한 대다수의 한인들은 백인사회의 편견과 장벽 때문에 미국의 노동시장에서 전문직이나 화이트칼라 직업을 갖지 못하고 한인들의 민족경제(ethnic economy)나 이차적 노동시장(secondary labor market)에서 주어지는 낮은 임금과 노동 집약적이고 승진 기회가 없는 막다른 골목의 직업들에 종사하고 있다(Hurh and Kim, 1984). 따라서 재미한인 중 대다수는 경제적으로 여유 있는 생활을 하고 있다고 보기는 어렵다[31]. 또한 최근의 이민통계자료를 분석해 보면 70년대 중반을 기점으로 한국으로부터의 이민 중 노동직, 기능직, 서비스직 등 블루칼라 직종에 종사했던 사람들이 차지하는 비율이 꾸준히 늘고 있다(Yoon 1993)는 점도 재미한인사회의 경제적 지위의 취약성과 관련이 있을 것이다. LA에서 지난 92년 설립되어 연구와 봉사활동을 펴고 있

---

30) 1990년 미국 인구 센서스에 따르면 경제활동 한인들 가운데 약 25%가 자영업에 종사하고 있다고 한다. 미국 일반인들의 자영업 참여율이 10%이므로 이는 그보다 2.5배 높은 것이다. LA, 뉴욕 등 한인들이 많이 살고 있는 대도시에서의 한인들의 자영업 참여율은 더욱 높아서 성인 한인들의 30%에서 50% 정도가 자영업에 종사하고 있는 것으로 보고되었다 (Light and Bonacich, 1988; Min, 1993).

31) 라이트(Light)와 보나시쯔(Bonacich) 같은 학자는 한인들이 자영업에 매달리는 현상을 매우 부정적으로 평가하고 있다. 즉 그것은 미국자본주의 시장에서 성공해 가는 지름길이 아니라 차라리 값싼 노동의 위장된 형태이거나 또는 본인과 가족성원의 착취라는 것이다 (Light & Bonacich, 1988 참조).

는 한인사회의 대표적인 비영리단체인 남가주 한인노동상담소(KIWA)에서는 한인동포의 75%는 가게 주인이 아닌 노동자이고, 한인동포 중 16%는 미연방 최저생계선 이하의 수입에 머물러있다는 주장을 펴고 있다.

한편 한인 이민자들은 정착 초기 미국 노동시장에서의 불리함을 자영업과 근면으로 극복하여 경제적 안정을 추구하는 과정에서 흑인과 멕시칸과 같은 소수민족들과 갈등을 빚었다.[32] 그러한 갈등이 극명하게 표출된 사건이 1992년에 발생한 로스엔젤레스 폭동인바, 그 당시 약 2,300개의 한인 업소가 약탈당했거나 전소되어 재산 피해액이 4억 달러에 달하는 등 한인들이 폭동의 가장 큰 희생자가 되었다. 1992년 LA 폭동의 직접적인 원인은 흑인이 백인경찰들에게 무자비하게 구타당한 사건이었는데 엉뚱하게도 피해는 한인들이 보았고, 폭동 발생 시 부유한 백인거주지역인 웨스트우드나 비벌리힐스에는 경찰력이 일찍 배치되었으나 정작 흑인가에 가까운 한인타운에서는 경찰들이 초기진압에 적극적으로 나서지 않았다는 의심을 받았다. 그에 더하여 대부분의 한인들은 억울하게 큰 피해를 당하고도 나중에 지방정부나 연방정부로부터 응분의 보상을 받지 못함으로서 미국사회에서 소수민족이 스스로의 권익을 보호하는 것이 얼마나 어려운가를

32) 1991년에 발생한 두순자씨 사건이 한흑갈등의 대표적인 예이다. 3월 16일 사우스 LA 지역의 마켓안에서 주인 두순자씨와 15세 흑인 소녀 라타샤 할린즈양이 다투던 끝에 두씨가 할린즈양을 총으로 쏘아 숨지게 한 이 사건은 다툼의 발단이 1달러에 불과한 오렌지 쥬스 한 병이며 희생자가 10대 소녀였다는 점에서 미 주류언론의 선정적 보도의 표적이 되었다. 18일 경찰은 기자회견을 통해 두씨가 할린즈양을 뒤에서 쏘았다고 발표했고 19일 검찰은 두씨를 1급 살인죄로 기소했다. 검찰 기소 후 한흑 단체장들은 공동성명서를 발표하고 총격 파문 진화에 나섰으나 21일부터 두순자씨의 엠파이어 마켓 앞에서는 흑인들의 시위가 시작되었으며 인근 한인 주류상점 곳곳에서 흑인들의 보복행패가 잇달았다.

새삼 확인하였다.

〈재미한인사회 내에서의 노동착취문제〉

재미한인사회는 경제적으로, 미 주류사회의 관점에서 보면, 많은 취약점을 안고 있기에 주류사회가 드리워 놓은 차별과 제도의 장벽을 극복하지 못하고 있다. 그래서 한인사회 전체적으로 보아 많은 한인들이 법률이 보장하는 권리를 찾는데 어려움을 겪고 있으며 결과적으로 인권의 침해를 경험하고 있다 하겠다. 그런데 시선을 한인사회 내부로 돌려보면 한인사회 안에서도 역시 심각한 인권침해사례들이 발견된다. 이는 한인불법체류자들과 히스패닉 노동자들에 관한 사항이 주류를 이룬다.

앞서의 논의에서 살펴보았듯이 재미한인들의 사업체는 식품점, 식당, 카페, 봉제업 등과 같은 단순노동에 기초한 서비스업이 주종을 이룬다. 이러한 한인업체에서는 주로 한인과 멕시코인 등의 소수민족을 고용하고 있는바 이들 노동자들에 대한 착취 내지 인권유린이 광범위하게 이루어지고 있다. 한인업소에 만연되어있는 문제점을 1998년 9월 6일자 LA타임스는 다음과 같이 지적하고 있다. 즉 "한인의 최대밀집지역인 LA의 한인타운에는 300여 개에 달하는 한인운영 식당과 카페가 있는데 그러한 업소의 종업원 2,000여 명 중 3분의 1이 히스패닉 계이며, 최근 연방노동국으로부터 조사를 받은 43개의 한인운영 식당 중 무려 41개가 노동법을 위반하고 있는 것으로 드러나 처벌을 받았다" (Los Angeles Times 1998.9.6).

한인사회 내에서의 노동자의 권익보호를 위해 1992년 LA에서 설립되어 맹렬한 활약을 하고 있는 단체로 한인노동상담소(Korean Immigrant Workers Advocates)가 있다. 92년에 설립된 한인노동상담소

(KIWA)가 94년까지 2년간 다룬 상담 건수는 1천여 건에 달하는데 그 중 80%는 한인업주와 한인종업원간의 문제로 체불임금이 가장 큰 비중을 차지했다.[33] 필자가 2001년 8월 LA에서 동상담소의 소장인 대니 박 (Danny Park)씨와 행한 인터뷰에 따르면 한인경영 식당의 경우 종업원들은 대체로 최저임금에도 못 미치는 저임금을 받으며 주 72시간까지 일하는 경우가 많다고 한다. 그 외에도 종업원들은 고용주로부터의 부당 해고와 정신 및 육체적 학대의 위협 하에서 근무하며, 위험한 작업환경에서 일하면서도 상해보험이나 의료혜택이 제공되지 않아 이들의 노동조건은 매우 열악하다는 것이다. 저임금, 장시간노동, 임금체불, 부당해고, 인격적 모독, 복지혜택의 부재 등의 문제는 식당 업에만 한정된 현상이 아니고 청소업, 봉제업 등과 같이 단순직 노동자들을 고용하는 직종들에서 공통으로 나타나는 현상이라는 점에서 한인사회 내에서의 노동자인권침해사례는 상당히 널리 퍼져있다 할 수 있다. 대니 박 소장은 한인사회 내에서의 인권침해사례는 특히 불법체류자들의 경우 그 심각성이 더 하다고 지적했다. 불법체류자의 특성상 그들에 관한 정확한 자료를 확보하는 것이 어렵지만 한인경영 식당이나 청소회사 등에서 고의적으로 불법체류자를 고용하여 일을 시키면서 신분상의 약점을 악용하여 권익을 침해하는 경우[34]나, 유흥업소에서 한국의 여인들을 밀입국시키거나 관광비자를

33) 1996년에도 남가주한인노동상담소(KIWA)가 밝힌 '한인 종업원 노동법 관련 신고 현황'에 따르면 신고. 접수된 297건 중 70%가량이 종업원 임금체불문제였다. 종업원 임금지불이 제대로 이루어지지 않은 업종은 요식업계가 72건으로 가장 많았고, 페인팅 20건, 청소업계 11건, 건설업계 9건 등으로 나타났다. 캘리포니아주 노동법규단속국 (Dept. of Labor Standard Enforcement)의 김동근씨는 한인사회에서는 "상당수의 한인들이 업주의 강압과 횡포를 영주권이 없다는 이유 때문에 제대로 하소연도 못하고 당하는 경우가 비일비재하다"고 말했다 (미주 한국일보 1997년 8월 15일).

34) 1998년 9월 24일자 미주한국일보에는 "IMF 유학생. 불법체류자 서럽다: 신분빌미 임금

받아 입국시켜 불법적인 영업을 하면서 혹사시키는 경우를 예로 들었다.

한인사회 내에서의 노동자인권침해를 논할 때 반드시 짚고 넘어가야 될 문제는 한인사회 내에서의 노동자 인권침해사례는 한국인뿐만이 아니라 히스패닉계 노동자와 같은 다른 민족을 상대로 또한 발생하고 있다는 점이다. 앞서 LA타임스는 LA의 한인타운에 있는 약 300개의 요식업소에서 일하는 3,000여명의 종업원 중 3분의 1이 히스패닉이라 했는데 한인노동상담소의 자료에 의하면 2분의 1인 약 1,500명이 히스패닉 계라고 한다. 그런데 한인들은 불행하게도 흑인이나 히스패닉 계에 대하여 지독한 편견을 갖고 있으며 그들의 무지나 신분상의 약점을 이용하여 불법적이고 부당한 대우를 하는 경우가 많다는 것이다. 이는 미국의 한인들은 단순히 인종차별에 의한 인권침해를 받는 피해자에 머무르지 않고 가해자의 입장에 서기도 한다는 것을 뜻한다.

4) 정치적 맥락: 정치적 조직화

미국은 무수히 많은 민족으로 구성된 다민족국가이다. 그러므로 개개인의 지위는 미국사회 내에서 그가 속한 민족집단이 어떠한 사회, 경제, 정치적 지위를 점하고 있느냐에 큰 영향을 받는다. 사회, 경제, 정치적 지위는 서로 연관되어 있는 것이지만 분석적으로 구분 할 수 있는 개념이다. 예를 들면 사회적 지위는 사회 내에서 한 집단이 다른 집단으로부터 받는 수용과 배척의 정도에 따라 위치를 달리 할 수 있다. 흑인의 경우 타 집단이 친구나 배우자로 선호하지 않으므로

착취, 폭행당하고도 말 못해" 라는 제하의 기사를 싣고 있다. 이 기사를 보면 LA의 일부 요식업소는 연변출신 한인들을 일년 내내 하루 12시간이상 일을 시키며 700달러의 월급을 지급하고 있다고 밝혔다.

사회적 지위는 낮다고 하겠다. 일본인은 경제적으로 매우 성공한 집단이지만 숫자가 적고 정치계의 진출이 미미함으로서 일본인집단의 정치적 영향력은 높지 못하다. 반면 흑인집단은 그들의 취약한 경제력을 정치적 집단화 및 민권운동 등을 통하여 보완해왔다. 다시 말해 흑인집단의 정치적 지위 (또는 영향력)는 일본인집단보다 높다. 문제를 재미한인에 적용해보면, 인종차별 등에 의한 인권침해를 극복하려면 하나의 방법은 한인집단의 정치적 영향력을 높임으로서 한인의 권익을 보호하는 방법을 생각할 수 있다. 흑인집단이 인종차별 때문에 역사적으로 인권침해를 가장 많이 감수해오긴 했어도 1960년대 이후 정치적으로 조직화하고 민권운동을 일으켜 적어도 제도적인 측면에서의 인권침해를 최소화하는 성과를 일궈냈다. 이러한 점에서 정치적 맥락에서 집단의 인권문제를 논하는 것은 의미가 있는 것이다. 그렇다면 재미한인의 정치적 지위는 어떠한가? 이 문제를 검토하기 전에 먼저 미국사회에서 숫자가 적은 소수집단임에도 불구하고 상당한 정치적 영향력을 행사하고 있는 유태인집단의 사례에서 몇 가지 시사점을 찾아보기로 한다.

〈유태인의 사례〉

미국의 역사를 보면 새로 온 이민집단은 그 초기에 기존의 집단으로부터 차별을 받는 경우가 대부분 이었다. 그러므로 각 집단의 이민사는 그러한 차별을 스스로 극복해 가는 과정이기도 했다. 유태인의 경우는 재미한인사회가 참고할 수 있는 좋은 보기로 간주된다.

미국의 유태인 수는 약 6백만 명이다. 그런데 유태계는 미국의 모든 인종 및 종족집단 중 선거 참여율이 가장 높은 집단으로 이름이나 있으며 정치적 활동가 (political activist)의 15-20%가 유태계라 한다.

또한 정치적으로 중요한 큰 주(뉴욕, 캘리포니아)나 대도시(뉴욕)에 집중 분포되어있어 숫자에 비해 상대적으로 큰 정치적 영향력을 행사하고 있음은 특기할만하다(Feagin 1984:149).

유태인 영향력의 중요한 원천은 그들의 체계적인 조직활동이다. 미국 내 유태인조직은 매우 다양한데 대표적인 조직으로는 Fortune 지가 미국 내 2번째로 영향력 있는 로비그룹으로 선정한 미국-이스라엘 홍보위원회(AIPAC)가 있고, 미국유태인위원회(American Jewish Committee), 유태인 명예훼손방지연맹 (Anti-Defamation League) 등이 있다. 이들 단체들은 한결같이 유태인 권익옹호를 위해 모금을 하고, 잡지를 발행하며, 정치적 로비를 하는 등 다양한 활동을 전개한다. 유태인들은 그들이 갖고 있는 인적 자원과 조직력을 활용하여 지방선거와 연방선거에서 유태인후보를 진출시키거나, 이스라엘에 적대적인 아랍국가들과 친밀한 정치인들의 낙선운동 등을 펴서 정치적 영향력을 행사한다. 이상과 같은 정치적 조직화와 활동을 통하여 미국의 유태인들은 전체인구의 2.5%가량에 불과함에도 불구하고 인구규모 이상의 영향력을 행사해왔다. 그리고 그 결과는 유태인의 인권과 권익을 제도적으로 보호하는 것이었다.

〈재미한인집단의 정치적 지위〉

공식적 통계 상 100만 명을 약간 상회하는 재미한인의 숫자는 전체인구가 3억이 넘는 미국사회에서 정치적으로 큰 영향을 끼칠 수 있는 규모가 되지 못한다. 그리고 미국으로의 이민은 새로운 이민법이 발효된 1965년 이후에야 본격화되었기에 재미동포사회는 이민 1세대가 주류를 이룬다. 그 결과 재미한인은 그 동안 생활에 쫓기거나 언어장벽과 같은 이유 때문에 미국의 정치과정에 적극적으로 참여하지 못하였다.

미국정치에 참여하기 위 하여는 우선 미국시민권을 취득해야하고, 선거인 등록을 해야 하며, 그리고 궁극적으로는 선거에 적극 참여해야한다. 그런데 이 모든 분야에서 재미한인들은 능동적이지 못했다. 미국시민권취득자의 수를 정확히 파악하기는 어렵지만 2000년 8-9월에 미주 중앙일보가 창간 26주년을 맞아 LA와 뉴욕의 한인사회를 중심으로 실시한 대규모 여론조사에서 조사대상자의 52%만이 시민권자로 나타난 것으로 보아 재미동포의 상당수가 아직도 시민권을 취득하지 않은 것으로 판단된다. 또 하나의 문제는 시민권자라도 그들 모두가 유권자로 등록하고 선거에 참여하는 것이 아니라는 점이다. 여러 한인단체들이 많아 비교적 활발한 정치활동이 전개되고 있다는 남가주지역에서조차 아직도 시민권자의 30%정도만이 유권자 등록을 했을 것으로 분석하고 있다 (미주중앙일보, 2,000년. 10월 10일). 또한 재미한인 유권자의 투표참여율 역시 저조하여 대략 30% 안팎일 것이라고 추정되고 있다 (미주 중앙일보, 2,000년 9월 19일). 그러므로 선거라는 정치과정을 통해 재미한인이 행사할 수 있는 정치적 영향력은 아직도 극히 미미하며, 의회를 통한 로비나 압력행사로 재미한인의 권익을 보호할 수 있는 정치력을 전혀 확보하고 있지 못하다. 다만 한 가지 고무적인 사실은 1996년 시민권이 없으면 사회보장혜택이 삭감되는 법안이 만들어진 것을 계기로 한인들의 시민권신청이 꾸준히 증가하고 있다는 점이다. 한인들이 집중되어있는 남가주에서는 1998년부터 시민권취득자가 매년 두 배 이상 늘어났으며 2,000년에는 그 숫자가 9,000여명에 다다른 것으로 추산되었다. 또한 작년 대통령 선거 시 여러 한인단체들이 유권자등록운동을 적극 전개하여 소정의 성과를 거두었는바, 한인들이 많이 거주하는 일부지역에서는 당락이 매우 근소한 차이로 결정되어 한인 표의 향방이 지역의 선거에 큰 영향을 미칠 수 있음을 확인하는 계기가 마련되었다. 이러한 인식을 바탕으로 앞으로 한인단체들이 나서 유권자를 늘려나가고 투표에 더욱 적극적으로 참여하여 한인들의 정치력을 일부지역에서나마 신장시켜 간다면 미국정책결정과정에 영향력을 조금씩이나마 확대해 갈 수 있을 것이다.

5. 권익의식과 사회의식의 성숙을 지향하며

지금까지의 논의를 통하여 우리는 재미한인사회에서의 인권문제를 다각도로 검토해보았다. 한 가지 분명한 것은 재미한인사회의 인권문제는 미국사회에 뿌리내리고 있는 인종차별과 미국적 사법제도와 같은 구조적 요인과 재미한인 개개인들이 갖는 사회, 문화, 경제적 특성을 동시에 고려해야 한다는 사실이다. 사회구조적 요인과 개인적 요인이 서로 작용함으로서 다양한 양상의 인권문제가 재미한인사회에서 발생하고 있다. 그 중의 어떤 문제는 시간이 흐름에 따라 개인들이 노력함으로서 극복되질 수 있을 것이다. 예컨대 문화적 차이에서 야기되는 인권침해사례는 이민자가 점차 미국문화를 이해하고 수용함에 따라 해결의 실마리가 풀려질 수 있다. 그러나 인종차별과 같은 구조적 요인은 재미한인들 자신만의 노력으로는 해결될 수 없는 문제이다. 그것은 재미한인들의 집단적 노력과 다른 소수민족집단들과의 연대를 통하여 개선책을 모색해 갈 수밖에 없을 것이다.

미국의 역사에서 확인 할 수 있는 한 가지 교훈은 무릇 모든 민족집단이 스스로의 노력과 투쟁을 통하여 자신들의 권익을 확보해왔다는 사실이다. 이민 초기의 아이리시가 그랬고, 이탈리안이 그랬으며, 유태인이 그랬다. 재미한인들 역시 개개인의 차원에서 앞으로 꾸준히 문화적 적응과 경제력의 신장을 도모함으로서 스스로의 권리를 지켜 나가겠지만 인종차별과 같은 구조적 요인이 남아있는 한 인권문제는 완전히 해결되지 못할 것이다. 그러므로 그와 같은 구조적, 제도적 문제는 집단의 정치력을 배양함으로서 문제를 완화시키는 방법을 모색해야한다. 그런 뜻에서 재미한인사회의 인권문제 해결의 장래는 정치적 맥락에서 그 방향이 제시되는 것이 바람직하다.

재미한인은 분명 미국사회에서는 소수민족의 일원이다. 그리고 인종차별의 문제는 소수민족들이 모두 직면하고 있는 공통의 문제임에 유의 할 필요가 있다. 이와 같은 인식이 중요한 이유는 인종차별 문제의 극복은 소수민족집단들의 정치적 연대를 통하여 이루어져야 한다는 사실을 암시해주기 때문이다. 다시 말해 이러한 암시는 재미한인사회가 당면하고 있는 인권문제의 궁극적인 해결을 위하여 한인들이 취해야 할 태도와 삶의 선택 방향을 제시해준다. 재미한인은 '백인' 행세를 하면서 살아 갈 수 없다. 그러므로 재미한인은 소수민족의 일원으로서 타 소수민족과 연대하여 소수민족의 권리를 추구하면서 당당하게 살아나가야 한다. 그렇게 함으로서 재미한인사회는 다민족 사회인 미국의 발전에도 기여할 수 있을 것이다.

재미한인 사회는 그 동안 미국 내에서 권익 향상을 위한 노력을 제대로 하지 못했다. 한인의 숫자가 적고, 언어의 미숙, 문화의 차이, 미국의 정치제도에 대한 무관심과 이해부족, 그리고 한인 이민자들이 갖고 있는 모국 지향성 등이 재미 한인의 정치력 신장에 걸림돌이 되어 왔다. 이제 재미 한인 사회는 미국 내에서 정치력을 신장시켜야 한다. 재미 한인들의 정치력 신장 없이는 재미 한인 사회의 미래는 불확실하기 때문이다. 그러나 단순히 한인 정치가를 배출하는 것이 한인의 정치력 신장을 의미하지는 않는다. 정치인을 배출하되 '백인'

사회의 대변인이 아닌 한인사회를 위해 일할 수 있는 한인 정치가 필요한 것이다. 아직도 한인사회에는 한인의 권익이 침해받는 문제가 발생하면 즉각 항의하고 성명서를 발표하고 조직적인 대응을 할 수 있는 민권단체가 없다. 흑인 또는 유태인 사회에서는 그들의 사회에 불리한 법안이나 사태에 신속하고 조직적으로 대응하는 강력한 정치력을 발휘하는 민권단체들이 존재한다. 그런 점에서 한인 사회도 앞으로 전국적인 규모의 민권단체를 조직하고 활발한 활동을 벌이는 방향으로 조직화를 해나가야 할 것이다.

마지막으로 지적하고자 하는 것은 한인들 자신이 인종차별의 희생자이면서도 같은 동포를 부당하게 대우하고 흑인이나 히스패닉과 같은 소수민족을 또한 차별한다는 사실이다. 어떻게 보면 한인사회는 같은 동포와 타민족의 노동착취 위에서 성장한 측면이 있다. 이러한 모순이 하루빨리 해결되지 않으면 한인들이 미국 주류사회를 향하여 인권문제를 제기 할 도덕적 근거를 약하게 만들며, 뿐만 아니라 한인사회에서의 인권문제 역시 그 해결이 요원할 뿐이다. 다시 강조하거니와 한인사회에서 현재 필요한 것은 미국과 같은 다인종사회에서 타인종, 타민족집단들과 보다 긴밀하고 상호 협조적인 관계를 맺는 자세를 내면화하는 일이다.

앞으로 재미한인사회는 그 중심세력이 이민 1.5세, 2세로 바뀌어 감에 따라 많은 질적 변화를 경험 할 것이다. 이들 젊은 세대는 미국에서 교육을 받고, 미국에서 태어나 문화적 적응상 아무 어려움이 없고 따라서 사회. 경제적 적응 면에서 이민1세대와는 큰 차이를 보이며 미국 주류사회로의 진출도 활발할 것이 예상된다. 그러므로 장차 재미한인사회에서의 인권문제는 개개인이 갖는 문화적 또는 경제적 요인에 의한 인권침해보다는 인종차별과 같은 사회구조적인 차원의 인권문제가 중심에 자리 할 것이다. 바로 이와 같은 이유 때문에도 위에서 언급한 정치력의 신장과 타소수민족과의 연합이 인권문제해결의 열쇠가 될 것으로 전망된다.

참 고 ("재미한인사회의 인권문제," 민주주의와 인권 제3권 1호, 2003년, 전남대학교 5.18연구소, 37-70쪽)

Chapter 7

미주한인사회에서의 사회운동: 1965년 이후

1. 변화하는 사회 환경과 한인사회의 사회운동

사회운동의 사전적 의미는 사회구조 또는 가치체계 등의 변혁이나, 어떤 사회문제의 해결을 위하여 행하는 조직적 · 집단적인 활동을 뜻한다. 이러한 조직적 · 집단적 활동양상은 해당집단의 역사와 구조적 특성에 따라 달리 나타날 것이다. 미주한인의 경우 초기 이주자들은 당면한 생존문제의 해결 외에 민족문화를 지켜내는 일과 조국의 해방이라는 문제가 사회운동의 대상으로 부각되었다. 그리하여 이민의 역사가 100년을 넘긴 미주한인사회는 그 규모가 극히 미세하였던 이민 초기에서부터 이미 조국독립을 위한 사회운동을 활발히 전개한 자랑스러운 역사를 갖고 있었다. 1945년 드디어 조국의 해방은 실현되었으나 미주한인사회는 20세기 초반 내내 지속된 이민의 제한 때문에 활력을 잃고 그에 따른 사회운동의 침체기를 맞았다. 그러나 1965년 미국이민법개정이 이루어지고, 그 법안의 효력이 발생하기 시작한 1960년대 후반부터 미주한인사회는 급속한 성장을 이룩하게 됨으로서 1970년을 기점으로 새로운 문제와 쟁점에 직면하게 되었고, 그에 따라 다양한 새로운 형태의 사회운동이 고개를 들었다.

미주한인사회의 사회운동에 대한 이해라는 관점에서 보면 미주한인사회의 독립운동에 대하여는 그동안 많은 연구가 이루어졌기에 그에 대한 체계적 이해가 가능해졌다. 이는 다행스런 일이다. 그러나 미주한인사회가 크게 변모하기 시작한 1960년대 이후의 사회운동에 대한 연구는 아직까지 크게 미비하여 안타깝게도 여전히 불모의 영역으로 남아있다. 제7장은 1965년 이후 미주한인사회에서의 사회운동을 주요 사건과 인물을 중심으로 검토함으로서 미주한인사회에서의 사회운동을 체계적으로 이해하는데 보탬을 주는 것을 목표로 하고 있다.

2. 미주한인사회의 특성

미주한인사회의 사회운동은 미주이민의 역사와 그에 연유하는 미주한인사회의 특성을 떠나서 이해될 수 없다. 미국의 한인사회를 이해하는 데는 먼저 인구·사회학적 특성을 살펴보는 것이 순서일 것이다. 왜냐 하면 인구학적 요인은 사회 분야의 분석에 있어서 가장 객관적인 자료임에 틀림없고, 인구의 성장, 분포, 학력, 종교 등에 대한 분석은 이를 구성하고 있는 사회의 성격을 파악하는데 중요한 단서를 제공해 주기 때문이다. 그러므로 이미 앞에서 살펴보았던 제 특성을 여기서는 사회운동의 성격에 영향을 주는 요인으로 보는 각도에서 다시 검토해 볼 필요가 있다.

재미 한인사회의 인구학적 특성으로 우선 지적될 수 있는 것은 인구의 성장 시기이다. 이미 앞에서 지적했던 바와 같이 1902년 처음 한국의 이민이 시작된 이후 1905년까지 약 7천 명의 한인 이민자가 하와이에 왔으나 20세기 중반까지의 이민자 수는 극소수에 불과했다. 왜냐하면 20세기 초반부터 동양인의 이민이 법적으로 제한되기 시작하였기 때문에 본격적인 이민은 1965년에 개정 된 새 이민법이 발효될 때까지 이루어질 수 없었던 것이다[35]. 그러므로 해외의 여러 다른 한인 동포사회에 비하였을 때 재미 동포 사회가 다른 점은, 중국, 구소련, 일본의 동포 사회는 현재 대부분 2세와 3세 즉 이민 1세의 후손들이 주류를 이루고 있는데 반하여 미국은 한국으로부터의 대량 이민의 역사가 짧기 때문에, 이민 1세가중심이 되어 형성되어있다[36]는 사실이다. 따라서 미국의 한국 이민은 아직도 미국이라는 새로운 사회와 문화에 적응해 나가는 초기 단계에 머물러 있다고 보아야할 것이다.

바로 이와 같은 특성이 미주한인사회에서의 사회운동을 최근까지도 모국의 정치적 상황과 결부되어 나타나도록 만들었고, 반면에 우리 동포들이 미국사회에 적응해가는 과정에서 부딪히는 문제해결을

35) 필자는 미국 이민의 역사를 ① 1921년까지는 이민의 문호가 열려있던 시기, ② 1921년부터 1965년까지는 이민법 개정으로 대량이민의 길이 막혀있던 시기, ③ 1965년 다시 이민법이 개정되어 이민의 문호가 다시 개방된 시기로 나눈 바 있다. 특히 아시아계에 대한 이민은 이미 1882년 중국인 이민을 제한하였고, 1907년에는 일본정부와 일본이민을 제한하는 협정을 체결했으며, 1917년에는 아시아로부터의 이민을 실질적으로 봉쇄하는 법안이 통과되었다.

36) 미 인구통계국(Census Bureau)에 의하면 2005년 현재 미주한인인구는 124만 6,280명인 것으로 집계됐다. 역시 같은 통계에서 미주한인 중 한국 태생은 98만2,818명인으로 전체 한인의 78.8%에 달하는 것으로 되어있다. 이 통계가 정확하다면 현재 재미한인사회는 압도적 다수가 1965년 이민법개정 이후 미국으로 건너간 사람들로 구성되어있다는 것을 뜻한다. 참고로 한국외교통상부에서 집계한 미주한인 수는 200만을 상회한다. 이러한 차이는 통계집계방식과 불법체류자의 포함 여부 등의 차이에 기인한다(제5장 참조).

위한 사회운동은 양적으로도 적고 또한 뒤 늦게 태동하도록 작용한 것으로 판단된다.

미주한인의 또 다른 인구학적 특성은 지역적 분포이다. 미주한인들의 지역적 분포는 널리 잘 알려져 있는 바와 같이 서부 지역에 특히 편중되어 있고 중부와 동부의 대도시 지역에 많이 거주하는, 도시형 거주 분포를 나타내고 있다. 즉 로스엔젤레스에 가장 규모가 큰 한인밀집지역(Koreatown)이 있으며 그 다음 뉴욕시, 시카고, 워싱턴 D.C. 등 대도시에 집중되어있는 양상이 두드러진다. 이는 미주한인사회의 사회운동이 주로 몇 몇 대도시 중심으로 전개되었을 것이라는 사실을 말해준다.

한국계 이민의 또 다른 하나의 특징은 그들의 상대적으로 높은 교육 수준이다. 미주한인사회가 급속히 성장한 1970-80년대 미국의 인구조사 자료를 살펴보면 그러한 사실이 잘 드러나고 있다. 즉 1975년 25세 이상 성인들 중 4년제 대학을 마친 인구 비율은 한국계가 36.3%, 중국계 25.6%, 일본계 15.9%, 백인계 11.6%, 그리고 흑인계가 4.5%로 한국계의 교육 수준이 상대적으로 크게 높다. 1980년 미국 인구조사 자료에서는 대학이상의 학력소지자가 31.6% 로 약간 낮게 나타났으나 25세 이상 미국전체 인구 중 4년제 졸업자의 비율이 16.2%인 것을 감안한다면 이 역시 매우 높은 비율이다. 일반적인 학력수준이 높은 만큼 한국인들의 미주이민은 개인적 선택에 의한 이민이었다. 특히 1965년 이민법 개정 이래 미국으로의 이민이 자발적이고 선택에 의한 것이었다는 사실은 중요한 의미를 갖는다. 왜냐하면 과거 일본이나 만주로의 이주는 자발적이기 보다는 강제되거나 불가피했던 측면이 강했던데 반해 미국으로의 이민은 이주의 손익을 스스로 따져 보고, 보다 나은 삶과 자녀들을 위한 교육 기회를 염두에 두고 이루어졌다는 점에서 이민의 성격이 다르기 때문이다. 미국의 한인들은 경제적 활동 연령층(25세부터 60세)의 대다수가 한국에서 대학 교육을 받은 사람들로 구성되어 있다는 사실은 미국으로의 이민은 소위 '중산층의 꿈'을 가지고 이루어졌음을 말해 주는 것이다. 이러한 미주한인의 특성은 미주사회에서의 사회운동의 성향에도 직, 간접으로 영향을 미쳤을 것이 분명하다. 즉 높은 교육수준과 '중산층의 꿈' 지향은 미주한인사회의 사회운동이 미주한인들의 개인주의적 성향으로 인한 일반적 참여의 부족, 노동운동과 같은 민중생활의 개선에 관한 운동의 미진함, 그리고 그에 반해 모국의 정치문제에 지식인으로서 관여하고자하는 경향 등이 두드러지게 나타난 결과로 이어졌을 가능성을 시사해준다.

미주한인사회의 특성과 관련하여 한 가지 더 추가한다면 재미 한인사회에서 종교단체가 차지하는 역할의 중요성을 꼽을 수 있겠다. 재미 동포 사회에서 가장 중요한 사회 조직은 기독교 교회로 그 숫자도 많고 역사적으로 가장 오랜 전통을 갖고 있으며 한국의 이민자들이 미국 사회에 적응해 가는데 있어 중요한 역할도 수행하고 있다. 한 미국의 연구 재단은 미국에 있는 아시아계(系) 개신교 교회가 약 7천 개 가량 있는데 이 중 4천 개가 한인 교회라는 조사 결과를 발표한 바 있다.[37] 이를 뒷받침하듯, Los Angeles Times는 2008년 11월 1일자의 르포기사에서 캘리포니아 남부 한인 교회 협의회에는 39개 교단의 1,359개 교회가 소속되어 있음을 보도하고, 미국의 한인 교회를 연구하는 한 전문가의 말을 빌려, 미국에 거주하는 한국인 이민자

37) '미주크리스천신문'이 2010년 12월에 발행한 〈세계한인교회주소록〉에는 2010년 현재 미국에는 4,011개의 한인교회기 있는 것으로 나온다. 그 분포는 1위 캘리포니아(1,197), 2위 뉴욕(442), 3위 버지니아(262) 4위 뉴저지(242) 5위 일리노이(203)의 순이다.

들의 교회 출석률은 80%에 이른다고 지적했다. 이는 미국인들의 교회 출석률 54%를 크게 상회하는 수치이다. 교회가 이렇게 많은 이유는 미국 사회에서 느끼게 되는 소외감으로 인하여 소속감을 느낄 수 있는 준거집단이 필요한데 교회는 종교적 신앙 활동을 통하여 그러한 마음과 정신의 안정을 얻는 도움이 되는 장을 제공해 주고 때문일 것이다. 클레어몬트 대학원 대학교(Claremont Graduate University)의 종교 철학 교수인 안셀름 민(Anselm K. Min) 교수는 미국의 한인교회가 한인 이민자들의 친교와 교류 그리고 위로를 제공하는 역할을 담당한다고 말했다(LA Times 상기 기사). 미국 내의 한인 교회들은 따라서 단순히 종교적 기능 이외에도 사교와 친목의 기능을 더하고 거기에 청소년들을 위한 한글학교 운영과 같은 민족문화 교육의 기능까지 갖는 종합적인 사회 조직인 셈이다.[38] 그러한 점에서 미주한인사회의 사회운동을 살펴보는 데는 종교단체와 종교지도자의 활동에 관심을 갖는 것이 요구된다.

마지막으로 재미한인의 사회적 참여와 사회운동의 참여와 관련하여 지적되어할 또 하나의 요소는 많은 재미한인들이 아직도 영어를 자유롭게 구사하지 못한다는 사실이다. 2008년도의 미 이민통계국의 자료를 보면 5세 이상 된 한국이민 중 15%는 영어만을 사용하고 28.1%가 영어를 잘 한다고 답하고 있으나, 56.8%는 그들의 영어실력이 좋지 않다 (“speaking less than well”) 라고 대답함으로서 여전히 많은 수의 재미한인들은 미국사회에서의 적극적인 사회참여나 시민사회운동에 필요한 의사소통 수단에 문제점을 안고 있음을 드러내 주고 있다(US Department of Homeland Security, Office of Immigration

38) 재미한인사회의 일반적 특성은 최협, 박찬웅, 1996, 『세계의 한민족: 미국. 캐나다』 통일원, 76-80쪽을 참조했음.

Statistics. *2008 Yearbook of Immigration Statistics.*).

3. 논의전개의 방식

미국이민사의 초기단계에서는 미주한인사회의 사회운동이 독립운동에만 집중되는 양상을 보여주었기에 비교적 단순했다면, 1965년 이후에는 미주한인사회가 양적·질적으로 성장하면서 사회운동의 양상도 보다 복잡한 양상을 띠면서 다양한 방향으로 전개되었다. 따라서 모든 연구자는 이러한 복잡성과 다양성을 어떻게 체계적으로 묶어 기술하고 분석할 것인가라는 문제에 봉착한다. 물론 미주한인사회의 다양한 사회운동에 접근하는 데는 여러 가지 다른 방법과 분석틀의 이용이 가능할 것이다. 예컨대 사회운동을 순수한 시민사회운동과 정치적 성격을 갖는 운동으로 분류하여 접근해 볼 수도 있고, 아니면 미주한인사회에서 1960년대 이후 나타난 사회운동이, 그것이 정치문제이거나 사회, 경제적 문제이거나에 상관없이, 미국사회의 문제에 관련되는 운동이냐 아니면 한국사회의 문제를 겨냥하는 운동인가를 기준으로 나누어 접근해 볼 수도 있을 것이다. 또 하나의 방법은 사회운동의 전개양상을 몇 가지 유의미한 시기로 나누어 시기적 흐름에 따라 기술하며 분석하는 것을 생각 할 수 있다. 본 논고에서는 이 마지막 후자의 방식을 따르기로 하였다. 그 이유는 그것이 갖는 방법론상의 이점보다는 사회운동유형의 무리한 분류에 따른 어려움을 피하자는 것과, 시기 별 흐름에 따라 자료를 배치해가는 방식이 가져다주는 서술의 편리성을 쫓고자 했기 때문이다.

1960년 이후 미주한인사회에서의 사회운동을 시기별로 기술해 가는데 있어 우선 중요한 문제는 시기를 어떻게 유의미하게 나눌 것인가라는 것이다. 시기구분과 관련해서는 이미 앞에서 지적한 두 가지 사실을 다시 상기 해 볼 필요가 있다. 첫째는 재미한인의 대다수는 이민1세로서 한국을 모국으로 생각하고 일체감을 갖는 경향이 강하고, 둘째는 미주한인의 대다수가 이민1세이기 때문에 미국사회에는 아직도 적응의 초기단계에 머물러있기에 수많은 어려움을 극복해야 하는 과제를 안고 있다는 사실이다. 첫 번째 사실은 미주한인들은 여전히 한국의 국내문제에 민감한 반응과 많은 관심을 보일 것임을 예상케 하며, 두 번째 사실은 미주한인의 숫자가 불어나면 미국 내 소수민족으로서 집단적으로 대응해야 하는 일이 점증적으로 발생할 것이라는 점을 암시한다. 사실 미주한인사회의 사회운동은 한국에서 독재에 항거하는 민주화운동이 일어났을 때 같이 움직였고, 광주사태, 6.15선언 등 중요한 사건이 발생할 때 마다 그에 반응하여 활발한 움직임이 있어왔다. 그와 동시에 1992년 로스엔젤레스 폭동이 일어나 한인사회가 큰 피해를 당하자 그에 대응한 새로운 사회운동의 조짐이 동포사회에서 일어났다. 부연하면 미주에서 활발히 전개되었던 조국의 민주화, 통일, 인권운동 등은 유신독재, 광주사태, 6.15선언과 같은 한국의 정치적 상황과 밀접한 관련을 맺고 전개되었던 것이며, 90년대 들어 활발히 고개를 든 미주한인의 권익운동이나 정치력 신장운동은 1992년 LA폭동 이후 소수민족으로서의 자각과, 빠르게 성장해가는 한인사회의 잠재력을 새삼 발견한 결과의 산물이었다. 한국인으로서의 정체성과 미국의 소수민족으로서의 정체성이라는 양면이 미주한인사회의 사회운동에 그대로 반영되고 있는 것이나. 그렇다한다면 미주한인사회의 사회운동을 10년 단위로 나누어 접근하는 방법이 나름대로 의미가 있을 것으로 사료된다. 왜냐하면 1970년대에는 유신독재에 항거하던 운동이 국내외에서 활발히 일어났던 시기이고, 1980년대에는 광주5.18 이후 민주화운동의 질적 변환이 시도되면서 국제적 연대 등이 나타났으며, 1990년대에 들어서는 로스엔젤레스 폭동을 계기로 미주사회에서 사회운동의 새로운 갈래가 급성장하였고, 2000년대에 들어서면 6.15 등 한반도를 둘러싼 정치지형의 변화로 미주한인사회에서 통일에 대한 논의가 새롭게 일기 시작하는 등, 대체로 10년을 주기로 사회운동의 흐름에 변화가 나타났기 때문이다. 따라서 본 논고에서는 미국으로의 본격적 대량이민이 새이민법이 발효된 1968년 이후 시작 된 점을 감안하여 분석단위의 시기를 편의상 1970년대, 1980년대, 1990년대, 그리고 2000년 이후로 나누어, 각 시기에 일어났던 사회운동의 흐름을 개괄한 뒤 가장 대표적인 몇 사례를 중심으로 자세한 기술을 하는 방식으로 논의를 전개하고자 한다.

4. 미주한인사회의 사회운동

1) 1970년대의 사회운동

1970년대의 한인사회는 1965년 이민법개정이 이루어지고, 그 법안이 실질적으로 효력을 발휘하기 시작 한 1968년 이후 숫자가 급격히 늘기 시작하였다. 그러므로 1970년대에는 대부분의 미주한인은 갓 이민 온 사람들로 이민 초기의 적응문제가 당면과제였다. 그리고 모국을 떠나 온지 얼마 되지 않은 사람들이 대다수였다는 사실은 그들이 아직도 한국인으로서의 정체성을 굳게 지키고 있었음을 뜻한다.[39)]

---

39) 한국인으로서의 정체성을 미국의 한인들이 유지하고 있음을 보여주는 한 예로 다음과 같은 조사결과를 들 수 있다. 즉 1999년 LA에서 행한 한 조사결과에 의하면 "미국과 한국이 운동경기를 할 때 한국선수를 응원 하겠다"라는 설문에 무려 91.4%가 찬성하였다. (홍득표, 1999. "재미동포의 정치의식: 로스엔젤레스 거주자에 대한 경험적 분석." 『국제정치논총』 제39집 2호. 299 참조.) 가장 최근의 자료는 중앙일보와 한미경제개발연구소, 2006, 앞의 자료이다. 〈2006년 한인 의식 · 소비패턴 조사〉에 따르면 자신을 '한국인'으로 생각하고

앞의 장에서 살펴 본 통계자료에 따르면 1960년대 이후 80년대까지의 이민추이는 1965년에 처음으로 이민의 수가 2년간 2천 명이 넘기 시작하였으며 1969년부터는 그 수가 5천을 상회하기 시작하고 1971년 이후 1만 명, 그리고 1976년에 드디어 연간 3만 명이 넘은 것으로 나타난다. 그리고 이러한 추세는 1990년도 까지도 계속되었다. 이는 미주한인사회가 최근의 이민으로 이루어져있음을 잘 보여준다. 이러한 사실은 70년대 미국의 한인사회에서의 사회운동이 미국에서 한인들이 당면하게 된 사회문제에 관련된 운동보다는 한국사회의 관심사, 특히 정치문제에 초점이 맞추어져 나타나고, 또한 그것은 풀뿌리운동보다는 한국의 정치현안에 직, 간접적으로 관련을 맺게 된 인사나 지식인, 또는 명망가가 중심이 된 운동의 성격을 띠도록 작용하였다.

(1) 미주의 한국 민주화운동

한국에서 갓 이민 온 사람들이 대부분이었던 1970년대에 미주에서 전개된 두드러진 사회운동은 한국에서 유신헌법이 통과되고 김대중 전대통령(이하 경칭 생략)이 미국으로 망명하는 정치적 사건이 촉발제가 되어 일어났다. 1970년 이전 미국에는 5.16쿠데타 이후 한국으로 돌아가지 않았거나 한국을 떠나온 관료와 정치인이 소수 나마 있었고, 그들은 일부 유학생들과 함께 3선 개헌반대운동을 워싱턴 등지에서 소규모로 전개하기도 하였다. 그러한 상황을 배경으로 1971년 한국대통령선거 후 김대중은 미국으로 건너왔고, 유신헌법이 공표되자 그는 본격적인 유신반대운동을 위해 1973년 7월 미국에서 '한국 민주회복 통일촉진 국민회의 미주본부'(Korean Congress for Democracy and

---

있다고 답한 응답자가 2006년도의 조사에서도 전체의 72.9%에 달했다. '코리안-아메리칸'으로 답한 응답자가 26.1%였으며 '미국인'으로 생각하고 있다고 답한 응답자는 1%에 불과했다.

Reunification in North America)(약칭 '한민통'미주본부)를 조직하였다. 이것이 미국에서의 본격적인 민주화운동조직의 시작이었다. '한민통' 미주본부를 결성한 뒤 김대중은 일본으로 건너가 '한민통' 일본지부 결성을 준비하던 중 한국중앙정보부에 의해 납치당하게 된다. 김대중의 납치로 위기에 빠진 '한민통' 미주본부는 조직을 새로 다지고 새로운 헌장을 마련하기위해 1974년 11월 워싱턴 D.C.에서 모임을 갖고 2대 의장에 김재준을 선출했다.[40] 김재준은 한국신학대학의 교수로서 1970년대 초까지 한국에서 민주화운동에 깊이 관여하다가 정부의 탄압이 심화되자 1974년 초 캐나다의 토론토로 와있었다.[41] 김재준의장과 같이한 '한민통' 미주본부의 임원진으로는 명예의장에 김대중, 부의장에 이용운, 도원모, 고문에 김상돈, 전규홍, 안병국, 이재현, 송정율, 김성락, 최석남이 추대되었다. 또한 '한민통'은 전국적 조직임을 표방하고 출범하였기에 한인들이 다수 거주하고 있는 미국의 주요도시에 조직을 두었는데, 1975년 당시의 지역을 대표하는 중앙상임위원과 임원직책명단은 다음과 같다: 중앙위원은 15인으로 김응찬, 이근팔(워싱턴), 김원국, 이승만(뉴욕), 송영창, 고종구, 김운하(로스엔젤레스), 강한수, 최명상(시카고), 이하전, 송선근(샌프란시스코), 김동건(세인트루이스), 김장호(보스톤), 전계상(씨아틀), 이상철(토론토), 정책기

40) 1974년 '한민통' 미주본부 총회에서 회장선출시 무기명투표로 김재준과 임창영(주유엔대사 및 주미대사역임) 양인이 최다득표를 받았으나, 양인 모두 고사하자 총회에서 기립박수로 김재준을 추대하였다. '한민통'에 김재준과 함께 참여했던 임창영은 1975년 2월 당시로는 '한민통'보다 진보적인 입장을 표방하면서 미국동부지역에서 '재미민주한인연합회'를 결성하여 독자적인 길을 걷는다.

41) 김재준은 그의 두 아들과 두 딸들이 있는 토론토로 왔으나, 그 후 10년 동안 캐나다와 미국을 넘나들며 민주화운동에 열성적으로 관여했다. 토론토에는 문익환, 문동환의 부친 문재린목사, 그리고 김재준의 사위로 미주의 민주화운동에 깊게 참여한 이상철 토론토한인연합교회목사도 살고 있었다.

획연구실장(이재현), 징계위원장(안병국), 사무총장(강영채), 조직위원장(김응창), 재정위원장(이성호), 홍보위원장(정기용), 사무차장(이근팔).[42] '한민통' 미주본부는 한국의 재야민주세력을 지원하고, 한국의 정치, 인권상황을 미국 조야에 알리는 작업, 그리고 지역순회 강연회와 집회[43] 등 한국의 민주화를 위한 다양한 사업을 별침으로서 한인사회의 대표적인 사회운동단체로 자리 잡았다. 그러는 가운데 '한민통' 미주본부는 보수와 진보를 망라한 전국적 단일조직을 지향하며 1977년 '한국민주화연합운동'(UM, The United Movement for Democracy in Korea)으로 재편의 길을 밟는다.

'한국민주화연합운동'(UM)은 1977년 '한민통'미주본부인사들이 주도하여 발족되었는데, 조직 재정비의 취지는 목적이 같은 다양한 조직을 통합하는 것이 민주역량의 분산을 막는다는 것이었다. '한민통'의 지도부는 다양한 여러 조직들, 예컨대 '조국민주회복 남가주국민회의', '재미민주운동연합' 등 남한의 윤보선, 김대중 등 재야정치세력과 관련이 깊은 단체들을 흡수 통합하고자 했다. 이러한 조직의 전국적 재편작업을 위해 1977년 6월 김재준 등은 미주한인 사회단체대표자들이 광범위하게 참가한 세인트루이스(St. Louis市)회의에서 그러한 통합 안을 통과 시키고자 했는바, 그에 대한 일부참가자들의 강력한 반발이 있었고, 이를 계기로 '한민통' 미주본부에 참여했던 일부인사들이 독자적인 조직을 만들기에 이르렀다. 그리하여 동년 6월 미주민주운동의 이념적 보수화에 반대하는 입장을 지녔던 임창영 등이 중

42) 「한민통소식」 제1권 제1호, 1975년 10월

43) 대표적인 예로, 1976년 '3.1 민주구국 선언사건'으로 한국에서 윤보선, 함석헌, 백기완, 이문영, 문동환 등이 구속되자 김재준의장을 비롯한 '한민통' 임원들이 문재린목사 등 기독교 지도자와 함께 구속인사들의 이름을 붙인 죄수복을 입고 워싱턴 D.C.의 백악관, 국회의사당, 한국대사관 앞에서 시위를 벌였다.

심이 되어 스스로 진보적 입장임을 표방하며 '미주민주국민연합'(약칭 '미주민련')을 출범시켰다.[44] 이리하여 전국적 규모의 단일조직 대신 이제는 전국조직임을 표방하는 두 개의 단체가 등장하게 되었다, '미주민련'이 '한민통'의 전통을 이어받은 여타의 운동단체와 다른 점은 후자가 남북한 모두를 독재정부로 간주하고 우선 남한의 민주화를 위해 노력한다는 입장을 취했다면, 전자는 남한의 민주화가 진척되지 못하는 것은 분단에 그 원인이 있다고 보고, 따라서 민주화보다는 통일운동에 더 무게를 둬야한다고 보는 점이다.[45] 따라서 '한민통'이나 후일 '한민통'을 이어받는 '한국민주회복 통일촉진 국민연합'('민통연합')이 기독교와 보수정치세력에 친화력을 갖는 반공, 친미적인 성향

---

44) '미주민련'은 15개의 단체들이 연합하여 출범하였다. 미국의 광범위한 지역에 분산되어 살고 있는 동포사회의 특성상 전국적 규모의 조직이 실질적으로 활동하기는 매우 어렵다. 그런 이유로 한인사회에는 수많은 단체들이 지역적으로 만들어졌다가 사라지곤 한다. 한인사회를 얼른 보면 운동단체가 굉장히 많은 것 같이 보이나 실제로는 사람들이 중복되는 경우가 많고, 또한 다수의 운동단체들은 규모의 영세성, 지역적 분산, 그리고 잦은 이합집산으로 통일된 목소리를 내지 못함으로 해서 동포사회에서의 영향력은 크게 미치지 못한 것이 현실이다. '미주민련'을 결성한 인맥은 이미 1974년에 "한민통'노선의 보수성에 반대하여 뉴욕을 중심으로 '재미한인 민주.통일촉진동지회'준비위원회를 결성하여 유엔본부 앞에서 통일촉진 대회 및 시위를 벌인바 있고, 1975년 뉴욕에서 임창영, 노광욱, 지창보 등이 '재미민주한인연합회'라는 단체를 만들었는데 이것이 '미주민련'설립에 기초가 되었다. '미주민련'에 연합체로 참여한 15개 단체 중 비교적 오래 명맥을 유지하고 활동한 단체로는 '재미민주한인연합회'(지창보), '재미민주사회건설협의회'(노광욱), '재미 김지하의 벗'(고원), '재미구국향군'(최석남), '재미애국여성동우회'(이보배), '캐나다민족통일연구회'(장정문) 등이 있다.

45) '미주민련'의 창립선언문을 보면 "민주주의 실현이 민족의 자주권을 가장 기본적인 토대로 정립할 때에만 가능하다는 사실을 인식하고 이에 위배되며 방해가 되는 외세의 굴욕적인 개입에 정면으로 반대할 결의를 재확인한다" "사상이나 제도상의 차이를 떠나서 전체민족의 지상명령인 남북통일 과업의 추진을 영광스러운 의무로 삼는다"라고 밝힘으로서 '자유민주주의체제하의 통일을 명시한 '한민통'과는 대조를 이룬다.

으로 파악되었다면, '미주민련'은 진보, 반제, 친북적인 경향을 띠는 조직으로 대비되었다. 참고로 1970년대 당시 국내외 지식인들 사이에서는 미국이 월남전에서 패하고 베트남이 통일되는 것을 지켜보면서, 남한과 북한을 보는데 있어 정권의 정당성이나 빈부격차와 같은 사회문제, 그리고 자주적 국방력 등의 관점에서 북한을 상대적으로 높게 평가하는 견해가 존재하고 있었다. 당시의 그런 상황 하에서는 경제적으로도 가난했던 남한에서의 독재와 인권탄압은 강도 높은 비판의 대상이 쉽게 되었으나, 북한의 인권문제는 사회주의체제가 갖는 특수성, 즉 평등한 분배가 풍겨주는 긍정적 의미 때문에 큰 쟁점으로 부각되지 않았다. 물론 이러한 상황은 90년대 사회주의의 몰락과 남한사회의 민주화 및 괄목할만한 경제성장으로 인하여 변화를 맞게 되지만, 여하튼 '미주민련'의 출범은 미주한인사회에서 남한과 북한을 보는 시각에 큰 차이가 존재한다는 점을 드러내 주는 사건이었다. 특히 '미주민련'은 북한과의 밀접한 관계와 연대의 중요성을 강조하는 한편 통일을 위해 주한미군철수를 주장하는 등 당시로는 급진적인 구호를 내걸어 동포사회의 이목을 끌었다.[46] 그리하여 이제 미주한인사회에서도 운동의 우선순위를 놓고 남한의 운동권이 그랬던 것처럼 민주화운동세력이 두 개의 그룹으로 분열하는 현상이 나타난 것이다. 즉 '선민주'냐 아니면 '선통일'이냐를 놓고 운동조직이 나뉜 것이다.

그 후 1979년 '한국민주화연합운동'은 남한에서 결성된 '민주주의 국민연합'과 공동전선을 형성하기 위해 '민주주의 국민연합 북미지부'(약칭 '국민연합')로 바뀌었다.[47] '국민연합'은 1983년에는 다시 한

---

46) 미국에서 진보적 사회운동에 관여했고, 김재준 등 한국 기독교의 대표적 지도자들을 반공주의자라고 비판한 선우학원의 저술을 참고 할 것. 선우학원, 1997, 『민족통일의 비젼: 통일의 선구자 선우학원박사 팔순기념문집』 푸른기획

47) 남한에서 '민주주의 국민연합'은 1975년 윤보선, 함석헌, 지학순, 문익환, 문동

국에서 문익환목사가 중심이 되어 이끄는 '통일민중운동연합'(약칭 '민통련')에 대응하여 북미주의 민주화 운동세력을 통합하는 단체로 거듭나기 위해 발전적으로 해체하고, 대신 '한국민주회복 통일촉진 국민연합'(약칭 '민통연합')이 만들어졌다. '한민통' 미주본부가 '국민연합'북미지부로, 그리고 다시 '민통연합'으로 바뀐 셈이다.[48] '민통연합'의 1.2대 의장은 문동환목사, 3대는 김재준의 사위이자 캐나다 전체 교회협의회(NCC) 의장이었던 이상철목사, 그리고 4대 의장은 나중 한국에서 국회의원이 된 김경재였다. 이러한 임원진의 구성은 '한민통'을 이어받은 조직들이 대체로 기독교 인사와 한국의 야당에 선이 닿아있는 인사들이 중심이 되어 구성되었음을 말해준다.

1970년대를 통하여 한국의 민주화운동에 관여하고, 민주화세력지원을 목적으로 했던 '민통연합'같은 단체는 과거부터 해 오던 활동을 1980년대에 들어서도 꾸준히 지속했으나 1986년 한국에서 6월 항쟁의 결과 유신 이래 폐지되었던 대통령직선제가 실시됨으로서 적어도 형식적 민주주의가 실현되자 1989년 활동을 마감하게 된다.[49] 한편

환 등이 중심이 되어 만들어졌다. 그런데 '민주주의 국민연합'의 실무를 담당한 문익환, 문동환 형제가 1978년 구속되어 해외 각국의 지부활동에 의존할 수밖에 없게 되자 '한민통'미주본부의 의장을 지낸 김재준은 '한민통' 미주본부를 이어 간 UM에서 '민주주의 국민연합 북미주지부'사업을 겸하기로 하는데 주도적 역할을 했다.

48) 이 시기 한국의 정치상황 변화에 주목 할 필요가 있다. 1979년에는 한국야당의 반독재운동이 강력히 일어났고, 10.26 박정희 사망, 민주화의 봄, 그리고 80년 광주 5.18, 전두환군부 집권, 그리고 82년 김대중의 제2차 미국체류시작이 계기적으로 파악된다. 이러한 일련의 정치상황과 한국정치권과 관계를 맺고 있던 미주 민주화운동단체의 부침에는 밀접한 관계가 있음을 알 수 있다.

49) '민통연합'의 활동마감은 다음과 같은 요인도 일부 작용했을 것이다. 즉 1987년 대통령선거에 김대중과 김영삼이 출마하자 미국에서 민주화운동에 참여했다는 많은 인사들이 귀국하여 선거운동과정에 관여했다. 양 김의 분열은 곧 민주화운동권의 분열을 뜻한다. 그리고 실제로 그 중 일부는 한국정치권

1970년대 말 미주사회운동에 새로운 목소리를 내기 시작했던 '미주민련'은 그들의 노력에도 불구하고 "적절한 대중노선과 전략의 부재, 동포사회의 보수적 분위기와 여타 어려움으로 인해 광범위한 대중적 기반을 마련하지 못하고 1987년 8월 해체되었다."[50]

(2) 하와이의 10.1한인권리투쟁운동

이상의 논의에서 살펴 본바와 같이 1970년대 미 본토의 한인사회에서는 미국의 현실생활과는 직접관련이 없는 고국의 민주화를 위한 사회운동이 중심이었지만, 하와이에서는 1978년 10월 미국에 사는 소수민족으로서 매우 의미 있는 자생적 사회운동이, 비록 일회적인 사건이었지만, 최초로 발생하였다. 그렇게 된 데에는 하와이의 한인사회가 미본토의 한인사회와는 뭔가 다른 점이 존재했기 때문일 것이다. 우선 하와이는 한국이민이 첫발을 디뎌 가장 오래된 이민의 역사를 간직한 곳이며, 그런 이유로 1950년대까지 하와이에는 미국에서 가장 큰 규모의 한인사회가 형성되어 있었다.[51] 그리고 하와이 역시 1965년 이민법 개정이후 한국으로부터의 이민이 꾸준히 유입되어 2000년도에는 한인의 인구가 2만 명을 넘게 되었다.[52] 다른 지역과 비교했을 때 하와이는 이민5세까지 배출하여 미국문화와 사회에 성

에 남아 1990년대에 들어서 김영삼, 김대중정권이 서자 국회, 정부, 청와대 등 정치일선에서 활동하기도 했다.

50) 박태훈, 1990, "해외동포운동의 어제와 오늘" 『내 조국의 철창에 갇혀』(김진엽 편), 돌베개, 219쪽

51) 참고로 1940년 미국 인구통계국(U.S. Census Bureau)의 인구통계를 보면 하와이에는 한인이 6,851명인데 반해 미 본토에는 1,711명이 거주하는 것으로 집계되었다.

52) 2000년도 인구통계자료에는 하와이의 한인은 23,537명으로 미국에서 11번째로 한인이 많은 주로 되어있다. 그런데 순수한인 이외에 하와이에는 한인계 혼혈인구가 17,815명으로 이 둘을 합하면 41,352명이 된다.

공적으로 적응한 사람도 상대적으로 많으며, 하와이대학의 동서문화센터(East-West Center)는 적어도 1980년대까지는 한국학연구자들의 집결지 역할을 해왔고, 1965년 이후 유입된 이민은 하와이의 한인사회를 더욱 다양하고 역동적인 커뮤니티로 만들었다. 이러한 배경 하에, 아마도 미주에서는 처음으로 소수민족으로서의 한인에 대한 편견에 대항하기 위한 조직적인 권리투쟁운동이 일어난 것으로 보인다. 이 투쟁운동에 관한 내용은 하와이대학의 최영호교수가 보관해온 〈10.1하와이한인권리투쟁운동기록〉[53]에 기초해 다음과 같이 요약할 수 있다.

사건의 발단은 호놀루루시의 양대 일간지중 하나인 Honolulu Star-Bulletin이 1978년 8월 18일부터 18일까지 연 사흘간 호놀루루 시내의 호스테스바(hostess bar)를 시종일관 '한국식 바'(Korean bar)로 칭하며, 이를 탈세와 불법의 온상이며 하와이의 큰 사회문제로 보도한 것이었다. 원래 호스테스바는 한국인이 만든 것이 아니고 일본인들에 의해 시작되었고, 한인들이 일부 호스테스바를 운영하는 것은 사실이지만, 중국이나 베트남계 사람들도 많이 관여하는 현실은 무시한 채 그것이 마치 한국인들 때문이라는 보도는 문제가 있다는 의견이 한인사회에서 제기되었다. 이에 몇 인사가 자발적으로 모임을 갖고 이런 유형의 기사는 하와이한인사회뿐만이 아니라 더 크게는 미주 전체의 동포사회에 부정적이고 파괴적인 영향을 끼칠 수 있다는 데 의견을 모았다. 그들은 또한 한인사회가 이렇게 잘못된 취급을 받으면

53) '하와이한인권리투쟁위원회' 이름으로 발간된 〈10.1하와이한인권리투쟁운동기록〉은 최영호, 도정일 양인이 작성하여 타자를 치고 그를 복사하여 제본한 작은 책자이다. 사건의 개요 뿐 만이 아니라 당시 발표되었던 성명서, 전단, 관련 편지, 모금내역 등 많은 자료가 잘 정리되어있다. 자료를 제공해주신 최영호교수께 감사드린다.

서도 과거처럼 아무런 반응도 하지 않고 지나친다면 이러한 사태는 재발 할 것이며, 결국은 한인에 대한 부정적인 고정관념이 자리 잡게 되고, 다시 그것은 인종적 차별로 이어질 것이라는 결론에 도달하였다. 이에 초기 모임을 가진 인사들은 9월 초에 호놀룰루에서 발간되는 한국신문에 여론을 환기하는 기사를 싣고, 9월 7일 한인사회 각 분야의 대표 20명을 초치하여 대책회의를 갖게 된다. 이 대책회의에 참여한 인사들은 하와이대학 2명, 기독교관계자 3명, 불교 1명, 상공회의소 8명, 언론사 4명, 유흥업체1명, 체육회1명이었다.

대책회의에서는 언론의 보도가 한인사회의 명예와 권리를 침해한 것으로 규정하고 이러한 잘못을 시정하기 위한 행동에 나설 것을 결의하였다. 이러한 운동을 전개함에 있어 한인사회의 단결과 협조가 필수적인데 이를 추진할 구심점이 없다는 것을 통감하고 '하와이한인권리투쟁위원회'(Committee for Korean Rights)(이하 '투위')를 결성하여 Star-Bulletin지로부터의 공개사과를 요구하고, 만일 그것이 받아들여지지 않을 때에는 곧 항의 시위와 군중궐기대회를 갖기로 결정하였다. 이를 효과적으로 추진하기 위해 4개의 분과위원회(집행분과위원회, 재정분과위원회, 공보섭외분과위원회, 동원분과위원회)를 두고 역할을 분담하여 투쟁을 실천에 옮겼다. 구체적으로는 성명서작성, 자동차에 부착할 2종의 스티커, 성명서의 신문광고, 신문사항의방문이 준비되고 실행에 옮겨졌는바, 신문사 항의방문(9월 20일)에서 백인편집국장의 오만한 태도와 사과거부로 가두시위와 궐기대회가 불가피한 것으로 판단하고, 그에 최소 1,000명의 동포를 동원하기 위한 세부실천계획을 수립하였다. 인원의 동원은 가장 큰 조직인 한인교회를 통해 600명, 불교 100명, 사회단체 100명, 동창회 및 개인 200명으로 잡았고 모금운동과 차량배치계획 등을 진행시켜나갔다. 이러한 한인사회의 움직임은 곧 외부에 감지되기 시작하였고, 한인사회의 움직임이 과거의 다소곳하고 수동적 자세와는 판이하게 다르다는 점을 감지한 신문사의 발행인은 드디어 9월 27일 '투위'에 변호사를 통해 면담을 제의 해 왔다. 면담결과(9월 28일)는 '투위'측의 모든 요구조건을 받아들이겠다는 것이었다. 이에 '투위'는 하와이 최초의 한인교회인 그리스도연합감리교회 교육관에서 각계 단체 대표 45인이 출석한 가운데 회의를 갖고 신문사측이 한인사회의 모든 요구를 수용했다는데 의견의 일치를 보았다. 다만 이미 준비가 완료 된 궐기대회를 가질 것인가 아니면 취소 할 것인가를 놓고 격론을 벌인 끝에 신문사의 사과보도가 '투위'와의 약속대로 지켜지는 것이 확인되면 궐기대회를 평화적인 투쟁보고대회로 바꿀 수 있다고 의견을 모았다. 10월1일 궐기대회를 이틀 앞둔 9월29일 Star-Bulletin사는 사과성명문 초안을 '투위'에 보내 감수를 요청하였고, '투위'측은 16명의 대표자들이 모인 가운데 그것이 만족할만한 것이라는 결론을 내렸다. 이에 '투위'는 한인사회의 단결력과 명분의 정당성이 충분히 인정. 발휘되었으므로 군중집회를 강행할 필요가 없어졌다고 판단하여 투쟁의 성공을 자축하고, 앞으로 10월1일을 '한인투쟁 승리의 날'로 정해 매년 행사를 갖기로 결의했다.

하와이의 10.1 투쟁운동은 미국 내 소수민족으로서의 한인사회가 단시일에 투쟁을 조직화하여 성공을 거둔 보기 드문 사례였다는 점에서 재미한인사회운동사에서 그 의미가 크다. 그리고 이 사건은 미국사회에서 소수그룹이 권익을 위한 투쟁을 전개 할 때에는 무엇보다도 '조직화'하는 것과 '민주적 방식'이 효과적이라는 교훈을 안겨주었다. 이러한 문제에 대한 자각은 1990년대 한국동포들이 로스엔젤레스 폭동을 겪으면서 다시 고개를 들게 된다.

2) 1980년대의 사회운동

1980년대는 미주한인사회에서의 사회운동이 질적 변환을 맞은 시기였다. 그러한 변화의 시발점은 1980년 5월 18일 광주에서 발생한 비극적인 사건이었다. 5.18은 두 가지 측면에서 미주의 사회운동에 영향을 끼쳤다. 첫째는 많은 동포들 사이에 미국에 대한 새로운 인식이 자리 잡도록 만들었다. 한국군에 대한 작전통제권을 가졌던 미국의 역할에 대한 논의가 일어났고, 취임 후 첫 번째 외국 수반으로 전두환을 초청한 레이건 대통령의 행태는 재미동포사회에서 '미국은 한국의 민주화에 관심이 없다'는 주장이 설득력을 얻도록 작용했다. 이러한 상황의 변화는 미국의 영향에서 벗어난 자주적인 조국운동에 대한 관심이 제고되도록 만들었고, 결과적으로 70년대에는 비공개로 진행되던 북한과의 접촉이 80년대에는 점차 공개적이고 조직적으로 이루어지는 것이 받아들여지도록 분위기를 조성하였다. 두 번째는 5.18 최후의 수배자 윤한봉이 미국으로 망명하여 적극적인 활동을 펼치면서 80년대 미주사회의 운동에 새로운 활력을 불어 넣었다. 구체적으로 말하면 사회운동방식의 변화, 그리고 사회운동권의 세대교체가 윤한봉의 활동을 통해 이루어졌다.

물론 1980년대에도 앞에서 살펴 본 '민통연합'과 같은 단체는 1989년까지 존속하였기에 70년대 방식의 한국정치지향적인 민주화운동도 지속되었다. 실제로 1982년 12월에는 1980년 전두환에 의해 투옥되었던 김대중이 풀려나와 다시 미국으로 돌아왔다. 그는 1985년 한국으로 귀국할 때까지 '민통연합'과 그가 설립에 관여한 '인권문제연구소'(1983년 워싱턴 D.C.)를 기반으로 미국에서의 활동을 재개했었다. 그러므로 이러한 운동의 흐름이 80년대에도 지속되고 있었다는 사실을 염두에 두고 이제 80년대에 등장한 새로운 형태의 사회운동에 대해 살펴보기로 한다.

(1) 북한과의 교류확대와 '조국통일북미주협회'

1980년대에 미주한인사회에서 두드러지게 나타난 현상 중 하나는 북한과의 접촉과 교류가 눈에 띠게 양성화내지 공식화되었다는 점이다. 물론 한국에서와는 달리 미국시민권을 가진 동포는 카터행정부가 1976년 북한여행금지조치를 해제하였기 때문에 70년대 후반부터 많은 수의 동포들이 북한을 방문할 수 있었다. 70년대 중반 이후 북한을 다녀온 사람들 중에는 임창영, 노광욱, 지창보 등 '미주민련'참여인사들이 포함되어있고, 1977년 미국으로 와 곧 바로 '배달민족회'라는 단체를 만들어 반 유신. 반정부운동을 시작했던 최덕신 같은 이도 이미 1978년 11월에 평양을 방문하여 김일성주석을 만났으나 그 사실을 공표하지는 않았다.[54] 그 외에도 일부 학자와 종교인들이 개인자격으로 북한을 왕래하였다. 그러던 것이 1981년 최덕신과 예비역 장성인 최홍의, 그리고 숭전대총장을 지낸 김성락 등이 북한을 방문하여 김일성주석을 면담하고 공동성명을 발표함으로서 미주한인사회와 북한당국과의 접촉이 공개적으로 이루어지는 단초가 만들어졌다. 80년대에 들어서서 그만큼 분위기가 달라진 것이다.

1981년에는 또 다른 시작들이 있었다. 1979년 일본 동경에서 기독교계통의 학자들이 주도하여 시작된 '해외동포학자 민족통일 심포지엄'이 1981년 3월에는 워싱턴 D.C.에서 열림으로서 북한학자들이 미

---

54) 남한에서 외무부장관까지 지낸 최덕신은 1978년 이래 5번 평양을 방문한 뒤 1986년 9월 평양으로 영주 귀국하여 북한에서 조선천도교청우당중앙위원장과 조국평화통일위원회 부위원장, 최고인민회의 대의원을 지냈다. 1989년 사망하여 평양 애국열사릉에 묻혔다. 최덕신의 생애에 관하여는 다음 글을 참조할 것. 한홍구, 2000, "최덕신과 류미영-분단의 인생유전 가족사" 『한겨레21』 (8월 23일) 제323호,

국을 왔고, 동년 11월에는 오스트리아 비엔나에서 일부 기독교 학자들이 북한대사관과 접촉하여 '북(한당국)과 해외동포기독자 간의 대화'가 이루어졌다. 후일 '비엔나 회의'로 일컬어지게 된 이 모임은 북한정부의 대표와 미주의 기독교지도자들이 공식적으로 처음 만났다는 점에서 그 의미가 크다. 모임을 조직한 사람들은 대 북한관계에서 적극적인 입장을 취했던 양은식, 홍동근, 선우학원, 강위조와 서독의 이영빈, 이화선 등이었다. 이 대화모임은 82년 12월에 헬싱키에서 2차 모임, 그리고 84년 6월에는 중국 북경에서의 3차 모임으로 이어졌고, 1991년 2월에는 독일 프랑크푸르트에서 '북과 해외동포기독자 간의 대화 10주년 기념모임'을 가짐으로서 이들의 만남이 일회성 사건이 아니었음을 확인시켜주었다.[55] '해외동포학자 민족통일심포지엄' 역시 참가자들의 단체 방북(1983년 7월)으로 연결되었고, 그 결과를 이듬해에 『분단을 뛰어넘어』라는 제목의 단행본으로 로스엔젤레스 현지에서 출판함으로서 미주동포사회에 북한을 알리는데 큰 몫을 해냈다.

'민족통일 심포지엄'과 '북과 기독자 간의 대화'의 참가들은 이미 언급한바와 같이 대체로 기독교계의 학자들이 많았는바, 80년대 초반의 조직적 활동을 바탕으로 이들이 중심이 되어 1987년 2월 통일운동전문단체를 표방하면서 '조국통일북미주협회' (약칭 '통협')를 결성하고 양은식이 대표가 되었다.[56] '통협'은 북한당국과 공식적 관계를 갖고

55) 최성원, 1991, "재미동포늘의 민족민주운동" 장상완 외, 『한미관계의 재인식 2』 도서출판 두리

56) 은호기에 따르면 '통협'은 그 구성원이 주로 북한이 고향인 사람, 북한을 방문했던 사람, 그리고 학자중심의 지식층이라고 한다. 따라서 응집력이 강한 조직이긴 하지만 자칫 배타적이고 권위적일 수 있다고 보았다. 그러나 '통협'이 80년대 미주운동권에서 북한당국과 공식적으로 밀접한 유대관계를 맺고 있는 유일한 단체임은 인정했다. 은호기, 1989, "재미동포 민주민족운동의 현황과

출범한 미주 최초의 단체로서 그 출범 초 북한의 '해외동포원호회'를 파트너로 하여 이산가족 찾기 사업에 곧 착수하였고, 89년 평양에서 열린 '제13차 세계 청년학생축전'에 미주 대표단 및 참관단파견에 주도적인 역할을 함으로서 그들이 북한의 공식창구임을 확실하게 보여주었다.[57] "통협'은 그 외에도 기관지 『조국』을 발행하고, 북한 영화 및 비디오의 보급, 조선미술작품전시회의 개최 등 다양한 사업을 통하여 북한 알리기 운동에 진력하는 한편, 88년에는 핀란드 헬싱키에서 개최된 '주체사상과 조국통일에 관한 북과 해외동포학자대회'에 '통협' 구성원들이 대거 참석토록 하여 학술적 활동에도 적극 관여해 왔다. 그러한 작업의 일환으로 '통협' 내에 '주체사상연구회'를 조직하여 89년과 90년에는 연구회 회원들에 의한 주체사상 연구발표회를 가졌다. 또한 '통협'의 홍동근은 '통일신학연구회'를 결성하여 90년 1월에는 다시 헬싱키에서 북과 공동으로 '주체사상과 기독교, 조국통일'을 주제로 한 '북과 해외동포학자. 기독교인대화'를 갖고 "주체사상이... 통일의 올바른 길을 밝혀주는 위대한 사상임을 확인"한다는 공동결의문을 발표하였다.[58] 이와 같은 사실은 80년대를 거치면서 미

전망" 『현실과 대안』 11월호, 120쪽

57) 제13차 평양축전에 참가하는 미주대표단 파견문제와 관련해서 북한당국은 전적으로'통협'을 창구로 했다. 일예로 윤한봉이 결성한 '재미한국청년연합'('한청련')도 축전참가를 위해 '추진본부'까지 설치하여 북한당국에 참가자들의 인적사항을 보내고 답을 기다렸으나, 북한당국은 그들의 초청장을 '한청련'에 보내지 않고 '통련'으로 보냈고, '통련'은 무슨 이유인지 이를 전달해주지 않았다. 그러나 '통련'측은 1988년에 남북학생회담을 앞두고 미 서부의 일부청년들이 급하게 만들었던 또 다른 청년단체인 '미주청년조국통일협의회'('청협')에는 북한에서 보내온 초청장을 즉시 전해주었고, 이를 늦게 알게 된 '한청련'은 평양축제참가를 포기하였다. (윤한봉, 1996, 『운동화와 똥가방』 한마당, 222-223쪽) 참고로 '청협'은 90년대에 '통협'이 주도하는 '범민련'에 청년단체로 참여한다.

58) 서정균, 1991, "재미동포 통일운동의 배경과 현황" 『민족통일과 민중운동』 한

국의 동포사회에 이제는 북한과의 관계를 무엇보다도 중시하여 때로는 편향된 모습을 보이는 운동단체가 등장한 커다란 변화를 말해주는 것이다.

(2) 윤한봉과 '재미한국청년연합'

1980년대 미주한인사회운동이 경험한 또 하나의 질적 변화는 청년운동의 급속한 발전이었다. 그리고 이러한 질적 변화의 중심에는 윤한봉이 있었다. 5.18의 주모자로 수배를 받고 있던 윤한봉은 밀항을 감행하여 1981년 미국으로 망명했다. 그 후 로스엔젤레스에 자리를 잡고 청년운동을 펼쳐나간 그가 제일 먼저 착수한 작업은 한국동포가 가장 많이 거주하는 로스엔젤레스에 '민족학교'를 설립하는 일이었다. 청년전업운동가(full-time activist) 양성을 목표로 하는 '민족학교'는 1983년 2월 로스엔젤레스에 설립된 이후 뉴욕에는 '청년학교'라는 이름으로, 산호세에는 '민족교육봉사원', 시카고에는 '한인교육문화마당집', 토론토에는 '민족교육문화원', 그리고 워싱턴 D.C.에는 '코리아홍보교육원'이라는 명칭으로 시기를 달리하며 세워졌다.[59] 이러한 작업이 가능했던 이유는 그가 1984년 1월 1일 뉴욕, 시카고, 시애틀, 로스엔젤레스, 샌프란시스코 등지에서 온 청년들과 함께 샌프란시스코에서 "재미한국청년연합"(약칭 '재미한청련')을 결성하였기 때문이었다. 이 새로운 조직은 그 이름이 말해주는 것처럼 미주청년운동의 활성화를 목표로 하면서 동시에 자생력이 강한 풀뿌리운동을 지향했다는

백사, 260-271

59) 여기서 언급된 다양한 이름의 민족학교에는 대개 상근자 10명 내외가 근무하는데 그들은 학업이나 직장을 포기하고 짧게는 2년, 길게는 5년 동안 봉사하여 주위를 놀라게 했다고 한다. 민족학교는 일명 '마당집'이라고 부르는데 '마당집'관련자들은 94년에 '미주 한인 봉사 교육단체 협의회'를 결성해서 전국적 연합활동의 토대를 구축하였다. (윤한봉, 1996, 앞의 책, 146-147쪽)

점에서 기존의 단체와 다르다. '재미한청련'은 84년 이후 미국 내 동포가 많이 거주하는 대 도시에 지역조직을 만드는 노력을 계속하여 현재 뉴욕, 필라델피아, 워싱턴 D.C., 시카고, 덴버, 로스엔젤레스, 샌프란시스코, 시애틀에 지역한청련을 두는 전국적 조직이 되어있다. '미주한청련'의 활발한 활동은 미주사회운동에 새로운 전기를 마련했는바, 주요활동을 정리하면 다음과 같다. 첫째, 명망가 중심으로 이루어졌던 70년대의 운동방식을 탈피하여 청년층의 헌신적인 참여와 운동의 생활화를 중시했다. 둘째, 70년대 민주화운동에서 등한시 했던 민족교육, 민족문화운동을 포함시켰다. 셋째, 모국의 운동조직 및 미국의 사회운동단체, 그리고 필리핀, 남미, 유럽 등지의 평화, 인권단체와의 관계를 유지하여 다양한 국제연대운동을 확대시켰다. 넷째, 평화운동을 미주한인사회운동의 주요 과제로 설정하고 한반도에서 미핵무기 철거, 주한미군철수, 평화협정체결, 남북군비축소 등을 촉구하는 한반도의 평화적 통일을 위한 운동을 적극 전개하였다. 다섯째, 다른 단체에 비해 매우 체계적이고 지속적인 홍보활동을 폈다. 즉 월간으로『문화교육통신』, 격월간으로는 영문으로 된『Korea Report』를 발행하고, 부정기적으로 뉴스레터를 펴내 우송하였다.

윤한봉은 1987년 8월에는 '한겨레운동 재미동포연합'(약칭 '한겨레')을 출범시켰다.[60] '한청련'이 청년조직이라면 '한겨레'는 '한청련'과 거의 동일한 목적을 가진 36세 이상의 동포들을 회원으로 하는 장년, 중년, 노년층의 조직체이다. '한겨레'도 '한청련'과 비슷하게 7개 지역

60) '한겨레' 창립배경을 윤한봉은 다음과 같이 밝히고 있다. 즉 1986년 당시 거의 유명무실해진 '미주민련'의 책임자였던 임창영박사가 새로운 장년, 노년층의 운동단체를 만들어 달라고 간곡히 부탁하여 조직사업을 시작하였다는 것이다. 그래서 '한겨레'는 1년여의 준비를 거쳐 87년 로스엔젤레스에서 개최된 '한청련'주최 "민족의 통일과 단결을 위한 해외동포 대회"에서 결성되게 된다. (윤한봉, 위의 책, 181쪽)

에 조직을 둔 전국조직으로 각 지역에서 '한청련'을 후원하고 행사에 함께 참여하는 등 행동을 같이하고 있다. 이런 각도에서 보면 '한겨레'의 출범은 80년대 등장한 청년운동단체인 '재미한청련'을 더욱 강화시켜주는 효과를 가져왔다. 그래서 은호기는 80년대의 운동단체들을 평가하면서 '재미한청련'을 미 전역을 통괄하는 가장 강력한 운동단체임이 틀림없다고 평가했다. 그 이유는 '재미한청련'이 장년조직 ('한겨레')과 홍보조직('한겨레 미주홍보원') 그리고 문화단체('비나리 문화패')에 교육조직(민족학교 계통의 '마당집'들)까지 체계를 갖춰 거느리는 유일한 단체이기 때문이라는 것 이었다.61) 1980년대 민주화운동의 실질적 대변지였던 Street Journal62)의 발행인 조재길 역시 '한청련'과 '한겨레' 두 조직은 80년대 뿐 아니라 90년대 중반까지 미주 사회운동의 중심세력이었다고 평했다.63)

1980년대 '재미한청련'의 등장은 미주한인사회에서의 사회운동에 세대교체를 가져왔으며, 운동의 형태와 형식의 변화를 가져와 운동의 일상화, 체계화, 대중화를 기하는데 크게 공헌하였다. 특히 국제적 연대활동의 활성화는 미주한인사회운동이 80년대에 거둔 큰 수확이었다.64) 결론적으로 '재미한청련'을 중심으로 해서 가지를 쳐간 여러 운

61) 은호기, 1989, 앞의 글, 117쪽

62) Street Journal은 1981년 로스엔젤레스에서 창간 된 주간지로서 91년 문을 닫을 때까지 한번도 쉬지 않고 나온 80년대 미주한인사회의 대표적인 진보성향의 간행물이었다.

63) 유의영, 2002, "미주동포의 민주화, 통일운동 약사" 미주한인이민100주년 남가주 기념사업회, 『미주한인이민100년사』, 로스엔젤레스: 한미동포재단, 285쪽

64) 국제연대사업의 대표적인 성공사례로 89년 평양축전 후 실행된 'Korea의 평화와 통일을 위한 국제평화대행진'을 들 수 있다. 89년 7월21일 백두산 정상에서 출정식을 갖고 판문점까지 7일간의 행진을 한 이 행사에는 미국과 캐나다에서 28명, 중남미 6개국에서 8명, 아시아 7개국에서 30명, 유럽 8개국에서 11

동은, 북한과의 대화와 교류에만 집중한 '통협'과는 달리, 남한의 운동권은 물론 다양한 국제운동단체들과의 연대활동을 펼쳐 운동의 지평을 넓힘으로서 미주사회운동이 질적으로 성장하는데 크게 기여하였다.

3) 1990년대의 사회운동

1990년대에 들어서면 미주의 사회운동은 몇 가지 커다란 사건에 영향을 받아 새로운 국면을 맞는다. 외적으로는 90년 구소련의 붕괴와 냉전의 종식, 92년 남북한 동시 UN가입과 같은 정치적 환경에 일대 변화가 있었고, 내적으로는 92년 로스엔젤레스에서 발생한 인종폭동으로 동포사회가 엄청난 피해를 입는 충격적인 사건이 발생하였다. 또한 90년대는 남한에서의 민주화도 80년 후반 이후 꾸준히 진선되어 98년에는 드디어 야당이 집권하는 평화적 정권교체가 이루어진 시기였다. 그와 동시에 90년대에는 65년 이후 새로운 이민의 물결이 시작 된지 20년 이상이 지나면서 1.5세와 2세들의 성장이 가시화되기 시작했다. 그러므로 90년대에는 이러한 변화와 충격에 반응하여 미주한인사회에서의 사회운동도 80년대와는 다르게 변화하는 모습을 보이게 된다.

(1) 기존운동단체의 변화

1980년대까지의 미주사회운동은 크게 세 갈레의 움직임이 있었다. 첫째는 남한의 민주화를 목표로 활동한 '한민통', '국민연합', '민통연

명, 중동에서는 팔레스타인 1명, 그리고 중국, 소련, 독일, 캐나다, 미국, 일본에 거주하는 해외동포 113명, 북한에서 70명, 남한에서는 임수경과 문규현 2명이 참가하였다(윤한봉, 앞의 책, 218-233 참조.) 이러한 사업의 성공은 그 후 다시 'Korea의 평화와 통일을 여는 국제연대위원회'의 결성을 가져오는 등의 파급효과를 수반했기 때문에 의미가 많다.

합'계열이 주도한 운동, 둘째는 조국통일을 내세우며 북한과의 교류 및 연대를 중시한 '미주민련'과 '통협'계열의 활동, 그리고 앞의 두 계열과는 달리 미주 사회운동의 독자적 역할을 모색하여 남한과 북한 어느 쪽에도 종속되지 않고 남북 및 해외의 국제적 연대까지 추진한 '한청련', '한겨레'계열의 운동이 있었다. 그들 중 첫 번째 계열의 운동단체들은 90년대에 한국에서의 민주화가 진척됨에 따라 그 존재가치가 소멸되어 89년 '민통연합'이 해체된 뒤 그를 이어가는 단체가 등장하지 않았다. 앞에서 두 번째와 세 번째 계열로 분류한 '통협'과 '한청련'계의 단체들은 80년대 말까지 통일문제에 대한 기본적 인식을 공유하면서 평양축제참가나 기타 국제적 연대활동 등에 일정부분 협력하여왔으나, 90년대 초에 이르러 '조국통일 범민족연합'(약칭 '범민련') 참여문제를 놓고 이견을 보이며 운동노선을 달리하게 된다. 즉 '80년대 다양한 활동을 통해 미주에서 북한의 공식창구역할을 자임하며 대표적인 친북운동단체로 자리 잡은 '통협'은 '범민련' 참여를 당연시하였으나 '재미한청련'의 입장은 달랐던 것이다.

'범민련'은 원래 1988년 남한의 운동권에서 제안하고, 89년 평양 범민족대회에서 구체화된 후,[65] 90년 남・북・해외 삼자의 실무대표들이 베를린에서 만나 그 결성을 합의하여 만들어진 조직으로, 1990년 11월 남, 북, 해외동포사회의 민간운동단체대표들로 구성된 3자의 연합체조직임을 표방하며 출범하였다. 그런데 남, 북, 해외의 3자 합의제로 운영되어야 하는 연합체조직에서 북의 대표단을 북한정부와 관련이 없는 자율적 사회운동단체로 볼 수 있느냐하는 문제가 대두되었다.[66] 실제로 이러한 문제 때문에 남한정부는 국가보안법을 적용해

65) 89년 평양에서 열린 범민족대회를 위한 실무회담에 참여하고자한 남측대표들이 연행되었고, 문익환목사는 방북을 감행하여 옥고를 치렀다.

66) 북한체제의 특성상 민간외교활동도 노동당의 지도와 통제 아래 이루어지기

‘범민련’을 순수한 민간통일운동단체들의 연합으로 간주하지 않고 불법화하였다.[67] ‘재미한청련’의 입장은 ‘범민련’을 연합체보다는 협의체로 만들어 남한의 통일운동에 어려움을 주지 않으면서 남, 북, 해외동포 삼자간의 협력체제를 만들어가자는 것이었다. 그러나 ‘한청련’의 의견은 받아들여지지 않았고, ‘범민련’의 사업방향이 점차 북한중심으로 가게 되자 1992년 2월 ‘한청련’ ‘한겨레’ 민족학교조직은 결국 ‘범민련’에서 완전 탈퇴하고 독자적인 운동방식을 모색하게 된다.[68]

1980년대부터 사회운동을 펼쳐온 단체들 중 ‘재미한청련’은 90년대에도 조직명칭을 바꾸지 아니하고 시대의 변화에 맞춰 새로운 활동영역을 개척해 나갔다는 점에서 다른 단체와는 차별성을 보인다. 예컨대 ‘범민련’참여문제로 ‘한청련’과 의견을 달리했던 ‘통협’은 97년이 되자 10년 만에 해체되고, ‘통협’임원진의 대다수와 일부 새로운 인사들이 합류하여 ‘재미동포전국연합’(약칭 ‘동포연합’)을 새로 만들었다. 이렇게 70-80년대, 그리고 90년대에 들어서서도 미주의 운동단체들은 몇 년 활동하다가 남한이나 북한의 정세에 변화가 오거나 사람이 바뀌면 해체되거나, 새로운 명칭의 단체로 변모하는 것이 전형적인 모습이었는데 반해, ‘한청련’만은 오늘에까지 그 명칭 그대로 활동하고 있는바, 그에는 다음과 같은 이유가 있는 것으로 사료된다. 즉 ‘한청련’은 남북한 어느 정치세력과도 관계없이 미주의 청년들을 중심으로 키워진 풀뿌리 조직의 성격이 강하기 때문에 남북한 정권이나 운동세력 어느 쪽에도 종속되지 않는 독립적 자세를 유지하는 것이 상대적으로

때문에 민간외교의 계획은 당 선전선동부가 담당하며, 집행은 당 국제부가 지휘. 감독한다.

67) 남한정부는 ‘범민련’을 불법화하였기에 ‘범민련남측본부’결성은 1995년 2월까지 이루어지지 못했다.

68) 윤한봉, 앞의 책, 257-260쪽

용이했을 것이다. 실제로 90년대 중반부터 '재미한청련'은 새로운 형태의 활동을 전개해 나감으로서 독자적인 길을 걷는다.

변화된 모습을 보여주는 90년대 '재미한청련'의 활동은 당사자들의 말이나 글을 직접 인용하는 것이 가장 정확할 것이다. 다음은 로스엔젤레스 민족학교의 사무국장인 심인보가 2003년 작성한 미발표원고의 일부분이다.

"80년대 조국운동에 집중되었던 (한청련과 한겨레의) 운동역량을 90년 중반부터 미주동포들의 사회운동에 절반을 투입하고, 나머지 절반은 남부조국운동에 지원한다는 원칙을 세우고 활동을 전개해 나갔다. 특히 미주지역의 특수성을 살려 남부조국의 다양한 부문운동과 연대를 해나가는 방향을 택하고, 5.18특별법 제정촉구 해외동포 서명운동, 4자회담 성사촉구 뉴욕회담장 시위, 북한동포돕기 100만인 서명운동참여, 국가보안법 폐지운동....등등을 전개하였다. 특히 한청련은 매년 5.18기념행사로 미주 각 지역(나성, 시카고, 뉴욕, 필라, 시애틀)에서 남부조국의 문화운동가 및 활동가들을 초청하여 진행해 오고 있으며, 올해(2003년)에는 한반도 전쟁위기를 주제로 2세들과 타민족을 대상으로 하는 교육활동으로 5.18행사 준비를 진행하고 있다.

한청련은 북한동포들의 식량난 해결을 민족운동의 주요과제로 인식하고, 유엔 산하 세계식량기구를 접촉하여 미국 내 민간창구로 하였고, 홍보 및 모금활동을 하여 96년부터 현재(2003년)까지 미국 내 민간창구인 '세계식량기구의 친구들'의 모금액이 100만 달러를 넘었다. 수년을 이어져오는 한청련의 가두모금과 홍보활동은 재미동포사회에 북부조국 식량난돕기운동을 확산시키는 계기가 되었다.

냉전시기에 첨예한 대립 때문에...등한시되었던 미국사회내의 경제 및 사회정의 문제가 냉전 종말과 미국의 반이민정책 등의 변화로 (인하여 많은 활동가들의 관심을 갖도록 만들었다.) 재미동포사회에서도 한청련과 한겨레는 각 지역 마당집을 통하여 미주동포들의 사회운동을 확산시키는데 큰 역할을 하게 된다. 나성, 뉴욕, 시카고, 필라델피아, 북가주 등지의 마당집을 통하여 90년대 중반부터 미국 내 이민자들을 상대로 진행되고 있는 반 이민 정책에 앞장서서 동포를 조직하여 다양한 정치활동을 전개하게 되었다. 즉 1994년 (각 지역의 마당집을 중심으로) '미주교육봉사 단체협의회'를 조직하여 전국적인 차원에서 동포사회의 입장과 권익을 대변하게 하였으며 미국 사회 내 소수민족 커뮤니티운동에서 주요 지도단체로 성장하게 된다. 동포사회 내의 봉사활동과 권익운동으로 시작되어 지금은 이민자권익, 민권옹호, 경제정의실현, 소수민족연대운동 등으로 발전하고 있으며, 2세들의 참여와 의식화과정을 거치면서 주요한 미주동포들의 민족운동으로 자리 잡게 될 것이다."[69]

이상에서 볼 수 있는 바와 같이 '한청련'은 기존의 운동영역에만 머무르지 않고 변화하는 한인사회의 요구에 부응하여 소수민족 민권운동, 이민자 권익활동, 소수민족사회 봉사활동, 그리고 북한돕기운동 등으로 그 활동영역을 넓혀 나갔다. 다시 말해 '한청련'은 90년대 중반 이후 동포사회 내에서의 소수민족운동에 운동역량의 일부를 분산함으로서 기존의 운동단체가 역할변화를 통해 진화할 수 있다는 사실을 실천으로 보여주었던 것이다.[70] 그에 비하여, 90년 '범민련'에

---

69) 심인보, 2003, "미주 민주 통일운동의 역사와 현황" 미발표원고, 참고로, 인용문 내에 ( )안의 글은 필자가 고쳐 쓴 것임. (심인보는 미주이민 1.5세로 '한청련' 초기멤버이며, 2003년 당시에는 로스엔젤레스 민족학교 사무국장이었다.) 심인보와의 또 다른 인터뷰 자료는 유의영, 2002, 앞의 글, 286쪽을 참조할 것.

70) 2000년도 LA민족학교 활동보고를 보면 한 해 동안 실시된 상담 및 신청대행

참여했던 '통협'은 97년 뚜렷한 이유가 없이 해체되고, 그 대신 '통협'처럼 대북교류를 중심사업으로 내세운 '재미동포전국연합회'(약칭, '동포연합')(Korean American National Coordinating Council, KANCC)가 새롭게 만들어졌다. '동포연합'은 '통협'과 마찬가지로 북한의 미주지역 창구임과 동시에 이산가족찾기사업, 여러 형태의 북한방문단 모집, 북한바로알기운동 등을 주요 활동사업으로 한다는 점에서 '통협'과 별 차이가 없다. 다만 98년에 한호석, 정기열, 최관호 등이 미 동북부지역의 친북성향 인사들과 함께 '자주민주통일미주연합'(Congress for Korean Reunification, CKR)(약칭 '자주연합')을 결성했는데 이 단체가 '동포연합'과 밀접한 친화력을 갖고 출범하면서 일정부분 역할분담이 이루어지는 현상이 눈에 띤다. 상황을 단순화시켜 부언하자면 '동포연합'은 북한의 창구역할과 대북교류에 전념 하는데 반해, '자주연합'은 남한의 친북통일운동권과의 연대와 남한에서의 통일운동에 대한 관심표명을 주된 활동으로 삼고 있다는 점에서 두 단체는 미주에 북한의 지지기반을 형성하는데 있어 서로 다른 기여를 할 수 있는 것으로 사료된다.

(2) 4.29 인종폭동과 소수민족운동

1992년 4월 29일 로스엔젤레스에서 발생한 폭동은 이제 100년이 넘는 역사를 가진 미주의 한인사회가 겪은 최대의 사건 중 하나였다. 로드니 킹이라는 한 흑인이 백인경찰들에게 무자비하게 구타당한 사

서비스 건수가 1만 58건에 달했다. 이를 종류별로 보면 센서스와 유권자등록 보조가 4,475건으로 가장 많고, 공공사회보장 프로그램 상담 및 신청대행 서비스는 3,596건, 저소득층 세금보고 상담 및 신청대행이 1,987건이었다. 이는 소수민족으로서의 한인 권익보호 및 봉사활동이 매우 활발했음을 보여주는 자료이다.

건으로 촉발 된 4.29 인종폭동은 엉뚱하게도 한인사회에 가장 큰 피해를 안겼다. 약 2,300개의 한인 업소가 약탈당했거나 전소되어 재산 피해액이 4억 달러에 달했던 것이다. 그런데 억울하게 큰 피해를 당한 한인들의 대부분은 나중에 지방정부나 연방정부로부터 응분의 보상을 받지 못했다. 한인사회의 정치력이 뒷받침되지 못했기 때문이었다. 이 사건은 재미한인들의 권익은 한인 스스로가 보호해야한다는 사실을 새삼 확인시켜준 계기가 되었다. 이러한 자각을 바탕으로 미주동포사회에서도 소수민족운동의 성격을 띤 권익운동과 정치력 신장운동이 점차 본격화 되었다. 이는 한인사회에서 더 이상 모국 지향적인 사회운동에만 계속 집착하기보다는 점차 다민족 사회인 미국사회에서 소수민족으로서 살아가는 데 필요한 운동을 시작해야 한다는 자각이 일어났음을 말해준다.

4.29폭동이 재미한인사회에 끼친 영향중의 하나는 그것이 특히 젊은 세대를 각성시키는 계기가 되었다는 것이다. 4.29폭동을 통하여 1.5세와 2세들은 소수민족으로서 그들의 부모세대가 겪는 고통의 현장을 직접 목격할 수 있었고, 언어문제와 정치력 부재 때문에 피해를 감수해야만 하는 부모세대를 도울 수 있는 사람은 바로 자신들이라는 자각이 싹텄다. 그러한 징후는 폭동직후 5월1일 코리아타운 중심부에 주로 젊은 세대 중심으로 1,000명이 자발적으로 모여 평화집회가 열린데서 감지되었다. 그 다음날인 5월2일에는 1.5세와 2세들이 평화대행진을 주도하고 이에 1세들이 적극 호응함으로서 하루 만에 무려 10만 명의 대인파가 코리아타운 한 복판에 있는 아드모어 공원에 집결하는 기적을 연출하였다. 이는 아시아 이민 150년 역사상 인파가 가장 많이 모인 평화적 집회였다. 이러한 극적인 경험을 통하여 동포사회는 이제 1세와 2세가 합심하면 한인사회의 문제를 하나씩

풀어갈 수 있다는 자신감을 갖게 되었다.[71] 그리고 이러한 변화의 증거는 92년 이후, 특히 1.5세와 2세들을 중심으로, 활발하게 전개된 사회운동에 잘 드러난다.

4.29폭동 직후 가장 먼저 가시적 성과를 내 놓은 단체는 '한미연합회'(Korean American Coalition, 약칭, KAC)였다. KAC는 1983년 로스엔젤레스에서 젊은 활동가들이 모여 재미한인사회가 주류사회에 참여하는데 도움을 주는 것을 목적으로 만들어진 단체로서 나름대로의 활동을 꾸준히 해왔었다. 주류사회를 상대로 하는 활동을 해왔던 KAC는 4.29폭동이 나자 그들의 젊은 인적자원과 조직을 총 동원하여 곧 바로 한인들의 피해사실을 미국의 언론, 지역의 정치인, 해당정부기관 등에 체계적으로 알리는 작업을 주도했고, 이어서 뉴욕생명보험회사로부터 50만 달러의 기금을 받아내어 피해를 본 한인들에게 실질적인 도움을 주었다[72]. 한편 4.29직후 워싱턴 D.C. 에서는 변호사, 회계사, 의원보좌관 등 주로 전문직에 종사하는 한인 1.5세와 2세들이 엄청난 피해를 보고도 속수무책인 한인사회의 문제점을 극복해 나갈 수 있는 방안을 논의하기 위해 모였다. 여기서 탄생한 조직이 '한미연대'(Korean American Alliance, 약칭, KAA)인데, KAA는 로스엔젤레스의 KAC와 성격을 같이하는 단체였기에 초기부터 두 단체는 연대관계를 가졌다. 그러다가 1999년 결국 KAA는 KAC의 워싱턴 D.C.지

71) 장태한, 2002, "4.29 LA폭동과 한인사회" 미주한인이민100주년 남가주 기념사업회, 『미주한인이민100년사』, 로스엔젤레스: 한미동포재단, 271쪽

72) 캘리포니아대학(리버사이드)에서 소수민족학 강의를 하고 있는 장태한교수는 다음과 같은 지적을 하고 있다. 즉 제1세대는 4.29때 피해를 당하면서도 말 한마디 못하는 무기력함을 보였고 단지 영어에 능숙한 1.5세와 2세들이 한인사회의 입장을 어느 정도 대변할 수 있었다는 것이다. 그리고 그동안 한인운동단체도 살고 있는 한인사회의 문제는 등한시한 체 친북, 반북으로 나뉘어 한국정치에 더 많은 관심을 쏟았다고 비판했다. 장태한, 2002, 위의 글, 269쪽 참조.

부로 합치게 된다. 이러한 사실은 4.29직후 1.5세와 2세들이 한인사회를 위해 자신들이 공헌 할 수 있는 역할을 찾아나서는 움직임이 도처에서 자발적으로 일어났다는 것을 말해주는 것이다.

1992년 이후 KAC는 빠르게 성장하여 2006년 현재에는 로스엔젤레스에 본부를, 워싱턴 D.C.와 오렌지카운티에 사무소를, 그리고 시카고, 워싱턴 D.C., 샌프란시스코, 덴버, 애틀랜타, 달라스/포트워스, 피닉스, 호놀룰루 등 14개 지역에 지부를 둔 전국조직으로 변모했다. KAC조직의 특성은 1.5세와 2세 전문직 종사자들의 참여가 여타의 다른 한인단체에 비하여 많고, 철저하게 회원제로 운영하되 동시에 많은 대학생자원봉사자들을 확보하여 탄탄한 지원을 받고 있다는 점이다. 그리고 조직의 명칭에도 잘 드러나 있듯이 젊은 세대들의 사회운동은 1세대들이 '한국인'(Korean)으로서의 정체성을 강하게 유지했던 것과는 대조적으로 '재미한국인'(Korean-American)의 관점에서 접근되고 있다는 점이 제1세대의 그것과 다르다. 이는 젊은 세대가 그들의 당면문제와 미래를 다민족으로 구성된 미국사회의 일원으로서 전망한다는 것을 의미한다. 또한 KAC는 충실하고 체계적인 프로그램의 운용으로 짧은 시간에 상당한 실질적 성과를 일구어 냈다는 점에서 많은 기성운동단체와 구분된다.[73] 로스엔젤레스 KAC본부의 예를 보면, 핵심프로그램을 ①지도력프로그램(Leadership Program), ②시민권

73) 대부분 재미운동단체들의 활동은 계획된 프로그램 중심으로 운용되지 못하고, 주로 무슨 일이 발생하면 모임을 갖고 성명서를 내거나 소규모 시위를 하는 것이 상례이다. 이는 체계적 프로그램을 운용할 수 있는 인력, 조직, 자금을 갖는 단체가 없는 형편을 반영한다. 전국조직임을 표방하는 단체가 중앙조직 사무실도 없고 지역조직도 없이 소수의 개별 연락망 수준으로 연계된 것도 있다. 인터넷이 보급된 이 후 몇 단체에서는 인터넷을 통해 선전활동을 하는 것이 주된 사업이 된 곳도 있다. 미주운동조직에 대한 이러한 지적은 다음을 참조할 것. http://www.tongilnews.com/article.asp?mainflag=Y&menuid=203000&article6월10일 오후 9:23:53=65591

프로그램(Citizenship Program) ③창도프로그램(Advocacy Program)으로 나누고, ①에서는 재미한인 대학생 인턴제도운영, 전국 대학생 지도자 회의 같은 프로그램을 시행하고, ②에서는 재미한인들의 시민권 문제를 전담하는 프로그램을, 그리고 ③에서는 전국 한인정치지도자포럼, 유권자운동프로그램, 미정치인초청토론프로그램 등을 체계적으로 갖추고 있다. 대학생 지도자회의(National College Leadership Conference)를 예로 해서 프로그램 내용을 들여다보면 매년 미국과 캐나다대학에 재학 중인 재미한인학생들의 신청을 받아 그중 60명을 선발하여 로스엔젤레스에서 여름 3주 동안 교육을 시키는데 교육내용은 재미한인의 정체성, 시민권리교육, 지역사회참여능력배양 등을 가르친다. 이 교육프로그램에서 학생들은 다양한 한인사회의 젊은 지도자들을 만나 네트워킹을 해 갈 수 있다. 이렇게 KAC의 프로그램은 대체로 재미한인들의 적극적 사회참여를 돕는데 초점이 맞춰있는 것이 두드러진다. 로스엔젤레스 KAC에는 또한 '4.29센터'[74](소장, 존 유)가 설립되어 있는데 여기서는 〈분쟁조정센터〉를 운영하여 인종 간(특히 한인, 흑인, 히스패닉인)의 화합, 교류, 이해증진을 위한 다양한 사업을 펼치고 있다. KAC의 운영은 많은 젊은 전문직종사자들이 자원봉사 하는 조직답게 일찍이 비영리단체의 자격을 인정받아 연방정부, 주정부, 지방정부로부터 공공사업에 대한 공적 지원을 확보하고 있으며, 회원의 회비, 기부금모금 등으로 상근직원을 10여명 채용하여 매우 활발한 조직의 모습을 보여주고 있다. 또한 로스엔젤레스 KAC에는 미 인구조사국(Census Bureau)이 인정하는 인구센서스센터(Census Information Center)[75]를 거느리고 있어, 유권자등록운동 등을

---

74) 4.29센터의 설립에는 유명한 흑인지도자였던 '마틴 루터 킹 기념재단'으로부터도 재정지원을 받았다. 이러한 예는 KAC가 미국의 주류사회와 한인사회에 다리를 놓는 역할을 하고 있다는 상징적 증거이다.

활발히 전개하는데 매우 유리한 조건을 갖추고 있는 것도 특기 할만하다.

KAC의 활동 외에도 4.29폭동을 전후하여 한인사회의 1.5세와 2세들 중 일부는 지극히 전문적인 자원봉사단체를 출범시켜 새로운 형태의 사회운동을 시작했다. 대표적인 예가 이민노동자들의 권익을 대변하기위한 전문단체로 1992년 3월에 설립된 '남가주한인노동상담소'(Koreatown Immigrant Workers Alliance, KIWA)이다. 4.29폭동 이후 사태수습과정에서 KIWA의 법률자원봉사자들은 갑자기 실직상태가 된 한인타운 노동자들의 피해보상 문제에 집중했다. 즉 그들은 45명의 한국인/라티노 노동자들을 조직해서 그들이 10만 달러 상당의 원조물자를 받도록 도운 것이다. KIWA는 현재까지 수많은 법률자원봉사자들을 중심으로 노동상담, 변론지원, 노동자의 조직화, 이민노동자단체 및 국제노동운동의 연대활동 등을 활발히 전개하고 있다.[76)]

한인청년들이 모여서 동포사회권익을 위한 활동을 전개하는 움직임은 미 동부 뉴욕에서도 나타났다. 즉 4.29 이후 뉴욕에서도 일부 젊은이들이 중심이 되어 로스엔젤레스에서 폭동사태의 수습에 나섰던 서부의 활동가들을 초청하여 강연 및 세미나 등을 개최하다가 96년 1월 뉴욕퀸즈 플러싱에 드디어 재미한인들의 정치력 신장을 목표로 한 '한인유권자센터'(Korean American Voter's Council, KAVC)를 설립하

75) 미국에는 인구조사국이 인정하는 인구센서스센터가 전국적으로 56개만 있다.

76) 한 가지 흥미로운 사실은 '재미한청련'에서 활동한 1.5세나 2세들의 일부가 KIWA에 참여하고 있다는 점이다. 이는 90년대에 들어서면서 '재미한청련'이 소수민족/이민자 권익향상에도 눈을 돌렸다는 것과 관련이 있을 것이다. KIWA 소장을 지낸 홍순영 등이 '한청련'출신이다(유의영, 2002, 앞의 글 286쪽 참조). 필자가 2001년 8월 LA에서 당시 동상담소의 소장인 대니 박 (Danny Park)과 행한 인터뷰에 따르면 KIWA는 주로 대학생자원봉사자와 변호사자원봉사로 운영되며, 1.5세, 2세가 주축을 이룬다했다. KIWA는 한인타운에서의 저임금과 노동착취문제 해결에 관심이 많았다.

게 된다. 이 센터의 모체가 된 단체는 2세의 정체성 정립을 돕자는 취지로 만들어진 '한뜻열린마당'(회장 김동찬)이었는데, '한뜻열린마당' 회원에는 변호사, 회계사, 교사 등 사회운동 전개에 도움이 되는 전문가그룹이 많아 유권자센터는 그 설립 초기부터 효과적인 활동이 가능했다. 센터는 전적으로 1.5세가 중심이 된 지원봉사자들에 의해 운영되었고, 다음과 같은 사업이 중점적으로 추진되었다. 첫째는 정치력신장사업(Political Empowerment)으로 시민권교육, 유권자등록, 투표참여 캠페인, 한인유권자관리 등이 여기 포함된다. 둘째는 뿌리교육(Enrichment of Korean Spirit and Culture)으로 '어린이문화학교'운영, 한국어 및 한국음악, 한국사 및 미국사 강좌 등이 대표적 사업이다. 셋째는 새로운 세대의 발굴(Recruit and Training of Young Generation for Community)인데, 한인학생들이 많은 동부의 대학들을 중심으로 동아리 활동을 추진하고 있다. 이들의 사업이 비교적 성공을 거두자 1세대들의 지원이 뒤 따랐고, 2000년에는 뉴저지에도 유권자센터 사무소가 생겨났다. 이들의 노력으로 94년 7%에 불과하던 뉴욕, 뉴저지의 한인유권자 투표참여율이 2004년에는 21%로 뛰어 올랐다.[77)]

이상에서 살펴본바와 같이 4.29 로스엔젤레스 폭동은 서부에서 동부에 이르기까지 전체한인사회에 엄청난 충격의 파장을 가져왔으며, 특히 젊은 세대를 중심으로 소수민족으로서의 자각, 그리고 자기가 살고 있는 커뮤니티의 현안문제에 적극 대처해나가는 운동이 고개를

77) 2006년 8월 28일자 조선일보에는 '뉴저지 한인유권자센터'에서자원봉사 하는 7명의 재미한인들(5명의 교사, 1명의 약사, 1명의 변호사)이 11월 실시되는 미 중간선거부터 지방정부가 한국어서비스를 시행하도록 하는 "선거혁명"을 일으켰다는 기사가 실렸다. 참고로 선거에서의 한국어서비스는 로스엔젤레스 지역에서는 한인단체들의 노력으로 이미 시행되고 있다. 투표율의 변화 등 구체적인 사항은 뉴욕/뉴저지 한인유권자센터의 홈페이지 http://www.koreavoter.com/에서 더 많은 자료를 찾아 볼 수 있음.

들도록 했다. 이런 맥락에서 90년대에는 1.5세와 2세들이 중심이 된 권익운동, 민권운동, 소수민족 연대운동이 한인사회의 여러 곳에서 일어났던 것이다.[78)]

마지막으로 1990년대 미주한인사회에서의 사회운동에 대한 논의를 끝내기 전에 언급해야 할 단체가 하나 더 있다. 94년에 창립된 '미주동포전국협회'(National Association of Korean Americans, NAKA)는 92년 로스엔젤레스 폭동 피해를 속수무책으로 지켜만 본 여러 한인운동단체의 지도자들이 미주한인사회 전체를 대표해서 발언하고 행동하는 단일창구의 필요성을 느껴 준비 끝에 출범시킨 조직이었다. 강력한 하나의 통일된 조직을 가진 미국의 유태인사회가 모델이 되었다고 전한다. '미주동포전국협회'의 홈페이지를 보면 그 설립목적이 ①재미한인의 민권보호, ②타인종과의 협동과 이해증진, ③재미한인의 문화발전, ④한국의 평화적 자주통일을 위해서라고 밝히고 있어 민권보호가 운동목표의 최 우선순위로 올라온 것이 눈에 띤다. 이는 기본적으로 앞에서 살펴본 90년대에 젊은 세대들이 만든 운동단체들의 목적과 유사한 것이다. 그러나 유사점은 여기서 끝난다. 왜냐하면 기성의 명망가, 운동가, 원로들이 표면에 나서서 만든 이 단체는 실질적인 프로그램 운용에 있어 체계성, 실질성, 지속성에서 과거의 관행을 그대로 답습하고 있기 때문이다. 94년 창설 이후 2000년까지는 전국회의를 1년에 한차례씩 가졌고, 미 의회와의 만남 몇 차례, 포럼형태의 지역적 모임이 수차례 산발적으로 개최되었다. 그리고 그러한 활동보고는 2003년 7월을 마지막으로 보여준 뒤, 홈페이지는 지난 3

78) 90년대 말에 만들어져 2000년대에 활동을 하고 있는 진보적 청년단체로는 '노둣돌'이 가장 활발하다. 1999년 뉴욕지역에서 1.5세와 2세들이 주축이 되어 만들어진 '노둣돌'(Nodutdol for Korean Community Development, KCPK)은 다양한 프로그램을 운용하고 있다.

년간 정지상태다.[79] 앞에서 살펴본 KAC의 홈페이지에는 여러 가지 일상적으로 진행되는 프로그램의 자세한 소개에만 그치지 않고 온라인상으로 참가신청을 받는 등 양방향 커뮤니케이션이 가능하도록 만들어 홈페이지 상에서도 참여와 대화를 유도하고 있다는 점에서 극명한 대조를 이룬다. 이는 '미주동포전국협회'가 동포사회의 현실과 현장을 파고드는 지속적이고, 체계적인 프로그램을 갖지 못했으며, 운동방식도 광범한 참여의 유도보다는 상층부 또는 행사참가자 몇 사람의 활동을 홍보하는 과거의 방식에 머물러 있음을 말해준다. 확실히 70년대부터 시작 된 1세 중심의 사회운동과 90년대 이후 부쩍 활발해진 1.5세와 2세의 사회운동은 그 형식과 방법, 그리고 지향하는 목표에서 많은 차이가 난다. 아마도 이러한 대비가 미주한인사회에서의 사회운동의 변화방향을 암시해주는 것이 아닌가 한다. 미주사회운동의 과거와 미래가, 현존하는 다양한 운동단체들의 활동유형에 투사되고 있는 것이다.

4) 2000년 이후

2000년의 최대 뉴스는 남북정상이 만나 6.15성명을 발표한 사건이었다. 이로서 남북화해무드가 조성되었고, 그 기운은 미주의 동포사회에도 미쳤다. 90년대에 활약하던 통일운동단체들도 2000년대에 들어서 더욱 활기를 찾았다. '동포연합'과 '자주연합'은 2001년에 '미주동포전국협회'(NAKA)와 함께 '재미민족운동단체협의회'라는 우산을 만들어 그 산하로 들어감으로서 보다 효과적인 연대활동의 체제를 갖춘다. 그리고 88년에 만들어진 '미주청년조국통일협의회'('청협')는 90년 '통협'이 주도했던 미주 '범민련'에 청년단체로 바로 참여했으나 범

79) '미주동포전국협회'의 홈페이지 주소는 http://www.naka.org/

청학련 미주지부 설립을 끝내 이루지 못하고 있었다. 그러다가 6.15선언이 발표되자 '청협'은 6.15선언의 미주지역 실천을 위한 새로운 활동을 위한다며 2001년 해체되고 대신 '통일맞이 나성포럼'이 새롭게 만들어졌다. 대략 이러한 조직의 조정이 있었던 2000년대에 '동포연합'은 북한의 '해외동포원호위원회'와 밀접한 관계를 유지하며 대북교류사업을 계속 확대 발전시켜왔고, 남한의 운동단체들은 미주의 통일운동단체들과 연락을 취하며 미주한인사회에 연계망을 구축해갔다. 좋은 예가 '민주노동당미주후원회'와 '양민학살진상규명전민족특별조사위원회' 미주지부의 결성 등이다. 이러한 단체들은 또한 2000년대에 국가보안법폐지운동에 적극 나서는 한편, 미 의회가 추진한 '북한자유법, 북한인권법'반대운동, '이라크 전쟁중단, 파병철회'연대활동, '미군장갑차 여중생 살인사건 백악관 항의방문단'후원활동, 그리고 한미FTA반대운동 등을 연대해 펼쳤다. 그 외에 위에서 언급된 단체들은 6.15남북정상회담 이후 만들어진 '6.15공동선언실현재미동포협의회'에 핵심단체들로 참여했다. 이렇게 2000년대가 시작되는 초기에는 재미통일단체들의 공개적인 활동의 여건이 그 어느 때보다도 크게 호전되는 것처럼 보였다.

그러나 2000년대에 들어서 한반도에서의 긴장완화가 가져온 미주한인사회운동단체들 사이의 화해 무드는 그리 오래가지 못했다. 부시행정부의 등장으로 북미관계가 악화되면서 북핵문제와 북한의 인권문제가 현안문제로 부상되었고, 이를 계기로 보수적 기독교지도자들이 움직이기 시작한 것이다. 북한의 기아문제와 탈북자의 참상이 널리 알려진 것을 배경으로 하고 2004년 9월 27일 미국과 캐나다의 한인목회자 1,635명이 참석한 가운데 '미주한인교회연합'(Korean-American Church Coalition for North Korea Freedom, KCC) 제1차 전국대회가 로스엔젤레스에서 개최되었다. 이틀간 계속된 대회에서 목회자들은 북한 주민과 탈북자가 처한 참상에 대해 침묵했던 것을 회개하고 2005년 한 해 동안 미주 전 지역의 평신도들을 주축으로 주요 도시에서 차례로 통곡기도회를 갖기로 결의했다. 특히 이 자리에는 미 상원의 샘 브라운의원이 참석해 현장의 생생한 목소리를 바로 상원에 보고함으로서 9월28일 미 상원에서 북한인권법이 만장일치로 통과되는데 일조한 것으로 알려졌다. 제1차 전국대회에서 결의한대로 KCC는 2005년 일 년 동안 시애틀을 시작으로 하여 한인들이 많이 사는 12개 주요도시에서 매월 대규모집회를 열고 북한인권을 위한 기도회를 개최했는데, 매 도시마다 예상외로 많은 인파가 몰렸고 11월의 로스엔젤레스 기도회에는 1만2천여 명이 운집하여 한인교회 기도회사상 최대의 규모를 기록하였다. 기독교단체의 이러한 움직임은 북한인권에 관심을 표명한 다른 시민사회단체들의 활동을 부추겼으며, 결국 '동포연합'이나 '자주연합'같은 단체들의 반대에도 불구하고 북한인권법이 탄생하는 결과를 낳았다. 이미 본 논고의 1절에서 언급했던바 대로, 미주한인사회에서의 사회운동을 살펴보는 데는 종교단체의 역할이 고려되어야 함이 다시 확인된 셈이다.

5. 새로운 사회운동의 전망

1970-80년대 미주한인사회에서의 사회운동은 한국의 민주화와 통일이라는 정치적 사회운동이 전부였다고 해도 과언이 아닐 정도로 편향되어 있었다. 그러나 90년대에 이르면 일부단체는 여전히 한국의 정치사회운동을, 그리고 다른 일부는 미국에서의 소수민족운동/시민사회운동을 중심적 활동영역으로 잡는 분화가 이루어 졌다. 정치사회운동의 경우 70-80년대에는 그것이 한국의 민주화운동에 초점을 맞

춘 운동단체와 북한과의 관계를 중시한 운동단체로 나뉘어져있었으나, 한국의 절차적 민주주의가 이루어진 90년대에는 정치사회운동을 목적으로 하는 단체는 북한과 연계를 갖는 운동단체들만 남았다. 그와 동시에 1.5세대와 2세대가 중심이 된 사회운동도 여러 지역에서 나타났다. 사회운동의 분화, 전문화, 다양화가 이루어져 온 것이다.

이제 논의를 마무리하면서 다음의 두 가지 사항을 언급하고자 한다. 이는 앞으로 다른 연구자들이 한인사회운동에 대한 연구를 하는데 참고로 삼게 하기 위함이다.

첫째는 한인사회운동단체들은 안타깝게도 친한(親韓)과 친북(親北)으로 나뉘어져 있는 것이 현실이다. 이러한 구분은 과거에도 그랬고, 현재에도 완전히 지워지지 않고 있다. 한반도의 분단과 이념적 갈등이 동포사회에도 그 그늘을 길게 드리우고 있는 것이다. 이 문제의 궁극적인 극복은 결국 머지않아 한인사회를 이끌어갈 1.5세대와 2세대들의 몫이 될 것이다. 따라서 앞으로의 연구는 이들 젊은 세대에 대한 심층적인 이해를 바탕으로 이루어져야 한다. 인류학이나 사회학적 관점에서 보면 미국에서의 거주기간이 길수록, 그리고 이민의 역사가 깊어갈수록 자신을 한국인이라기보다는 한국계미국인(Korean-American)으로 생각하는 비율이 높아질 것이 예상된다. 세대가 바뀌면서 나타날 정체성의 변화가 미주한인사회에서의 사회운동을 어떠한 방향으로 바꾸어놓을 것인지? 앞으로의 연구는 그런 질문에 대한 답을 구해야 할 것이다.

둘째는 미주한인사회의 사회운동을 논하는데 있어 '한인회'의 존재와 역할에 좀 더 관심을 갖고 접근해야 할 필요가 있다. 미국에는 한인회총연합회(The Federation of Korean Associations, U.S.A.) 산하에 50개 모든 주에 걸쳐 180여 지역 한인회가 있다. 다른 어떤 운동단체도 이러한 조직망을 가진 것은 없다. 그래서 2005년 태풍 카트리나로 루이지애나의 동포들이 고통 받았을 때 제일먼저 실질적 도움의 손길을 뻗힌 단체는 각 지역의 한인회였다. 물론 한인회는 대부분 친목과 상부상조적인 목적으로 만들어진 임의단체이고, 선거 잡음 등 여러 가지 문제를 안고 있는 것이 사실이다. 그러나 일부지역에서는 한인회의 역사가 쌓이고, 조직의 규모가 커져 체계를 갖추게 되면서 한인사회에 상당한 영향력을 갖는 단체로 성장, 변모하였다. 대표적인 예가 뉴욕과 로스엔젤레스의 한인회이다. 뉴욕한인회에는 '정치력신장위원회'를 두었고, 2000년 뉴욕지역 방송인 WB11이 개고기를 빌미로 한인사회를 비하하는 방송을 내보내자 뉴욕한인회는 곧 바로 '개고기 왜곡보도와 관련된 특별대책위원회'를 구성하고 강력히 항의함으로서 두 차례에 걸친 사과를 받아내기도 했다. 이러한 활동은 한인회가 사회운동단체로서의 잠재력을 갖고 있음을 말해준다. 그래서 한인회의 오랜 역사와 전국적 조직망을, 장차 질적으로 성장하는 한인사회와 잘 결합시킨다면 한인회는 미국사회에서 동포사회 전체를 대표하고 대변하는 단체로 발전한 가능성이 있는 것이다. 많은 사람들이 말하는 것처럼, 미주한인사회의 권익 신장과 남북통일을 촉진하는 활동을 체계적으로 전개하기 위 하여는 한인사회의 잠재력을 총 동원 할 수 있는 통일된 조직을 갖추는 것이 필요하다. 그러한 조직이나 단체는 어떻게 가능할 것인가? 미주한인사회의 사회운동단체를 살펴보면서 떠올렸던 질문이다.

참 고 ("1965년 이후 미주 한인사회에서의 사회운동,"『북미주 한인의 역사(상)』, 국사편찬위원회 재외동포사총서 4, 2007년, 225-259쪽)

제4부

한국사회와 재미한인사회

재미한인은 미국사회에서는 코리안 아메리칸이지만 한국사회에서 바라보면 해외동포이다. 그래서 우리는 재미한인을 여러 측면에서 우리와 연관시키고 또한 일정한 역할을 기대하기도 한다. 우리는 그들이 조국을 잊지 않기 바라며 그들이 지닌 자원과 도움의 잠재력을 높게 평가한다. 그러한 측면에서 부각되는 문제가 해외동포들이 한반도의 평화와 통일에 어떻게 기여 할 수 있을 것인가라는 문제이다. 마지막 제4부에서 다루고자 하는 주제가 바로 재미한인사회가 통일과 관련하여 기여할 수 있는 역할에 관한 것이다.

Chapter 8

통일문제와 재미동포의 역할

1. 통일환경의 변화

2000년 남북정상의 만남과 6.15선언은 통일에 대한 국민적 관심과 기대를 고창시켜 놓았다. 그러나 우리는 보다 냉철한 마음가짐으로 6.15 선언에서 제시된 통일접근방안들의 구체적 실천을 위한 작업들을 하나씩 착실히 다져 가야 할 것이다. 그런데 한반도의 통일은 주변국, 특히 미, 중, 러, 일과의 관계를 고려해야 한다. 그런 점에서 미, 중, 러, 일에 거주하고 있는 해외동포는 각별한 관심의 대상이 된다. 따라서 제8장에서는 미국의 동포사회에 초점을 맞추어 통일문제를 살펴보고자 한다.

재미동포에 대한 검토는 미국이 국제사회에서 매우 큰 영향력을 행사하고 한반도 통일과정에도 깊숙이 관여하고 있다는 점에서 중요성을 갖는다. 냉전종식 이후 국제무대에서의 미국의 영향력은 증대되어 왔다. 그런 만큼 미국의 대북정책은 한반도 통일과정에서 중요한 변수로 작용할 것이기에 미국에 거주하는 한인들의 잠재력을 통일문제와 연결하여 검토해보는 것은 의미가 있을 것이다.

미국의 동포는 미 의회와 언론, 그리고 평화단체들을 대상으로 로비를 하거나 미국사회에서 한반도의 평화정착에 긍정적인 여론을 조성해 남과 북이 보다 자율적인 상황 속에서 통일문제를 해결할 수 있도록 도움을 줄 수 있고, 동시에 북한에 대한 경제지원과 교류를 통해 북한을 보다 개방적인 국가로 전환시키는데 기여 할 수도 있을 것이다. 본 장에서는 다음의 두 가지 측면, 즉 ①미국의 대북정책 결정과정에서의 재미한인의 역할 ②통일과정에서의 재미한인의 역할을 검토할 것이다.

2. 미국의 대북정책 결정과정에서 재미한인의 역할

1) 유태인의 사례

통일을 이룩하는데 미국의 역할이 중요한 만큼 미국의 대북정책 결정과정에 우리가 영향을 미칠 수 있다면 이는 매우 바람직한 일일 것이다. 같은 맥락에서 재미동포사회가 나름대로 통일을 촉진하는 방향으로 미국의 대북정책에 영향을 행사할 수 있다면 역시 바람직한 일이다. 다만 한계는 재미한인집단은 미국 내의 한 소수민족에 지나지 않는다는 사실이다. 그러므로 미국 내 소수민족 중 미국정부나 의회에 대하여 예상 못 이상의 영향력을 행사하는 사례를 검토해 볼 필요가 있다.

미국의 대외정책에 미국의 소수민족집단이 영향을 끼치는 예는 유태인집단에 의한 대이스라엘정책 수립과정에 막강한 영향력을 행사하는 경우를 생각할 수 있다.

미국의 유태인 수는 약 6백만 명이다. 유태인의 미국으로의 이민의 역사는 매우 오래되어 최근의 이민을 제외하고는 모두 미국 시민권자 이며, 특히 유태계는 미국의 모든 인종 및 종족집단 중 선거 참여율이 가장 높은 집단으로 이름이 나있다. 또한 정치적으로 중요한 큰 주(뉴욕, 캘리포니아)나 대도시(뉴욕)에 집중 분포되어있어 숫자에 비해 상대적으로 큰 정치적 영향력을 행사하고 있음은 특기할만하다 (Feagin 1984:149).

또한 유태계는 언론계와 영화산업을 장악하고, 주요대학의 교수직 진출도 두드러질 뿐만 아니라 정치적 활동가(political activists)의 15-20%가량이 유태계라는 사실(ibid.: 150)에서 볼 수 있는 바와 같이 다양한 영역에서 막강한 영향력을 행사하고 있다.

유태인 영향력의 중요한 원천은 그들의 체계적인 조직활동이다. 미국 내 유태인조직은 매우 다양하다. 대표적인 조직으로는 Fortune 지가 미국 내 2번째로 영향력 있는 로비그룹으로 선정한 미국-이스라엘 홍보위원회(AIPAC)가 있고, 미국유태인위원회(American Jewish Committee), 유태인 명예훼손방지연맹(Anti-Defamation League) 등이 있다.

미국-이스라엘 홍보위원회(AIPAC)의 활동 중의 하나는 친이스라엘 성향의 미국인이나 유태인들로 하여금 이스라엘의 이익을 옹호하는 각종 언론기고를 매년 500건 이상 보내는 것이다. 1906년에 설립된 미국유태인위원회(AJC)는 1970년에 이미 회원 수 4만 명이 넘었으며, 튼튼한 재정을 확보하고 유태인의 권익옹호를 위해 Commentary라는 잡지를 발행한다. 1910년에 설립된 미국유태인의회(The American Jewish Congress)는 주로 동부유럽출신 유태인들이 만든 단체로 미국 내에서의 친이스라엘 활동에 가장 무게를 두고 있다. 유태인 명예훼손방지연맹(ADL)은 1913년에 설립되어 유태인권익보호를 위한 다양한 활동을 전개해 왔다. 유태인 연합 청원(The United Jewish Appeal)은 1939년에 설립되어 유태인 난민의 구호, 이스라엘을 돕기 위한 기금마련에 매우 성공적으로 활동해온 단체이다.

유태인들은 그들이 갖고 있는 인적 지원과 조직력을 활용하여 지방선거와 연방선거에서 유태인후보를 진출시키거나, 이스라엘에 적대적인 아랍국가들과 친밀한 정치인들의 낙선운동 등을 펴서 정치적 영향력을 행사한다. 좋은 예로 1980년부터 상원 외교위원장을 역임한 일리노이주 출신의 공화당 찰스 퍼시 상원의원은 평소의 반유태적 행동 때문에 84년 유태계의 조직적 로비에 의해 의원직을 상실했다.

미국의 유태인들은 전체인구의 2.5%가량에 불과하지만 사회의 주요 분야에 유태인들이 포진하고 스스로 조직화하여 인구규모 이상의 영향력을 행사해왔다. 한국의 일반인들에게도 낯익은 유명 유태인들의 이름을 몇 명 만들어도 이는 쉽게 이해가 갈 것이다. 예컨대 학계에는 물리학자 아인슈타인, 영화계에는 스필버그감독, 언론계에는 워싱턴 포스트회장 캐서린 그레함, 금융계에는 소로스 등 실로 세계적인 명성을 날리는 인사들이 즐비하다. 20세기 후반 이후부터는 정계진출도 활발하여 클린턴 행정부 하에서는 10명의 상원의원과 5명의 행정부 각료, 2명의 대법관을 배출했다. 특히 각료직 중 재무, 국방, 국무와 같이 주요요직을 유태계가 차지했는바 로버트 루빈 재무장관, 로렌스 서머스 재무장관, 윌리엄 코언 국방장관, 메들린 올브라이트 국무장관이 모두 유태계이다. 유태계의 정계진출 (뉴욕시장, 연방하원 등)이 꾸준히 증가해 왔다는 사실이나, 행정부 내 외교정책 관련 고위 관료직에 키신저, 올브라이트 국무장관과 같은 유태계의 등용 등은 유태인의 미 대외정책과정에 대한 영향력을 나타내주는 확실한 증거들이다.

2) 재미동포의 경우

(1) 인구 규모

그 동안 재미한인의 숫자는 통상 200여 만 명에 이를 것으로 추산되었다. 그런데 미 연방 인구통계국이 2001년 5월에 발표한 미국 내 한인 인구는 107만 6,872명인 것으로 나타났다. 이로써 미국 한인 인구는 센서스 사상 처음으로 100만 명이 넘는 것으로 공식 확인됐으나 미국 내 한인의 숫자가 200만 명이라는 통설에는 크게 못 미치는 것으로 드러났다. (물론 이 발표가 나온 후 인구조사방법상의 문제점들이 지적되면서 센서스의 정확도를 의심하는 견해가 있기는 하다. 일례로 최근 로스엔젤레스 타임스가 입수, 분석한 센서스 관련 자료에 따르면 샌타모니카의 경우 지난 해 6월초 약 3주가 걸릴 것으로 예상됐던 방문조사가 단 5일 만에 끝났으며 너무나 많은 경우 가정방문에서 세대주를 만나지 못했다고 보고된 후에도 곧 조사가 마무리된 것으로 처리됐음이 드러났다.) 한인 영주권자, 시민권자 중 일부는 영어미숙이나 귀찮다는 이유로 인구조사에 참여하지 않았을 것이라는 견해도 있다. 또한 적지 않은 숫자의 불법체류자가 제외되어 있으므로 실제 거주자는 107만 명보다 훨씬 많을 것이 틀림없다. 다만 공식적인 인구통계가 중요한 이유는 미국의 다양한 민족집단의 정치적 잠재력은 공식통계에 나타난 크기에 비례하는 것으로 흔히 간주되고, 복지정책 등의 입안이나 예산의 배정 역시 공식통계에 근거하여 이루어지기 때문이다. 이는 적어도 미국정부의 입장에서는 재미한인커뮤니티는 107만 명의 규모에 상응하는 정치력을 갖는 집단으로 취급되고 대접받는다는 것을 뜻한다. 단순화시켜 말해서 100만 명 정도의 집단이 미대륙 전체에 널리 퍼져 살고 있다면 그러한 집단은 적어도 규모의 면에서는 정치적 영향력을 갖는 집단이 되기는 어렵다. 다만 유태인의 경우에서 보았듯이 정치적으로 중요한 도시나 지역에 집중적으로 거주하여 정치적 영향력을 증가시키는 가능성을 검토할 필요가 있다.

(2) 인구분포

1994년 주미대사관 자료에 의하면 (체류자를 제외한) 한인(=이민)이 가장 많이 살고있는 지역은 남가주(LA)로서 418,816명이 거주하며, 그 다음은 뉴욕에 156,140명, 일리노이(Chicago)에 113,099명, 북가주(San Francisco)에 99,542명 순이다. 한인이 5만 명 이상 거주하는 지역은 버지니아, 메릴랜드, 워싱턴 D.C. 지역에 75,865명, 텍사스에 72,910명, 워싱턴(Seattle포함)에 72,900명, 뉴저지에 70,409명이며, 그 외에는 많게는 펜실베이니아에 46,616명에서 적게는 몬타나주에 30명에 이르기까지 미국의 모든 주와 속령에 한인들이 퍼져 살고 있다(최협, 이광규 1998: 131). 이러한 분포는 유태인집단에 비했을 때 상대적으로 거주지역이 분산되어 있음을 뜻한다. 거주지역의 분산은 미국과 같은 다민족국가에서 생활하는데 다른 민족들과의 접촉을 촉진시켜준다는 이점이 있으나 정치적 세력집단을 형성하기 어렵다는 문제가 있다. 다만 남가주와 뉴욕, 뉴저지에서 각각 40만 명 이상, 그리고 20만 명 이상 집중 분포되어 있는 지역에서는 정치적 세력집단화의 잠재력이 보인다 말 할 수 있다. 그러나 정치적 세력화를 기하려면 시민권을 획득하여 정치과정에 적극 참여하는 것이 요구된다.

(3) 시민권 취득과 유권자 등록 현황

미국으로의 이민은 1965년 미국의 이민법이 새롭게 개정된 후 본격적으로 시작되었기에 재미동포사회는 이민 1세대가 주류를 이룬다. 이는 미국의 한인들은 대체로 미국 사회와 문화에 적응해 가는 초기 단계에 머물러 있음을 의미한다. (유태인 이민의 대부분은 20세기 초반 이전에 이루어졌으며, 인종적으로 백인이고, 유럽문화에 익숙하다는 점에서 한국이민과 구별된다.) 그 결과 재미한인은 그 동안 생활에 쫓기거나 언어의 장벽과 같은 다양한 이유로 미국시민권취득이나 미국정치참여에 최근까지 등한시 해왔다.

미국시민권취득자의 수를 정확히 파악하기는 어렵지만 2000년 8-9월에 미주 중앙일보가 창간 26주년을 맞아 LA와 뉴욕의 한인사회를 중심으로 실시한 대규모 여론조사에서 조사대상자의 52%만이 시민권자로 나타난 것으로 보아 재미동포의 상당수가 아직도 시민권을 취득하지 않은 것으로 판단된다. 또 하나의 문제는 시민권자라도 그들 모두가 유권자로 등록하고 선거에 참여하는 것이 아니라는 점이다. 여러 한인단체들이 많아 비교적 활발한 정치활동이 전개되고 있는 남가주지역의 예를 보면 최근 들어 한미연합회(Korean American Coalition) 등 여러 한인단체들이 한인 유권자 등록 캠페인을 적극 전개한 결과 괄목할 만한 성과를 거두었지만 아직도 시민권자의 30%정도만이 유권자 등록을 했을 것으로 분석하고 있다(미주중앙일보, 2,000년. 10월 10일). 이에 더하여 한가지 더 지적되어야 할 사실은 민주사회에서 정치적 실천은 투표를 통해 이루어진다는 점이다. 결국 유권자의 투표참여율이 가장 중요한데 재미한인 유권자의 투표참여율은 저조하여 대략 30% 안팎일 것이라고 추정 된다 (미주 중앙일보, 2,000년 9월 19일). 그러므로 선거라는 정치과정을 통해 재미한인이 행사할 수 있는 정치적 영향력은 아직도 극히 미미하며, 의회를 통한 로비나 압력행사로 미국의 대북정책에 영향을 미치는 것은 어려운 실정이다.

다만 한가지 고무적인 사실은 1996년 시민권이 없으면 사회보장혜택이 삭감되는 법안이 만들어진 것을 계기로 한인들의 시민권신청이 꾸준히 증가하고 있다는 점이다. 또한 지난 대통령선거 시 여러 한인단체들이 유권자등록운동을 적극 전개하여 소정의 성과를 거두었는바, 한인들이 많이 거주하는 일부지역에서는 한인 표의 향방이 지역의 선거구에 큰 영향을 미칠 수 있음을 확인하는 계기가 마련되었다. 이러한 인식을 바탕으로 앞으로 한인단체들이 나서 유권자를 늘려나가고 투표에 더욱 적극적으로 참여하여 한인들의 정치력을 일부지역에서나마 신장시켜 간다면 미국정책결정과정에 영향력을 확대해 갈 수 있을 것이다.

(4) 한인단체들의 현황

유태인들의 예에서 알 수 있는바와 같이 한인사회의 권익 신장과 남북통일을 촉진하는 활동을 체계적으로 전개하기 위 하여는 한인사회의 잠재력을 총 동원 할 수 있는 통일된 조직을 갖추는 것이 필요하다. 미국의 한인사회에는 한인회, 직종(업)별 연합회, 다양한 청년회와 같은 각종 사회단체에서부터 동창회, 향우회 따위의 친목단체에 이르기까지 무수한 조직이 존재하지만 정작 한인사회전체를 대변하여 로비를 하고 압력단체의 역할을 효과적으로 수행하는 단체는 없다. 한인단체들을 큰 틀에서 들여다보면 안타깝게도 미국의 동포사회는 親韓과 親北단체로 조직이 나뉘어있어 통일된 한 목소리를 내는 일이 어렵게 되어있음을 발견하게 된다. 대표적인 거대 조직으로는 한국정부가 영사나 산하기관인 해외동포재단을 통해 관계를 유지하고 있는 〈재미한인회〉가 전국과 지역별로 조직되어있고, 친북단체로 분류되는 〈재미동포연합〉이 역시 같은 모양 세를 갖추고 있다. 경제인조직도 〈한인경제인 협회〉와 〈고려상공인연합회〉 등 두 갈래의 조직이 성향을 달리한다. 종교인들이 중심이 되어 조직된 중도 내지 북한에 중립적인 〈국제전략화해연구소〉(메릴렌드소재. 이사장 이승만 목사)가 있는가하면, 북한에 적대적인 〈재향군인회〉, 〈6.25 참전동지회〉, 〈이북월남목사회〉 등과 같은 극히 보수적인 단체가 병존하고 있는 것이 재미동포사회의 현실이다. 이러한 이유 때문에 6. 15남북정상회담의 소식이 세계 뉴스의 전파를 탄 뒤 2000년 6월 16일자 LA Times지는 "한편의 드라마가 LA에서 복잡한 감정을 자아내고 있다"는 제하의 기사를 내보내면서 LA의 한인사회에 존재하는 엇갈린 정서를 전했다. 그리고 한인사회에서 발견되는 '지지'와 '우려'의 상반되는 견해는 남북의 오랜 적대관계에서 비롯된 것이라고 설명하였다. 사실 남북정상회담이 언론에 보도되자 바로 재향군인회 미서부지회는 LA의 한 식당에 60여명이 모여 간부회의를 갖고 국군포로 송환문제해결 등을 촉구하는 5개항의 결의문을 채택하면서 이번 회담을 계기로 예상되는 친북세력의 한인동포사회 내 세력 확대 기도를 좌시하지 않겠다고 밝혔다(미주 중앙일보 2000년 6월 16일). 또한 한인사회의 분열상이 간단한 문제가 아니라는 증거는 그 후 8.15행사준비과정에서도 극명히 드러났다. 즉 2000년 8.15 행사를 LA 한인회가 45개의 한인단체들과 뜻을 모아 진보단체와 함께 치르겠다는 발표를 하자 곧이어 재향군인회와 이북도민회가 59개의 단체와 공동이름으로 이를 반대하는 기자회견을 갖고 친북단체와의 행사 공동개최를 즉각 중지할 것을 촉구했던 것이다(미주 중앙일보 2000년 8월 8일). 이와 같은 한인사회의 분열상은 재미동포사회가 미국의 대북정책결정과정에 효과적으로 영향력을 행사하는 것을 근본적으로 어렵게 만든다.

북한에 의료지원을 해 오고 있는 벨 재단의 스티브 린튼 이사장은

1998년 뉴욕 한인 경제인 협회 초청 강연에서 재미한인들이 미국시민으로서 미국정부에 이산가족상봉이나 경제적 제재완화에 대한 요구를 하지 않기 때문에 미국정부가 아무런 개선 움직임을 보이지 않는다는 주장을 편바 있다(중앙일보 1998년 7월 27일). 남북통일과정에서 북한의 경제개방과 이산가족의 상봉이 매우 중요한 사안임을 감안할 때 6.15 정상회담을 계기로 재미 한인사회에서는 이산가족 상봉과 무역, 투자 확대를 미국시민의 자격으로 미 정부나 의회에 요구하는 것이 필요할 것이다. 때맞추어 미 정부나 의회의 일각에서 그러한 일을 추진하는데 긍정적인 징후들이 나타나고 있다. 한인들이 많이 거주하는 지역구를 갖고 있는 하비에 베세라 연방하원의원(민주당, 가주 30지구)은 한인사회와 전문가들의 의견을 들어 의회 내에서 그러한 문제를 추진할 의사가 있음을 밝혔고(미주 중앙일보 2000년 7월 6일), 뉴욕의 9선 의원인 게리 애커먼 연방하원의원도 미주한인 이산가족의 문제를 해결하기 위해 연방의회차원의 노력을 모색하겠다고 말했다(미주 중앙일보 2000년 8월 31일). 2002년 3월 16일에는 파월 미국무부장관이 미 상원 예산위원회 청문회에 출석해 앞으로 북한과의 협상에서 한국계 미국인들의 이산가족 상봉문제를 정식 의제로 상정할 계획이라고 증언했다. 이와 같은 일련의 상황을 감안할 때 미국의 한인사회가 힘을 합쳐 단일한 목소리로 미국무성과 의회를 상대로 적극적인 로비활동을 전개한다면 일정의 효과를 거둘 가능성도 엿봇인다. 유태인들이 그러한 것처럼 한인사회 내의 분열상을 극복하고 재미한인들의 역량을 결집하여 대책을 마련해 가는 것이 곧 미주한인들이 미국의 대북정책에 실질적인 영향을 주는 첫 걸음이 될 것이다.

(5) 재미동포의 사회진출

재미동포들이 미국의 대외정책에 직접적인 영향을 행사하려면 연방의회나 행정부의 관련 부서에 직접 진출하는 것이 가장 확실한 방법이다. 아쉽게도 재미 동포 중에서 미 연방하원으로 당선된 예는 김창준 전의원외에는 없고, 국무부의 고위관리로 임명된 사례도 클린턴 행정부 시절 국무부 인권담당 차관보를 지낸 고홍주씨가 유일한 경우다. 부시 행정부가 들어서서는 연방노동부 산하 여성국 국장에 전신애씨가 발탁되었고, 시각장애자인 강영우박사가 백악관 장애인분야 국정위원회 위원장에, 연방법무부 법률담당 차관보에 한인 2세 존유씨가 임명되었다. 정치무대에서는 텍사스주 연방상원의원이며 공화당 대통령후보 지명전에 나서기도 했던 필 그림의원의 부인인 웬디 리 그램 여사, 전국 아태공화당협회 총회장인 진교륜씨, 2000년 공화당 선거대책본부 공동의장을 지내고 아시아 공화당협의회 공동의장직을 15년째 맡고있는 심홍섭(미국명 스티브 심)씨 등이 행정부 진출이 점쳐지는 사람들이다. 그 외 연방의회 의원 보좌관과 같이 장차 정계진출의 발판을 다지고 있는 한인들이 몇 있지만 그들의 영향력은 아직 미흡하거나 가능성으로 남아있다 하겠다. 결국 주어진 과제는 한인 커뮤니티의 정치력을 키워서 주류정치계에 진출하는 노력을 계속하는 일이다.[80)]

유태인의 경우를 보면 유태계의 정계진출이외에 언론계, 영화산업

---

80) 2011년 5월 현재 미 전국에서 투표를 통해 당선된 한인 선출직 공직자는 모두 55명으로 조사됐다. 직책별로는 주 상.하원의원 10명, 시의원13명, 카운티 의원 1명, 시장 2명, 판사 2명, 검사장 1명, 교육위원 20명 등올 나타났다. 지역적으로는 한인들이 많이 거주하는 캘리포니아주와 뉴저지주가 각각 15명과 18명을 배출하여 전체의 60% 이상을 차지했다(재외동포재단발행 뉴스레터, 한인네트워크, 2011년 5월, 4-5쪽).

계, 학계 등에 유태인 인맥이 포진해있어 친이스라엘 여론 형성과 그에 따른 친이스라엘정책 수립에 직. 간접으로 영향을 행사하고 있음을 발견할 수 있다. 그런데 재미동포사회는 아직도 미국사회에서 사회적 영향력을 행사할 수 있는 다양한 분야에 탄탄한 기반을 아직은 마련하지 못하고 있는 실정이다. 언론계를 보더라도 한인사회를 겨냥한 언론매체는 많으나 주류사회를 상대로 하는 매체는 거의 없다. 재외동포재단의 자료에 따르면 미국에는 187개의 한인 언론매체가 있다고 한다. 그 중 63는 남가주에 있으며, 특히 한인이 밀집되어있는 LA에는 신문이 무려 27개, TV와 라디오 방송이 9개, 월간지는 1개가 있다. 그 외 뉴욕주와 아틀란타를 포함한 조지아주에는 각각 17개, 일리노이주에는 13개의 한인 언론사가 존재한다(미주 중앙일보 2001년 1월 29일). 이 많은 언론사들의 특징은 한인들을 상대로 한 매체들이며 그 규모도 매우 영세하다는 것이다. 한인사회를 벗어나 미 주류사회를 대상으로 하는 언론사로 한인사회와 관련 지워 볼 수 있는 사례는 문선명목사가 교주로 있는 통일교에서 사실상 운영하는 워싱턴 타임스(Washington Times)를 생각할 수 있으나 신문사의 기자나 편집, 논설진들이 대부분 비한인들이며, 사회적 지명도나 영향력에서는 그리 높은 평가를 받지 못하고 있다. 또한 미국의 주요 언론기관(예컨대 ABC, NBC, CBS, CNN, New York Times, LA Times, Washington Post 등)에서 활약하고 있는 한인 중견언론인은 거의 없는 실정이다.

미국의 대학에는 수많은 한인 교수들이 있으나 이공계열 교수가 많고, 사회과학 분야의 정치학이나 국제관계학과 같이 대북정책 입안에 관련이 있는 분야에서 미 정부나 의회에 자문역할은 활발히 수행하는 저명 학자도 없는 형편이다. 이는 영화산업분야에서도 마찬가지이다. 다만 상대적이기는 하지만 비교적 활발하게 미국의 주류사회의 조직에 진출하고 있는 영역은 종교분야이다. 예를 들면 버지니아주 리치몬드 소재 유니온 신학대학교 교수로 재직 중인 이승만목사가 2000년 6월 24일 롱비치에서 열린 제 212차 미국장로교(P.C.U.S.A.)총회에서 다른 3명의 후보들을 큰 표 차로 제치고 한인으로는 최초로 총회장에 당선되었는데, 이는 같은 해 초 세계 침례교 총회장으로 뽑힌 김창환목사에 이어 두 번째로 한인이 세계적인 교단의 총회장으로 당선된 것이다(미주 중앙일보 2000년 6월 25일). 미국의 교계가 북한에 대하여 선교 및 인도적인 차원에서 관심을 가지고 있다는 사실을 감안할 때 한인 교직자들의 사회적 진출은 상당한 의미를 갖는 것으로 판단된다. 이러한 가능성을 뒷받침해주는 움직임으로 지난해 미국교회협의회가 북한 측과 접촉을 갖고 한반도의 평화와 통일, 세계교회운동 등 여러 현안에 대해 의견을 나누기 위해 우선 5명의 여성대표단을 북한에 파견한 사실을 들 수 있다. 미국교회협의회가 북한과의 교류에 관심을 갖게 된 데는 국제연대사업의 일환으로 한국교회협의회와 조선기독교연맹간의 접촉을 지원하기 위한 것이라 한다. 북한에 파견된 대표단은 페기 빌링스 전 북미주한국인권위원회 의장과 낸시 허드슨 캐나다연합교회 동아시아국제선교본부 사무국장, 캐시 제프리스 국제기독여성친우회 부회장, 윌마 쿠차렉 미 복음주의 루터교국제선교본부 이사, 카맨 네봇 그리스도의 교회 국제선교이사회의 유엔대표 등 5명이며 그들은 북한의 조선기독교연맹 소속 여성대표들과 만나 의견을 나누고 9만6천 달러 어치의 식용유와 쌀 등 인도적 지원물도 전달했다(미주 중앙일보 2000년 7월 14일자 참조). 아마도 이러한 재미한인교역자들의 활동과 미국교단의 관심이 대북 강경책을 밀고 가는 부시행정부하에서도 민간차원의 교류와 인도적 지원이 중단되지 않고 활발히 진행되도록 하는데 일조 했을 것이 틀림없다.

결론적으로 재미동포들이 미국정부의 대북한정책수립과정에서 영향력을 행사하려면 미국의 주류사회의 주요 포스트에 진출하는 것이 우선 요구된다. 그러한 점에서 현재까지의 재미동포의 영향력은 미미한 수준에 머물러있다 하겠다. 다만 재미동포사회에서 현재 진행 중인 몇 가지 새로운 경향은 사회직 영향력의 증대의 측면에서 고무적이다. 대표적인 예가 급격히 늘어나는 한인변호사의 숫자이다. 예를 들면 2000년 7월에 실시된 가주 변호사 시험에 무려 170명의 한인 변호사가 배출됐다. 같은 해 2월에 치러진 시험에서는 86명이, 1999년 6월 시험 합격자는 130명, 1998년 7월 시험에서는 145명이 합격했다. 한인이 많이 모여 사는 뉴욕주에서도 유사한 현상이 나타나고 있다. 즉 뉴욕주의 2000년 7월 변호사 시험에서 약 200명의 한인 변호사가 배출되어 98년 140명, 99년 190명에 이어 변호사 시험 합격자가 꾸준히 증가해왔다(미주 중앙일보 2000년 11월 19일). 미국사회에서 변호사들의 활동영역이 매우 넓고, 정계진출의 발판으로 변호사라는 직업이 유리한 점이 많다는 사실을 감안할 때 빠르게 늘어나는 한인 변호사의 숫자는 앞으로 재미동포의 미국사회내의 영향력이 점차 증대할 것이라는 기대를 갖게 만든다.

3. 통일과정에서의 재미동포의 역할

통일과정에서 재외동포가 수행할 수 있는 역할은 대체로 다음과 같은 것들이라고 지적되어 왔다. 즉 재외동포는 남북한 간의 불신의 벽과 적대감을 여과시키고 남북한 간의 교류와 협력을 매개할 수 있는 중개자로서의 역할을 담당할 수 있다. 그리고 재외동포는 국적개념을 초월하여 동포애로서 남북한을 바라볼 수 있기 때문에 통일을 정치적 차원이 아닌 민족적 차원에서 접근할 수 있는 장점을 지닌 집단이다. 또한 이들은 이산가족문제, 체육, 예술 및 학술교류 등 각 분야에서 남북한 주민들보다는 훨씬 자유롭게 활동할 수 있기 때문에 통일과 남북한 주민간의 사회문화적 통합에 기여할 수 있다(윤인진 2000). 특히 미국의 동포들은 경제적 지원, 기술이전, 투자 등을 통해 북한의 경제를 회생시키고 사회의 개방화를 도모하며, 궁극적으로는 북한사회의 자본주의체제로의 전환을 촉진할 수 있는 위치에 있다(백영옥 1993). 이러한 지금까지의 논의를 전제로 하여 이제 재미동포들이 어떠한 방식으로 한반도의 통일과정에 관여하고 있는 가를 구체적인 사례들을 가지고 살펴보기로 한다.

앞에서 이미 여러 차례에 걸쳐 지적하였듯이 미국의 한인사회는 1965년 이민법이 바뀐 뒤 이주해간 사람들이 주류를 이루고 있기 때문에 아직도 한국인으로서의 강한 정체성을 지니고 있다. 최근 LA에서 행한 한 조사결과에 의하면 “미국과 한국이 운동경기를 할 때 한국선수를 응원하겠다”라는 설문에 무려 91.4%가 찬성하였다(홍득표 1999:299). 이는 그만큼 한국인으로서의 정체성을 미국의 한인들이 유지하고 있음을 보여주는 것이다. 2001년 미주 중앙일보가 창간 26주년을 맞아 실시한 대규모 여론조사에서도 54.9%의 재미한인들은 자신을 ‘재미한국인’이나 ‘한국계 미국인’ 이라기보다는 순수 ‘한국인’이라고 생각하고 있는 것으로 나타났다. 재미한인들은 한국을 떠나 이민을 간 사람들이다. 그래서 미국 영주권과 시민권을 취득하고 새로운 삶을 개척해 나가야 할 사람들인 것이다. 그럼에도 불구하고 자신을 한국인으로 생각한다는 것은 아직도 한국의 문제에 깊은 관심을 갖고 있음을 뜻한다. 실재로 재미동포들은 그들이 한국을 떠나 살고 있음에도 1970년대 이후 한국의 군사독재에 반대하는 운동을 전개했고 김대중과 같은 야당 지도자를 후원함으로서 결국 한국의 민주화에 기여하였다. 이러한 논리는 통일의 문제에도 적용될 수 있을 것이다.

통일과정에서 재미동포들이 상당히 중요한 역할을 수행할 수 있을 것이라는 주장은 다음과 같은 언론 보도에서 드러난다. 역사적인 남북정상회담의 성시와 관련하여 미주 중앙일보는 2001년 5월 16일자에 "미주한인 남북회담의 초석 놓았다"라는 제하의 기사에서 다음과 같은 논리를 폈다.

> "남북회담의 성공적 개최와 관련, 남북관계에 인식이 있는 인사들은 미주동포사회가 남과 북의 이질감과 불신을 해소시키고 정상회담의 분위기를 조성하는데 일등공신을 했다는 주장을 펴고 있다. 이는 미주 한인들이 꾸준하게 북한을 방문하고 북한지원 활동에 앞장서면서 남한정부의 통일노력과 자본주의의 비적대적 성격을 북한에 전해온 것이 상호 신뢰구축에 도움이 됐다는 분석이다. 이 같은 노력은 북한으로 하여금 남한정부에 대한 경계심을 줄이고 회담을 수용하게 한 밑거름이 됐다는 주장이 한인사회에서 설득력 있게 받아들여지고 있다. 실제로 북한의 유력인사들은 방북재미 사업가, 종교인, 통일운동가 등에게 한국정부의 통일의지와 김대중 정부의 햇볕정책의 진의를 타진하는 등 남한파악하기에 미주 한인들의 조언을 상당히 활용했다는 분석이다.
>
> .....북한과 무역업을 하고 있는 고려상공인연합회 정무 회장은 개인적으로 사업관계상 북한을 20여 차례 다녀오면서 장관급 등 고위층과 많은 대화기회를 가질 수 있었다면서 특히 이들은 김대중정부의 햇볕정책에 많은 의구심을 갖고 있었다고 말했다.
>
> 정 회장에 따르면 방북 미주한인들은 김대중정부의 햇볕정책이 흡수통일의 방안이 아니며 특히 김대중 대통령의 통일의지의 순수성을 북한 측에 전달하는데 일정한 역할을 했다는 것이다. 또

군사정권 시절 DJ 구명활동에 앞장섰던 재미동포서부 지역연합 김운하 부회장 등 상당수 친DJ 통일운동권 인사들이 현 정부와 북한과의 교감을 트는데 일익을 담당했다는 평가를 받고 있다……교계를 중심으로 한 우리민족 서로 돕기 운동과 한인경제인들의 잦은 방북은 물론, 5,000여명에 달하는 이산가족 한인들의 북한 방문도 남북 이질감 해소에 숨은 역할을 했다. 북한을 수차례 다녀온 모 인사는 재미한인들이 현 정부의 통일의지를 북한에 전하면서 북한의 경계심을 누그러뜨린 것이 역사적 정상회담의 씨앗이 됐다고 강조했다."

이상에서 언급된 논의의 내용을 분석해보면 미주한인들은 그 동안 미국시민이라는 법적 지위를 십분 활용하여 북한에 남아있는 친인척 방문을 꾸준히 해 왔으며, 상당수의 경제인들이 북한을 상대로 무역 등을 하면서 고립되어 있는 북한의 대외연결 창구역할을 했고, 종교인 등을 중심으로 한 일부는 북한에 대한 구호 원조활동을 전개함으로서 대화를 위한 분위기를 조성해 왔으며, 마지막으로 친북 인사 중 일부는 범 민족적 통일운동세력과 연결되어 남북 간의 중개인 역할을 했다는 것이다. 그리고 이 모두는 궁극적으로 남북 간의 대화분위기 형성에 긍정적으로 기여했다는 것이다.

그 동안 재미동포들은 한반도와 지리적으로 매우 멀리 떨어져있고 또한 체제의 상이성에도 불구하고 북한과 활발한 교류를 다방면에서 해온 것이 사실이다. 우선 미국으로 이민 간 사람 중 상당수가 이북 출신이기에 이산가족상봉문제에 관심이 많았다. 그러므로 미국시민권을 획득한 후 북한을 방문하는 숫자는 꾸준히 증가했고 90년대 초 북한의 핵 문제로 북미관계가 악화되기까지 5,000여명의 재미동포가 가족이나 친인척 상봉을 위해 북한을 다녀왔다. 재미동포는 또한 북한과의 교역에 상당한 관심을 보여 왔다. 비록 미국정부의 대북한 경제제재조치 때문에 한계가 있어 규모가 크지는 않지만 북한의 일부 농수산특산물, 예술품, 건강식품, 임가공물품 등은 품질이 우수하고 가격경쟁력이 있어 재미동포실업인들이 즐겨 찾는 품목에 해당한다. 그래서 미국에는 수많은 대북경협단체들이 존재해 왔는데 대표적인 단체나 회사로는 미주실업인협회, 재미경제인연합회, 고려상공인연합회, 전금여행사 등이 있다. 이 들 단체들은 남북정상회담 이후 북한 특수를 기대하며 투자시찰단을 구성하고, 한인들의 투자알선 등을 위해 북한방문단을 구성하는 등 활발한 움직임을 보이기 시작하고 있다한다. 재미동포의 북한에 대한 인도적 지원활동도 활발하여 1996년부터 5년간 미국의 한인들이 북한에 지원한 금액은 '우리민족 서로돕기운동'을 통한 것만 해도 4천6백만 불에 달한 것으로 알려졌고, 기타 교회와 사회단체, 개인적으로 지원한 액수를 더하면 지원규모는 크게 늘어날 것이라 한다(미주 중앙일보 2001년 2월6일). 이러한 재미동포의 대북 지원노력이 상호신뢰구축에 큰 도움이 됐을 것이라는 견해를 부정할 사람은 없을 것이다.

2000년대에 조지 W. 부시 공화당 행정부가 들어서면서 대북 강경정책에 대한 우려가 있었음에도 불구하고 북미 간 민간차원의 교류는 여전히 활발하게 진행되었다. 예를 들면 대표적인 친북단체인 〈재미동포 전국연합〉은 2005년 한해 활동방침을 ① 민족문화교육, ② 대북한 친선연대활동, ③ 통일운동 등으로 정하고 부수적인 활동방침으로 북한을 동포사회에 올바로 알리는 운동을 전개키로 했다. 위에서 언급한 〈미주실업인협회〉는 2000년에 명칭을 〈재미실업인연합회〉로 고쳐 기구를 확대 개편하고 사업목표를 '동포경제인 북한 보내기'로 정하고 분야별로 동포 경제전문가를 규합해 일종의 산업시찰단의 형식으로 파견한다고 한다(미주 중앙일보 2001년 1월1일). 한 가지 흥미 있는 사실은 재미동포의 북한방문은 북한이 필요로 하는 사람들을 북한이 지정하여 유도한다는 점이다. 앞에서 언급한 〈재미동포 전국연합〉은 1994년 6월 북핵문제로 북미관계가 악화되면서 중단되었던 미주한인의 북한방문 및 가족 상봉 사업을 2000년부터 재개한다고 발표했는데, 방문신청자 중에서 북한이 현재 최고의 역점을 두고 있는 경제건설에 기여할 수 있는 사람을 최우선으로 선발할 것이라고 못 박았다. 그러한 부류의 사람들이란 '경제적인 기여를 할 수 있는 사람,'과 '과학기술 등 경제건설에 도움이 되는 지식 등을 보유한 사람' 등을 지칭한다(미주 중앙일보 2000년 11월 20일). 북한의 이러한 방침 때문에 교회나 사회단체, 그리고 의료전문가집단 등이 북한이 필요로 하는 지원을 하려는 노력을 기울이고 있다.

4. 맺는 말

한국정부의 통일방안은 '민족화합 민주통일방안'(1982), '한민족공동체 통일방안'(1989), '민족공동체 통일방안'(1994) 등 정권이 바뀔 때마다 그 명칭이 변화했지만 핵심내용은 크게 다르지 않다(통일교육원 2000). 즉 그것은 화해. 협력단계를 거쳐 통일국가를 완성하는 점진적 방식을 취한다는 면에서 동일하다. 역사적인 6.15 공동선언에 명시된 통일방안은 공동선언 5개항 중 두 번째 항인데 여기서는 "남과 북은 나라의 통일을 위한 남측의 연합제와 북측의 낮은 단계의 연방제 안이 서로 공통성이 있다고 인정하고 앞으로 이 방향에서 통일을 지향시켜 나가기로 하였다"고 선언했다. 이 역시 통일과정을 화해. 협력단계에서 시작하여 남북연합단계라는 중간과정을 거쳐 최종목표인 1민족 1국가의 통일국가를 점진적으로 협의해서 완성한다는 점에서 점진적이고 단계적인 방식을 취하고 있다. 이러한 점진적 단계를 성공적으로 올라가려면 각 단계에 상응하는 신뢰구축이 무엇보다도 필요할 것이다. 신뢰구축은 물론 실질적인 교류와 협력이 축적되어야 가능해진다. 이러한 남북 간의 교류와 협력문제의 실타래를 풀어 나가는 데는 재외동포들이 상당히 중요한 역할을 해 낼 수 있고, 특히 재미동포들은 그들이 거주하고 있는 나라 미국이 국제사회에서 차지하는 위상과 재미동포들의 경제적 여건 때문에 다른 지역의 동포와는 차별성 있는 공헌을 할 수 있다.

결론적으로 말해 해외동포들은 통일과정에서 매우 긍정적인 역할을 담당해줄 수 있는 귀중한 인적자원이다. 이렇게 귀중한 인적자원을 활용하기 위하여는 무엇보다도 이들이 한민족으로서 정체성을 잃지 않고 모국과의 관계를 긴밀하게 유지할 수 있는 방안을 마련해야 한다. 즉 해외동포에 대한 튼튼한 정책을 마련하는 것이 필요하고, 그를 바탕으로 귀중한 인적자원을 통일을 앞당기는데 활용하는 지혜를 모아야 할 것이다.

참 고 (“한반도 통일과 재미한인 사회의 잠재력,” 『정책포럼』 2002년 겨울, 대통령자문 정책기획위원회, 222-248쪽)

참고문헌

강선영, 2001. 「생명을 담보로 짓밟히고 있는 한국여성들」. 보고서.

김일수, 1991. "미국에서 한국 민족성과 한국 전통문화의 계승과 보존" 한국정신문화연구원, 『세계속의 한국』, 제1회 세계 한민족 학술대회 제2주제 발표논문집, pp.111～120

김형찬, 1989. "재미동포의 현실과 정책과제." 『해외동포의 현실과 정책과제』, 국제문화연구소, pp.51-88.

미주한인이민100주년 남가주기념사업회, 2002. 『미주한인이민100년사』 로스엔젤레스: 한미동포재단.

민병갑, 1991. "한인교회의 구조와 기능" 민병갑 외, 『미국속의 한국인』, pp.249-277.

______, 2007. "한인 민족경제의 성장과 변화" 『북미주한인의 역사(상)』 국사편찬위원회 재외동포사 총서 4, pp.191-224.

______, 2010. 「재미 한인동포의 정착 변화: 1990~2008」 재외한인사회연구소 보고서.

박영수, 1991. "미주 이민과정과 한인의 생활상" 한국정신문화연구원 『세계속의 한국』, 제1회 세계한민족 학술대회 제1주제발표논문집, pp.91-106.

박태훈, 1990. "해외동포의 어제와 오늘", 『내 조국의 철장에 갇혀』 (김진엽 편), 서울: 돌베개

백영옥, 1993. 『한민족공동체 형성과정에서의 교포정책』. 민족통일연구원.

선우학원, 1997. 『민족통일의 비젼: 통일의 선구자 선우학원 박사 팔순기념문집』, 서울: 푸른기획

손태근, 1988.『在美韓國人』 서울: 도서출판 한민족

유의영, 1984. "남가주의 한인: 그 사회와 문화"『재외한인의 사회와 문화』, 서울: 한국 국제문화협회, pp.171-223.

윤인진, 2000. "남북한 사회통합과 재외동포의 역할."『통일문제연구』 제12권 제1호.

윤한봉, 1996.『운동화와 똥가방』, 서울: 한마당

이광규, 1989.『재미한국인: 총체적 접근』 서울: 일조각

장상완 외, 1991.『한미관계의 재인식 2』, 서울: 도서출판 두리

조정문, 1990. "미국내 한국계 이민자의 재산상속에 관한 연구"『한국사회학』, 제24집 (여름호), pp.87-112.

채영창, 1984.『미국속의 한국인』, 서울 : 창문사

최 협, 1995. "미국의 민족문제."『지역연구』 제4권 제3호, pp.31-61.

______, 1997. "미국의 이민정책과 아시아계 미국인."『현대사회과학연구』 제8권: 1-30.

최 협, 이광규, 1998.『다민족국가의 민족문제와 한인사회』. 서울: 집문당

통일교육원, 2000.『통일문제의 이해』

홍득표, 1999. "재미동포의 정치의식: 로스앤젤리스 거주자에 대한 경험적 분석."『국제정치 논총』 제39집 2호.

Adorno, Theodor, Else Frenkel-Brunswick, Daniel Levinson, and Nevitt Sanford

1950. The Authoritarian Personality. New York: Harper and Row.

Annual reports of the Immigration and Naturalization Service.

Aptheker, Herbert

1943. *American Negro Slave Revolts*. New York: International.

Auster, Lawrence

1994. "Massive Immigration will Destroy America." *Insight*(oct.)

pp.18-20.

Bailey, Ronald and Guillermo Flores

1973. "Internal colonialism and racial minorities in the U.S.: An overview." in Frank Bonilla and Robert Girling, eds. *Structures of Dependency*. Stanford: privately published by Stanford faculty-student seminar, pp. 151-153.

Barringer, Herbert, Robert W. Gardner, and Michael J. Levin

1993. *Asians and Pacific Islanders in the United States.* New York : Russell Sage Foundation.

Barth, Fredrik(ed.)

1969. *Ethnic Groups and Boundaries: The Social Organization of Culture Difference*. London: George Allen & Unwin.

Blauner, Robert

1972. *Racial Oppression in America*. New York: Harper & Row.

Bonacich, Edna

1972. "A Theory of Ethnic Antagonism: The Split-Labor Market." *American Sociological Review* 37(Oct.): 547-559.

1973. "A Theory of Middleman Minorities." *American Sociological Review* 38(Oct.): 583-594.

Bouvier, Leon F. and Lindsey Grant

1994. *How Many Americans?: Population, Immigration and the Environment*. San Francisco: Sierra Club Books.

Brimelow, Peter

1995. *Alien Nation: Common Sense about America's Immigration Disaster.* New York: Random House.

Carlson, Richard and Bruce Goldman

1991. *2020 Vision: Long View of a Changing world.* Stanford, CA:

Stanford University Press.

Cavaioli, Frank J.

1984. *The Peripheral Americans.* Malabar, FL: R. E. Kriger Publishing Co.

Chah, Sucheng

1991. *Asian Americans: An Interpretive History.* Boston: Twayne.

Cox, Oliver C.,

1948. *Caste, Class, and Race*. Garden City, New York: Doubleday.

Cashmore, Ellis

1984. *Dictionary of Race and Ethnic Relations.* London: Routlege & Kogan Paul

Curtin, Philip

1969. *The Atlantic Slave Trade.* Madison: University of Wisconsin Press.

Daniels, Roger

1990. *Coming to America:A History of Immigration and Ethnicity in American Life.* New York: Haper Collins.

1993. "United states policy towards Asian immigrants: Contemporary developments in historical perspective." *International Journal* vol. XLVIII(Spring): 310-334.

Davidson, Chandler and Bernard Grofman

1994. "The Voting Rights Act and the Second Reconstruction." in *Quite Revolution in the South*. Princeton: Princeton University Press.

Du Bois, William E. B.

1948. "Is man free?" *Scientific Monthly*, 66 (May): 432-434.

Dinnerstein, Leonard & David M. Reimers

1982. *Ethnic Americans*(2nd ed.), New York: Harper & Row.

East, Edward

1972. "Heredity and human affairs." in Lewis H. Carlson and George A. Colburn, eds., 1972. *In Their Place*. New York: Wiley.

Eriksen, Thomas H.

1993. *Ethnicity and Nationalism: Anthropological Perspectives.* Bouder, Colorado: Pluto Press.

Farley, Reynolds

1993. "The Common Destiny of Blacks and Whites: Observations about the Social and Economic Status of the Races." in Herbert Hill and James E. Jones, Jr.(eds.), *Race in America: The Struggle for Equality.* Madison, WI: The University of Wisconsin Press, pp. 197-233.

Feagin, Joe R.

1984. *Racial and Ethnic Relations* (2nd edition). Englewood Cliffs, N. J.: Prentice-Hall.

1997. "Old poison in new bottles: The deep roots of modern nativism" in Juan F. Perea(ed.), *Immigrants Out!; The New Nativism and the Anti-Immigrant Impulse in the United States.* New York: New York University Press, pp.13-43.

Feagin, Joe R. and Clairece B. Feagin

1996. *Racial and Ethnic Relations*. (5th edition). Upper Saddle River, NJ: Prentice-Hall.

Franklin, John H.

1963. *From Slavery to Freedom*. 2nd ed., New York: Knopf.

Fuchs, Lawrence H.

1990. *The American Kaleidoscope: Race, Ethnicity, and Civic*

Culture. London: Wesleyan University Press.

Glass Ceiling Commission

1995. *Good for Business: Making Full Use of Nation's Human Capital.* Washington, D.C.

Glazer, Nathan

1985. "The new immigration in the light of American ethnic history." 『미국학논집』, vol.XVI. 1985, pp.109-124.

Glazer, Nathan and Daniel A. Moynihan

1963. *Beyond the Melting-Pot.* Cambridge, Mass.: Harvard University Press.

Gones, Maldwyn A.

1960. *American Immigration.* Chicago: The University of Chicago Press.

Gossett, Thomas F.

1965. *Race.* New York: Schocken Books.

Guest, Avery M., and James A. Weed

1976. "Ethnic Residential Segregation: Patterns of Change," *American Journal of Sociology* 81(March): 1088-1111.

Hayakawa, S. I.

1979. *Through the Communication Barrier: On Speaking, Listening and Understanding.* New York: Harper & Row.

Herrnstein, Richard J.

1973. *IQ in the Meritocracy.* Boston: Little, Brown.

Herrnstein, Richard J. and Charles Murray

1994. *The Bell Curve: Intelligence and Class Structure in American Life.* New York: Free Press.

Hertzberg, Arthur

1989. *The Jews in America.* New York: Simon & Schuster.

Hing, Bill Ong

1993. *Making and Remaking Asian America through Immigration Policy, 1850-1990.* Stanford: Stanford University Press.

Hraba, Joseph

1979. *American Ethnicity.* Itasca, Illinois: F. E. Peacock Publishers, Inc.

Hurh, Won Moo, Hei-Chu Kim, Kwang-Chung Kim

1978. *Assimilation Patterns of Immigrants in the United States: A Case Study of Korean Immigrants in Chicago Area.* Washington D.C.: University Press of America.

Hurh, Won Moo and Kwang-Chung Kim

1980. "The Process of Korean Immigrants' Adaptation in the U.S.: Length of Residence and Life Satisfaction." A Paper Presented at The Annual Meeting, American Sociological Association, New York, August 27-31.

1981. "Social and Psychological Ambivalence of Korean Immigrants in the United States." A Paper Presented at The Annual Meeting, Society for Applied Anthropology, Edinburgh, Scotland, April 12-17.

1982. "Race Relations Paradigms and Korean American Research: A Sociology of Knowledge Perspective." in Yu, Eui-Young et al. (eds.), *Koreans in Los Angeles.* Los Angeles: Korean Research Institute, pp.219-245.

1984. *Korean Immigrants in America: Structural Analysis of Ethnic Confinement and Adhesive Adaptation.* Madison: Fairleigh Dickinson University Press.

1988. "Uprooting and Adjustment: A Socialogical Study of Korean Immigrants Mental Health." Final Report Submitted to The National Institute of Mental Health. U.S. Department of Health and Human Services.

Jaynes, G. David and Robin M. Williams, Jr., eds.

1989. *A Common Destiny: Blacks and American Society.* Committee on the Status of Black Americans, Commission on Behavioral and Social Sciences and Education. Washington, D.C.: National Research Council National Academy Press.

Jensen, Arthur R.

1969. "How much can we boost IQ and scholastic achievement?" *Harvard Education Review* 39: 1-123.

Kallen, Horace

1924. *Culture and Democracy in America.* New York: Boni and Liveright.

Kennedy, John F.

1958. *A Nation of Immigrants.* New York: Harper and Row.

Kim, Hyun Sook and Pyong Gap Min

1992. "The Post-1965 Korean Immigrants : Their Characteristics and Settlement Patterns." *Korea Journal of Population and Developement*: 21: 2: 121-143.

Kim, Hyung-Chan

1977. *The Korean Diaspora*, Santa Babara: ABC-Clio Press.

Kitano, Harry H. L.

1995. *Asian Americans : Emerging Minorities*.(second edition). Englewood Cliffs, NJ : Prentice Hall.

Koch, James V.

1987. "The incomes of recent immigrant: A look at ethnic differences" *Social Science Quarterly* 68: 2: 294-310.

Kosmin, Barry et al.

1991. *Highlights of the CJF 1990 National Jewish Population Survey*. New York : Council of Jewish Federations.

Lee, S. J.

1996. *Unravelling the "Model Minority" Stereotype: Listening to Asian American Youth*. New York: Teachers College Press.

Light, Ivan, and Edna Bonacich

1988. *Immigrant Entrepreneurs: Koreans in Los Angeles, 1965-1982*. Berkeley: University of California Press.

Lowe, Lisa

1996. *Immigrant Acts: On Asian American Cultural Politics.* Durham, NC: Duke University Press.

Miller, Stuart C.

1969. *The Unwelcome Immigrant: The American Image of the Chinese 1785-1882*. Berkeley, CA: university of California Press. 1969.

Mills, Nicolaus (ed.)

1994. *Arguing Immigration.* New York : Touchstone.

Min, Pyong-Gap

1989. "Some Positive Functions of Ethnic Business for An Immigrant Community: Koreans in Los Angeles." Final Report Submitted to National Science Foundation.

1993. "Korean Immigrants in Los Angeles." Chapter 9 of *Immigration and Entrepreneurship,* edited by Ivan Light and Bhachu Parmmole. New Brunswick, NJ: Transaction Publications.

1996. *Caught in the Middle: Korean Merchants in America's Multiethnic Cities*. Berkeley and Los Angeles: University of California Press.

Moore, Michael

1998. "Scapegoates again" 'Hate crimes' against Asian-Americans on the rise." *The Progressive*, (Feb. 25).

Muller, Thomas

1997. "Nativism in the mid-1990s : why now?" in Juan F. Perea(ed.), *Immigrants Out! :The New Nativism and the Anti-Immigrant Impulse in the United States*. New York : New York University Press, pp.105-118.

Myrdal, Gunnar

1944. *An American Dilemma: The Negro Problem and Modern Democracy*. New York: Harper and Brother.

Novak, Michael

1971. *The Rise of the Unmeltable Ethnics*. New York: Macmillan.

O'Hare, William P. and Judy C. Felt

1991. *Asian Americans: America's Fastest Growing Mimority Group*. Washington, D.C.

Omi, Michal. and Howard Winant

1994. *Racial Formation in the United States* (2nd edition). New York: Routledge.

Park, Robert E.

1939. "The Nature of Race Relations." in Edgar T. Thompson (ed.), *Race Relations and Race Problem: A Definition and Analysis*. Durham: Duke University Press. pp. 3-45.

Park Robert E. and E.W. Burgess

1921. *Introduction to the Science of Sociology*. Chicago: University of Chicago Press.

Perlmann, Joel

1988. *Ethnic Differences: Schooling and Social Structure among the Irish, Italians, Jews, and Blacks in an American City, 1880-1935.* Cambridge: Cambridge University Press.

Peterson, William

1971. *Japanese Americans.* New York: Random House.

Reimers, David

1992. *Still the Golden Door: the Third World Comes to America.* (second edition). New York: Columbia University Press.

Rich, Spencer

1995. "U.S immigrant population of Postwar High." *Washington Post,* August 29, p.A1

Schappes, Morris U.

1978. "Jewish mass immigration from Eastern Europe, 1881-1914." in Jack Nusan Porter, (ed.), *The Sociology of American Jews.* Washington, D.C.: University Press of America, pp.15-24.

Schuman, Howard, Charlotte Steech and Lawrence Bobo

1985. *Racial Attitudes in America.* Cambridge, Mass.: Harvard University Press.

Selznick, Gertrude J. and Stephen Steinberg

1969. *The Tenacity of Prejudice.* New York: Harper & Row.

Sowell, Thomas(ed.)

1978. *Essays and Data on American Ethnic Groups.* Washington, D.C.: The Urban Institute. 1978.

Sowell, Thomas

1981. *Ethnic America: A History*, New York: Basic Books.

1996. *Migrations and Cultures*. New York: Basic Books.

Suttles, Gerald S.

1968. *The Social Order of the Slum: Ethnicity and Territory in the Inner City*. Chicago: University of Chicago Press.

Takaki, Ronald

1993. "A Tale of Two Decades: Race and Class in the 1880s and 1980s." in Herbert Hill and James E. Jones, Jr.(eds.), *Race in America: The Struggle for Equality*. Madison, WI: The University of Wisconsin Press, pp.402-416.

Topper, G.

1992. Review of JG Kellas(1991). "The Politics of Nationalism and Ethnicity," *Journal of International Affairs*. 45: 645-648.

Tucker, Robert W.

1990. "Immigration and Foreign Policy: General Consideration." in Robert W.Tucker, Charles B. Keely, and Linda Wrigley(eds.), *Immigration and U.S. Foreign Policy*. Boulder, Colorado: Westview Press, pp.1-14.

Valentine, C. A.

1968. *Culture and Poverty: Critique and Counter- Proposals*. Chicago: University of Chicago Press.

Walker-Moffat, Wendy

1995. *The Other Side of the Asian American Success Story*. San Francisco: Jossey-Bass Publishers.

Warner, W.Lloyd, and Paul S. Lunt

1941. *The Social Life of a Modern Community*. New Haven, Conn.: Yale University Press.

Warner, W.Lloyd, and Leo Srole

1945. *The Social Systems of American Ethnic Groups.* New Haven, Conn.: Yale University Press.

Williams, Jr., Robin M.

1994. "The Sociology of Ethnic Conflicts: Comparative International Perspective." *Annual Review of Sociology* 20: 49-79.

Wilson, William J.

1978. *The Declining Significance of Race.* Chicago: University of Chicago Press.

1987. *The Truly Disadvantaged.* Chicago: University of Chicago Press.

Wong, Morrison

1991. "Rise in hate crime against Asians in the United States." Paper presented at the annual meeting of the American Sociological Association, August, 1991.

Yoon, In-Jin

1993. *The Social Origins of Korean Immigration to the United States from 1965 to the Present*. Honolulu, HI: East-West Center. Series Title: Papers of the Program on Population, No. 121 (September).

1997. *On My Own: Korean Businesses and Race Relations in America.* Chicago: University of Chicago Press.

Yun, Yo-Jin

1977. "Early History of Korean Immigration to America." in Kim, Hyung-Chan (ed.), *The Korean Diaspora.* Santa Babara: ABC-Clio Press, pp.33-46.

찾아보기

ㅂ

ㅅ

ㅇ

ㅈ

ㅊ

ㅋ

ㅌ

ㅎ

INDEX

S

T

V

W

Y

■ 지은이

최협

최협은 서울대학교 인류학과를 졸업하고 미국 University of Kentucky에서 인류학박사학위를 취득하였다. 한국문화인류학회회장, Harvard-Yenching Institute의 Visiting Scholar, University of California at Berkeley와 Smithsonian Institution에서 Fulbright Senior Research Fellow 등을 역임했다. 현재 전남대학교의 인류학과 교수로 재직 중이다.

다민족사회, 소수민족, 코리안 아메리칸

재미한인사회에 대한 사회인류학적 접근

인쇄 | 2011년 10월 20일
발행 | 2011년 10월 25일

저자 | 최협
발행 | 김윤수
발행처 | 전남대학교출판부

등록 | 1981. 5. 21. 제53호
주소 | 500-757 광주광역시 북구 용봉로 77
전화 | (062) 530-0571~3
팩스 | (062) 530-0579
홈페이지 | http://altair.chonnam.ac.kr/~cnup

값 14,000 원

ISBN 978-89-7598-946-9 (93300)

이 도서의 국립중앙도서관 출판시도서목록(CIP)은 e-CIP홈페이지(http://www.nl.go.kr/ecip)와 국가자료공동목록시스템(http://www.nl.go.kr/kolisnet)에서 이용하실 수 있습니다.
(CIP제어번호: CIP2011004357)